小牧・長久手合戦

秀吉と家康、天下分け目の真相

平山 優

角川新書

はじめに

小牧《こまき》・長久手《ながくて》合戦は、天正《てんしょう》十二年（一五八四）三月から同十一月にかけて、おもに尾張・伊勢・美濃を舞台に、織田信雄《のぶかつ》・徳川家康の連合軍と羽柴秀吉が対決した戦闘の総称である。織田信雄は、二年前の本能寺《ほんのうじ》の変で死去した信長の次男で、当時織田家の家督を継ぐ三法師《さんぼうし》（信長の孫）の後見役を務めており、実質的に織田家の頂点にいた。織田家家臣だった秀吉からすれば、仕えるべき主家筋である。

この合戦は、秀吉の天下統一過程の重要な一齣《ひとこま》とされる。いっぽう徳川家康にとっては、長久手合戦で勝利を収めたことから、戦後、秀吉に臣従したものの、その豊臣政権における高い地位を確保する背景になったとされている。

ところが、これほど著名な合戦であるにもかかわらず、小牧・長久手合戦の内容や経過について知る人は、極めて少ない。高校日本史の教科書では、必修項目とされているにもかかわらず、「秀吉と家康が対陣、和睦《わぼく》した」と書かれる程度で、非常に簡略な記述にとどまっている。さらに、二〇二三年度に学校教育で使用された教科書七種のうち二種では、秀吉と対戦した中心人物である織田信雄の記述すらない。よほどの戦国史好きでなければ、どのような合戦であったのかを説明することは難しいだろう。

こうした名前は知っているが、内容はよくわからない戦乱の代表として、応仁《おうにん》の乱をあげる人は多い。しかし、その詳細な経過はともかく、乱の原因と結果については、高校教師が使用する指導書に、ていねいな解説と教授ポイントが整理されている。だが、小牧・長久手合戦は、立項すらされていないのだ。

あらためておさえておかねばならないことは、この合戦は、織田信雄対羽柴秀吉が主軸であり、徳川家康は信雄との同盟にもとづきこれに参戦した、ということである。これが、家康対秀吉の戦いと理解されがちなのは、本能寺の変をもって織田政権が崩壊したという誤解に基づくものであろう。実は、信長死後も、織田権力は継続していたのであり（信長死後の織田権力という意味で「織田体制」と呼ばれている）、秀吉も家康もそれを構成する大名であった。そして、紆余曲折《うよきょくせつ》のすえ、「織田体制」の頂点に立っていたのが、織田信雄だったのである。小牧・長久手合戦は、「織田体制」の分裂が契機となり、勃発したものといえる。

このような誤解が続く背景には、小牧・長久手合戦を正面から扱った著作が、ほぼ皆無という状況も大きいだろう。戦前から今日まで、小牧・長久手合戦の専著は、参謀本部編『日本戦史 小牧役』（元真社・一九〇八年）と、内貴健太《ないきけんた》『小牧・長久手の戦いの城跡を歩く』

（風媒社・二〇二三年）の二冊に過ぎない。二〇二三年の大河ドラマ放送に伴う「家康ブーム」においてすら、内貴氏の著書しか刊行されることはなかった。

つまり、多くの人々が気軽に手に取って、小牧・長久手合戦の背景や原因、経過などを知る機会に乏しいのが現状なのだ。

しかしながら、小牧・長久手合戦は、実は研究のための史料環境が整った、数少ない戦国合戦といっても過言ではない。その関連史料は、『大日本史料』第十一編之六〜十、『長久手町史 資料編六 中世 長久手合戦史料集』（長久手町・一九九二年、なお二〇二二年に、長久手市郷土史研究会編『書簡に見る小牧・長久手の戦い『長久手町史資料編六』解説書』ゆいぽおと、も刊行された）、『愛知県史』資料編12織豊2（二〇〇七年）、同14中世・織豊（二〇一四年）、同通史編3中世2・織豊（二〇一八年）、名古屋市博物館編『豊臣秀吉文書集』全九巻（吉川弘文館・二〇一五〜二〇二四年）によって、ほぼ網羅されている。

また、専門家による研究書として、藤田《ふじた》達生《たつお》編『小牧・長久手の戦いの構造 戦場論 上』、『近世成立期の大規模戦争 戦場論 下』（岩田書院・二〇〇六年）が刊行され、小牧・長久手合戦における両軍の動きや、複雑な周辺情勢などが一次史料で詳細に明らかにされた。とりわけ、秀吉、信雄、家康らの主要人物について、彼らの居所を時系列で追うことが可能になったのも、史料解読のうえで非常に意義が大きい。

こうした恵まれた環境にもかかわらず、小牧・長久手合戦の著作は、なかなか出現しなかった。その原因は、本能寺の変から家康上洛と秀吉への臣従に至る、およそ四年間の複雑な「織田体制」内部の政治・軍事動向、広域に及ぶ戦国大名との外交や、地域争乱との関わりなどを総括しつつ、合戦の背景、原因、経過、結果を叙述することの困難さにあるだろう。

それほど、小牧・長久手合戦をめぐる多くの人間たちの虚々実々の駆け引きは、縺《もつ》れあい、絡み合って、なかなかほどけぬ糸を思わせる複雑さなのである。まるで鵺《ぬえ》のような全体像の摑《つか》みにくさは、私の想定を越えていた。本書の執筆を思い立ち、史料読みと先行研究との格闘を始め、執筆完了に至るまで、三年もの歳月を要した理由はまさにそこにある。

史料を体系的に読み込んでいくなかで、私はこの合戦が、関ヶ原合戦に比肩する「天下分け目の戦い」であり、それは小牧・長久手という地域に留《とど》まらぬ、広域の戦役であると確信するに至った。こうした視点は、すでに藤田達生氏や白峰旬《しらみねじゅん》氏が提起しているものでもある（藤田・白峰・二〇〇六年上）。

そうした評価に対し、家康が合戦直後には秀吉に臣従していないことから、「関ヶ原の戦いとは歴史的位置づけは同じにならないだろう」（藤井讓治・二〇二〇年）という反論もあるが、これもまた、小牧・長久手合戦の視点を、秀吉と家康に据えるがゆえの誤解である。

この「天下」をめぐる合戦が、織田信長が築き上げた織田政権の帰趨《きすう》をめぐるものであること、すなわちポスト信長をめぐる闘争であるとの視座こそ、小牧・長久手合戦を読み解くための鍵《かぎ》となる。それは、織田の「天下」継続か、それとも秀吉による「天下」の確立か、という歴史の分かれ目を意味する。同じような事態は、三十年後、豊臣の「天下」継続か、それとも家康による「天下」の確立かという形で、関ヶ原の地から再び歴史を賑《にぎ》わせることになる。

それでは「天下」の帰趨は、如何《いか》にして決せられたか、その経緯を紹介していこう。

凡例（本文中の史料出典略記号は以下の通り）

『愛知県史』資料編→愛＋巻数＋文書番号
『寛永諸家系図伝』→寛永伝
『寛政重修諸家譜』→寛政譜
『信濃史料』→信＋巻数＋頁数
『上越市史』別編2上杉氏文書集2→上越＋文書番号
『新訂徳川家康文書の研究』→家康＋頁数
『戦国遺文後北条氏編』→戦北＋文書番号
『戦国遺文房総編』→戦房＋文書番号
『増訂織田信長文書の研究』→信長＋文書番号
『大日本史料』第十一編→大日＋巻数＋頁数
『豊臣秀吉文書集』→秀吉＋文書番号
『長久手町史』資料編六中世（長久手合戦史料集）→長＋文書番号
『丹羽長秀文書集』→丹羽＋文書番号

※小牧・長久手合戦当時、豊臣秀次は三好信吉、豊臣秀長は羽柴長秀、丹羽長秀は惟住長秀などと名乗っていたが、わかり易さを優先し、それぞれ三好秀次、羽柴秀長、丹羽長秀とした。

目次

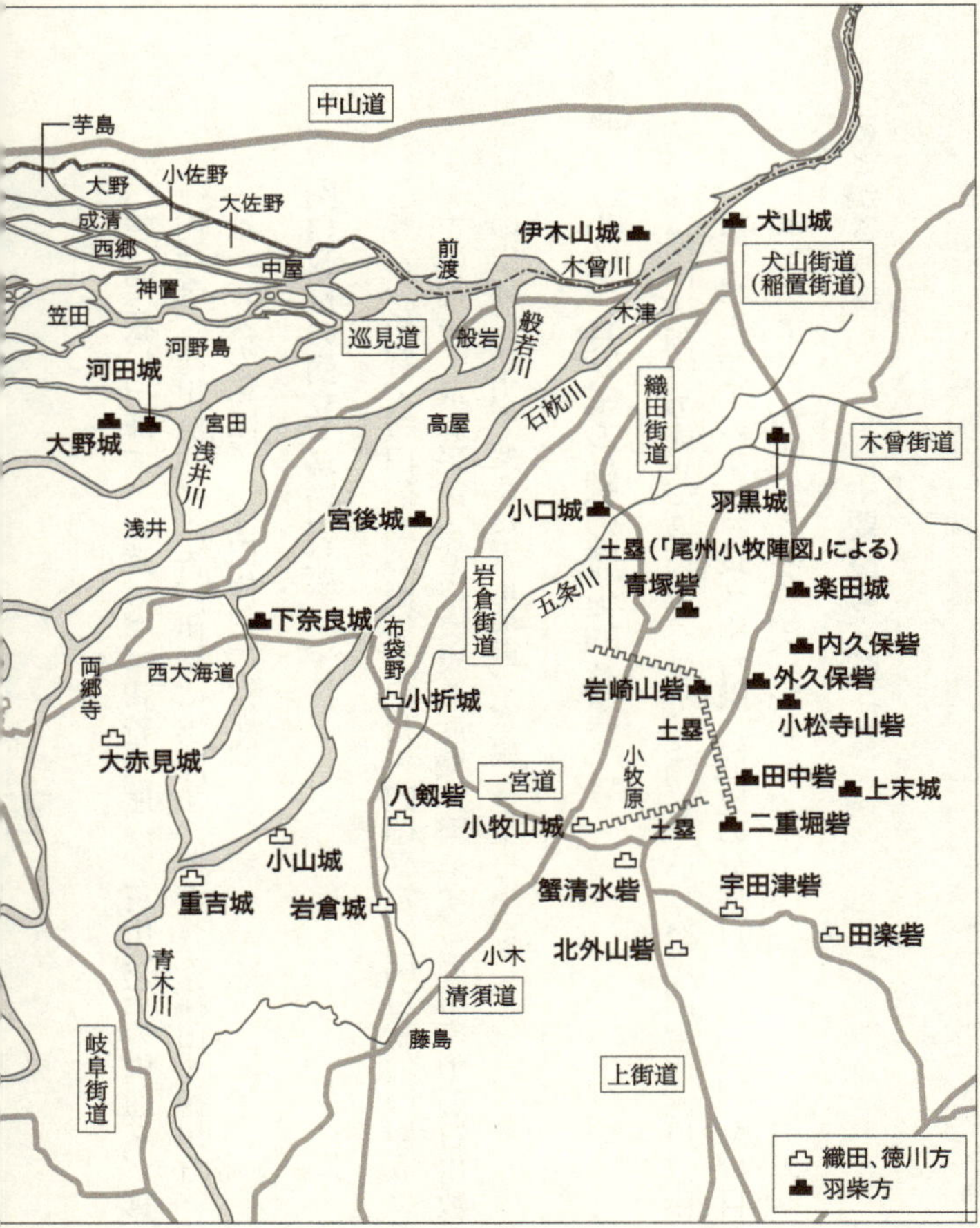
中山道
芋島
大野
小佐野
大佐野
成清
西郷
中屋
神置
笠田
河野島
河田城
大野城
宮田
浅井川
浅井
前渡
般岩
般若川
巡見道
伊木山城
木曾川
犬山城
犬山街道
(稲置街道)
木津
石枕川
高屋
織田街道
木曾街道
羽黒城
小口城
宮後城
土塁(「尾州小牧陣図」による)
五条川
岩倉街道
青塚砦
楽田城
内久保砦
外久保砦
小松寺山砦
下奈良城
布袋野
両郷寺
西大海道
小折城
岩崎山砦
土塁
大赤見城
小牧原
一宮道
田中砦
上末城
八劔砦
小牧山城
土塁
二重堀砦
小山城
重吉城
岩倉城
蟹清水砦
宇田津砦
田楽砦
北外山砦
小木
青木川
清須道
藤島
岐阜街道
上街道
織田、徳川方
羽柴方

小牧・長久手合戦関係地図（北部）

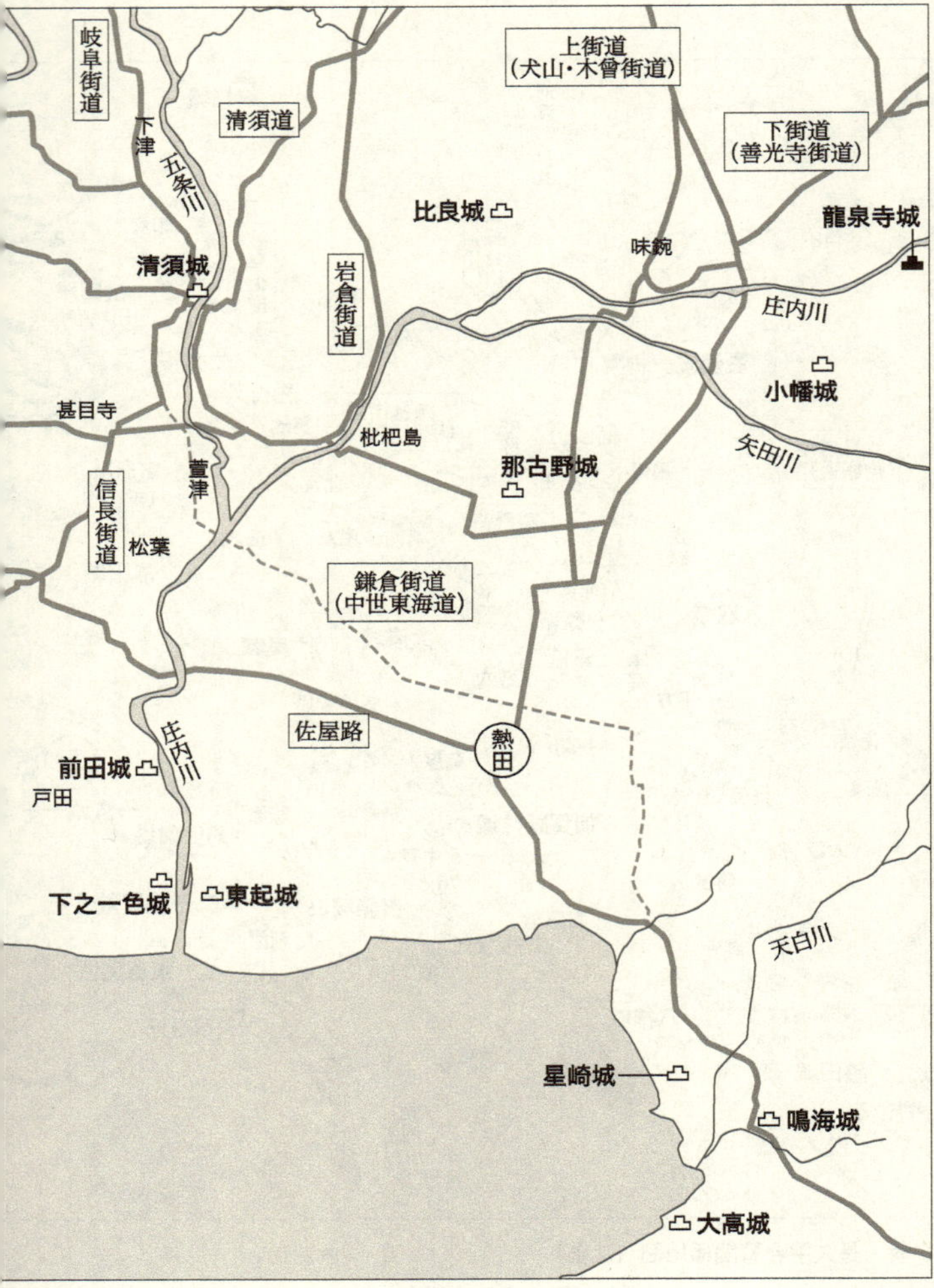

岐阜街道
清須道
上街道
(犬山・木曾街道)
下街道
(善光寺街道)
下津
五条川
比良城
龍泉寺城
味鋺
清須城
岩倉街道
庄内川
小幡城
甚目寺
枇杷島
矢田川
那古野城
萱津
信長街道
松葉
鎌倉街道
(中世東海道)
佐屋路
熱田
前田城
庄内川
戸田
下之一色城
東起城
天白川
星崎城
鳴海城
大高城

小牧・長久手合戦関係地図（南部）

図版作成　小林美和子

序章　本能寺の変と織田政権の動揺

織田政権の成立と信長の東国進出宣言

織田信長は、天正三年（一五七五）五月の長篠合戦で勝利すると、六月二十七日には上洛した。七月一日には、公家衆や畿内近国の諸将が信長のもとに礼参している（『信長公記』他）。この上洛は、東国の強敵武田勝頼《かつより》を撃破したことを畿内の人々に誇示し、織田の力量を見せつける意味があったと考えられる。

七月三日、信長は禁中に参内し、正親町《おおぎまち》天皇から天盃《てんぱい》を賜るとともに、官位昇叙の内命を受けた。この時、信長はこれを辞退し、代わりに宿老たちへの賜姓・任官を申請して許されている。

ところが、越前平定後の十一月四日、信長は従三位《じゅさんみ》・権大納言《ごんだいなごん》に叙任され、さらに七日には右近衛大将《うこんえのだいしょう》を兼任することとなった。これにより信長は、初めて公卿《くぎょう》に列せられた（『公卿補任』）。右近衛大将は、源頼朝が任官されて以来、武家にとって重要な意味を持つ官職であった。また、信長は従三位に叙せられたことで、京を追放されていた室町将軍足利義昭《あしかがよしあき》と官位の上では同格となった。武家としては、義昭が兼征夷大将軍、信長が兼右近衛大将という違いだけになったのは重要である。彼は、天皇より武家の棟梁《とうりょう》として正式に認定され、名実ともに、室町将軍が京を去った後の新たな天下人となったのである。

室町将軍が京を退去してからおよそ三年、信長は事実上の天下人ではあったが、畿内の再平定は進まず、武田などの反信長勢力からの圧力を跳ね返せぬ状況下にあって、彼はまだ自身を天下人に相応《ふさわ》しいとは考えていなかったのだろう。だが、長篠戦勝と越前平定などを受けて、信長はようやく天皇よりの叙任を受諾し、天下人への階段を登ったのだった。かくて、織田政権が名実ともに成立することとなる。

そして、天正三年十一月二十八日には、織田家の家督と、本国尾張と美濃二国を息子信忠《のぶただ》に譲り、岐阜城を出た。彼は天下人として独自に動くこととなり、天正四年には安土城を建設してここに移り、安土を天下の政庁と位置づけ、主に西国、四国へと目を向けていくことになる（東国は、信忠と徳川家康が主に担当）。

信長は、信忠に家督を譲ったのと同じ十一月二十八日、それまで交渉のなかった北関東や東北の諸大名へ一斉に通交を開始した。現在知られているのは、常陸佐竹義重《さたけよししげ》、下野小山秀綱《おやまひでつな》、陸奥田村清顕《たむらきよあき》などであり、実際にはもっと多かったと推定される（信長六〇七〜九号）。

そこには、いずれ武田を退治するつもりであると述べ、東国進出への意思を明確にした。これより少し早く、十月二十五日付伊達輝宗《だててるむね》宛書状では、武田だけでなく、「東八州」（関東）をも自らの意のままにするつもりであることが明示されていた（同五七一号）。ここでは、武田と同盟を結ぶ北条氏も、討滅の対象となっていたことがはっきりわかる。

そして、信長に敵対する武田・北条は、「天下」に仇《あだ》なす対象であり、その退治に北関東や東北の諸大名は協力すべきで、それが「天下」のためになることだと言明した。ここに、「天下」（畿内）の安寧を実現する天下人が信長であり、それに奉公することが肝要であるとの論理が示されている。

これと対応するかのように、織田家中における信長の尊称が「殿様」から「上様」に変化している。それは、「殿様」「屋形」を超えた上位の権威を、織田家中において確立したことを意味する。その契機こそ、従三位・右近衛大将叙任と織田家家督の譲与、すなわち天下人信長の誕生であることがわかるであろう。

信長、武田氏を滅ぼし東国進出を実現

天正七年八月、武田勝頼と北条氏政《うじまさ》は、御館《おたて》の乱（上杉謙信死後に勃発した上杉氏の内戦）への対応をめぐって対立し、遂に同盟が破綻《はたん》、戦闘状態に陥った。氏政は、勝頼に対抗すべ

く、九月、徳川家康と同盟を結んだ。

さらに北条氏は、天正八年三月、家康の仲介により、織田信長と同盟を成立させた。この時両者の間で、信長の息女（養女か）を氏政の嫡男氏直《ちゃくなんうじなお》の正室に迎えること、北条氏が織田氏に従属すること、などが取り決められた。当時、北条氏は、武田氏と北関東の諸大名の連合に押され、苦境に立たされており、織田・徳川氏の支援を渇望していたからである。こうして、織田・徳川・北条同盟が成立した。そして、同年八月十九日、北条氏政は隠居し、氏直に家督を譲ったのである。これは、信長の婿になる予定の氏直を当主に据えることで、織田氏との協調を円滑ならしめようとの意図があったといわれている。

徳川・北条同盟成立以後、武田氏は駿河・遠江で劣勢となり、天正九年三月、遠江高天神《たかてんじん》城が陥落した。三ヶ年に及ぶ籠城《ろうじょう》戦を耐えていた高天神籠城衆は、武田勝頼に支援を要請していたが、それは果たされなかった。

当時、武田氏は、織田信長と和睦《わぼく》交渉を進めており（甲江和与《こうごう》・甲濃和親《こうじょうわしん》）、これを実現したうえで、さらに家康との和睦を成就させようと考えていたらしい。さすれば、戦わずして、高天神城を救うことができる。つまり勝頼は、和睦交渉を成立させるために、織田・徳川との交戦を控えようと考えていたとみられる。しかし信長は、和睦交渉成立を匂わせながら、交渉を長引かせ、その間に徳川軍による高天神城攻略を実現させようと画策していた。

勝頼からの援軍が来ないと考えた高天神籠城衆は、天正九年一月、家康に降伏を打診したが、信長の意向に従った家康はこれを拒否した。信長と家康は、武田勝頼が、織田の勢威を恐れて高天神城を見殺しにしたとの演出をしようとしたわけである。

三月二十二日、高天神城は陥落し、籠城衆の多くは窮死した。武田氏は、彼らを見殺しにしたとみなされ、勝頼は政治・軍事的威信を失墜したのである。

天正十年一月、信濃国木曾郡の国衆木曾《きそ》義昌《よしまさ》が織田氏に内通し、武田氏から離叛《りはん》すると、信長は武田攻めを下知《げち》した。織田信忠、織田長益《ながます》、徳川家康、北条氏政は、それぞれ武田領国に侵攻を開始した。武田方の諸城のほとんどは戦わずして開城し、武田勝頼は一族、譜代にも叛《そむ》かれ、三月十一日に甲斐国山梨郡田野《たの》で滅亡した。武田氏の滅亡により、織田政権の東国進出は達成された。

信長による東国仕置

信長によって滅ぼされた武田氏は、甲斐・信濃・上野（新田《にった》郡など一部を除く）・駿河・遠江（小山《こやま》城周辺、奥山領などの一部のみ）、飛驒および越後の一部を領国としていた。その規模は、武田信玄《しんげん》時代を上回る、最大規模を誇っていた。それが、わずか三ヶ月足らずで、織田領国に編入されたわけである。

信長は、武田一族や重臣層、甲斐国衆の当主らを相次いで処刑し、四月には武田領国の分割（知行割）を実施した。

ここで注目すべきことが二つある。一つは、それまで信長の同盟者であった徳川家康が、織田氏より駿河を宛行《あてが》われたことだ。それは、信長との関係が、同盟から従属へと変化したことを意味する。

二つ目は、信長によって北条氏が完全に封じ込められたことである。北条軍は、武田氏滅亡時に、駿河国駿東《すんとう》・富士郡、上野国の一部と、甲斐国八代《やつしろ》郡本栖《もとす》などを占領していたが、これらすべてから撤退させられ、武田領国分割からも排除されたのである。信長は、武田氏が滅亡した直後、北条氏からの贈答品のほとんどを突き返していた。どうも信長は、北条氏政・氏直父子が出仕してくると考えていたらしく、そのような動きをしなかった北条氏に不快感を示していたようだ。

信長は、東国御警固、関東取次役に任じた滝川一益《たきがわかずます》を通じて、東国の諸勢力に戦争を停止するよう命じる「惣無事《そうぶじ》」を指示していたらしい。信長は、戦国大名間の戦争を停止させ、領土紛争を信長の裁定によって解決するという、後の豊臣秀吉が推進した「惣無事」政策を開始していた。こうした方針のもと、信長は、北条氏に下野祇園《ぎおん》城を小山秀綱に返還させている。

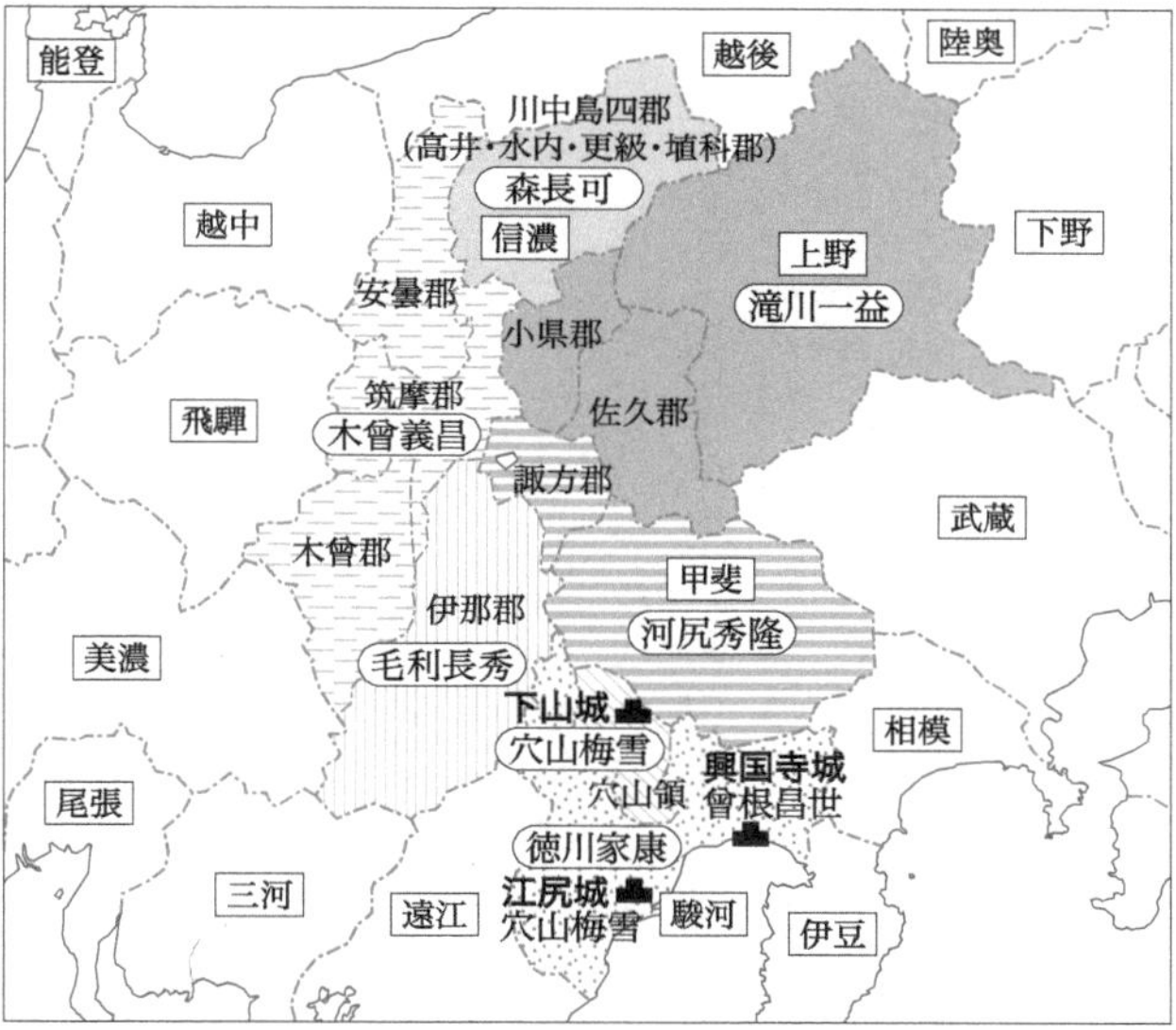

図1　信長による武田領分割

また、滝川一益は、房総の諸大名や東北の蘆名《あしな》氏などに従属を求める交渉を進め、織田氏に敵対する越後上杉景勝《かげかつ》に援軍を派遣したとの噂があった蘆名盛隆《もりたか》を詰問した。これには、蘆名氏は震え上がり、懸命に弁明し、今後は織田氏の命に従っていくことを言明している。

この他にも、北条氏に従属していた武蔵国の上田《うえだ》安独斎調円《あんどくさいちょうえん》（松山城主上田憲定《のりさだ》の子）、忍《おし》城主成田《なりた》氏長《うじなが》、深谷上杉氏盛《うじもり》なども、織田方に転じたといわれる（「滝川一益事書」）。このように、北条氏は織田政権の東国進出によって、最も行動の制約を受ける大名となったが、それは東国の諸勢力にとっても同様であったらしく、「天魔」（織田氏）が入り込み、「意地を立てた」（統治を実施した）この時期は、最も「御窮屈」な時代であったと回顧されるほどであった（「三十講表白奥書抄」）。

本能寺の変

信長は、自身の手で武田勝頼を滅ぼした信忠を激賞し、三月二十六日、「天下之儀も御与奪」すると宣言した（『信長公記』）。これは、天下人の地位を、信忠に譲ることを内外に示したわけである。当時、二六歳であった信忠は、自分はまだ若く、天下の政務を行うことは出来ないとして、これを辞退している（『当代記』）。しかしながら、ここに、天下人の地位は、将来、信長から織田家嫡流で、織田家家督の信忠に譲られるという路線が確立した。

しかし、この路線は実現しないまま、突如頓挫《とんざ》した。六月二日、本能寺の変で、信長・信忠父子が明智光秀《あけちみつひで》によって討たれてしまったからである（信長は享年四九）。信長は、東国で唯一敵対する越後上杉景勝、四国の長宗我部元親《ちようそかべもとちか》、中国地方の毛利輝元《もうりてるもと》などとの戦いを進めており、織田政権による天下一統は時間の問題となっていた。だが、それは実現しないままとなり、天下人信長と、織田家家督信忠の二人を同時に失った織田政権は動揺し、崩壊の危機に見舞われたのである。

第一章　「織田体制」の成立と再編

一、清須会議と「織田体制」（「清須体制」）の成立

動揺する織田大名

本能寺の変が勃発した六月二日、織田家の宿老たちは、京から離れたところにいた。まず、柴田勝家《しばたかついえ》は、前田利家《まえだとしいえ》、佐々成政《さっさなりまさ》、佐久間盛政《さくまもりまさ》らとともに、上杉景勝の家臣らが籠城する越中魚津《うおづ》城を包囲、攻撃しており、六月三日にこれを陥落させていた。景勝は、後詰めのために、松倉城に出陣していたが、信濃から出陣してきた森長可《もりながよし》の軍勢が越後の本拠春日山《かすがやま》城に接近してきたため、越後に撤退せざるをえなくなった。これを知った勝家らは、上杉軍の追撃を開始した。ところが、勝家らが越後国境に迫ったところ、六月六日、本能寺の変を知らされ驚愕《きょうがく》し、ただちに撤退した。勝家は、越前北ノ庄《きたのしょう》城に戻り、上方に出陣する準備に入っ

たが、信長の横死を知った能登、越中で一揆の蜂起があり、すぐに動くことができなかった。

次に、丹羽《にわ》長秀《ながひで》は、織田信孝《のぶたか》（信長の三男）とともに、和泉国堺周辺に布陣し、四国出兵のために渡海する寸前であった。ところが、信長の死の情報が、その日のうちにもたらされると、信孝の軍勢は動揺し、逃亡者が続出したという。そのため、信孝と長秀らは、明智軍と対決するのが困難と判断し、五日に摂津大坂城に入ると、ここに在城し、信孝らとともに四国渡海のために待機していた織田信澄《のぶずみ》（信長の弟信成《のぶなり》の子、信孝の従兄弟）を殺害したのである。信澄は、明智光秀の娘を妻としており、明智への加担を疑われたからであった。信孝と長秀は、河内国の諸将を味方につけることに成功している。

信長とは乳兄弟として知られる池田《いけだ》恒興《つねおき》は、息子元助《もとすけ》・照政《てるまさ》とともに摂津国伊丹《いたみ》に在国しており、摂津衆を統括していた。恒興は、中国地方で毛利氏と対峙する羽柴秀吉を支援すべく、中国出陣の準備をしていた。恒興は、摂津衆が明智に加担することを防ぎ、中川清秀《なかがわきよひで》、高山《たかやま》右近《うこん》、塩河長満《ながみつ》、安部《あべ》二右衛門《にえもん》らを指揮下に繋ぎ止めることには成功したが、摂津衆単独では、明智軍と対決することはできず、各方面の織田宿老に支援を求め、情勢を窺っていたのである。

信長の側近であった堀秀政《ほりひでまさ》は、信長が横死した時、羽柴秀吉とともに備中高松城の陣中にいた。彼は、信長の命により、五月二十日、丹羽長秀とともに徳川家康の見舞いを行い、そのまま使者として備中の秀吉のもとへ派遣されていたのである。もし、信長に使者を命じられていなければ、秀政は信長とともに本能寺で落命していた可能性が高い。

最後に、羽柴秀吉は、備中高松城を包囲中であり、後詰めに来た毛利軍と対峙していたことは、あまりにも有名である。

このように、織田家宿老たちは、一人として信長・信忠父子の周囲を固めておらず、京から離れた場所にいたのであった（滝川一益については後述）。

その間、明智光秀は、畿内の諸将に対する多数派工作を行い、五日には安土城を占領すると、信長が蓄えていた財宝を家臣たちに分配した。正親町天皇は、七日に勅使吉田《よしだ》兼見《かねみ》を光秀のもとに派遣し、贈答品を下賜している。これを受けて光秀は、七日に上洛し、九日に公家衆らの出迎えを受け、禁裏に銀を献上するなど、朝廷工作にも余念がなく、天皇も公家らも明智との関係を良好なものにしようと腐心していた。

山崎合戦と明智光秀の滅亡

織田宿老たちの多くは、信長・信忠父子の横死を知っても、上方に出陣して明智と戦うための態勢が整わず、切歯扼腕《やくわん》するばかりであった。こうしたなかにあって、羽柴秀吉だけが上方への転進を果たすのである。

秀吉が、変を知ったのは、六月三日深夜のことで、それは長谷川宗仁《はせがわそうにん》（京の町衆、茶人、画人、信長の奉行衆もつとめた）が放った早飛脚によりもたらされたことでほぼ確定している（盛本昌広・二〇一六年）。秀吉にとって幸運であったのは、この時、すでに毛利輝元との間で和睦《わぼく》の合意に達しており、高松城主清水宗治《しみずむねはる》の切腹と毛利領国の一部割譲で決着していたことである。毛利の軍勢は撤退を始めており、両軍の対峙は終了しつつあった。その後、毛利氏は六月六日に変を知ったが、和睦の破棄や秀吉追撃の意思を示さなかった。このように秀吉は、柴田勝家、丹羽長秀、滝川一益らとは違って、すぐに動ける政治・軍事的条件下にたまたまあったといえる。

秀吉は、六月五日には野殿《のどの》（岡山県岡山市）におり、その日のうちに沼《ぬま》（同前）まで撤収し（秀吉四二四号）、七日には姫路城に入った（秀吉自身は六日到着らしい〈大日⑪二八三〉）。その後秀吉は、九日に明石に到着し、淡路で蜂起した海賊菅達長《かんみちなが》への対応を行うと、十一日早朝に摂津国尼崎に至った（秀吉四二七号他）。ここで、池田恒興ら摂津衆と、さらに大坂城の織田信孝、丹羽長秀らとも合流を果たしたのである。秀吉の上方への移動は、俗に「中国大返し」と呼称されるが、備中国沼から摂津国尼崎間、約一六〇キロ弱を、六月五日から十一日までの六日間で移動しており、秀吉軍の一日の行軍距離と速度は、通常の戦国期の軍勢の移動の範囲に収まる。要するに、秀吉軍が驚異的な速度で移動したというわけではないのだ。通説の「中国大返し」は完全なる虚構である（服部英雄・二〇一五年、盛本・二〇一六年）。

秀吉は、総大将を信孝とし、十三日に山崎合戦で明智光秀軍と激突、勝利を収めた。光秀は敗走し、近江坂本城に逃れようとしたが、同日夜、土民の襲撃を受けて重傷を負い、自害したという。光秀最期の地は、小《お》栗栖《ぐるす》とされるが（『太閤記』他）、同時代史料では、醍醐近辺もしくは上醍醐（『兼見卿記』『言経卿記《ときつねきょうき》』『蓮成院《れんじょういん》記録』）、山科（『多《た》聞院《もんいん》日記』）、勧修寺《かじゅうじ》在所（『天正十年夏記』）など、まちまちである。最も情報として信頼できるのは、勧修寺晴豊《はれとよ》の日記『天正十年夏記』であり、彼が自分の本領で光秀が死んだと記していることは重要である。なお、勧修寺と小栗栖は隣接しているので、その境界で光秀は最期を遂げたと推定されている（盛本・二〇一六年）。

光秀の死後、近江坂本城は、明智秀満《ひでみつ》が在城し、堀秀政らの軍勢の攻撃に耐えていたが、十四日夜、明智方は城に火を放ち、光秀一族は城とともに滅亡した（『惟任《これとう》退治記』他）。かくて、明智の乱は幕を閉じたのである。

清須会議の開催

山崎合戦が終了し、明智氏が滅亡した直後の天正十年（一五八二）六月二十七日、尾張清《きよ》須《す》城に、織田家宿老が参集した。集まったのは、柴田勝家、羽柴秀吉、丹羽長秀、池田恒興である。確実な史料には、この他に参加していた人物は今のところ確認されていない。この四人によって、天下人織田家の今後の運営方法などが決められた。これが清須会議であり、この結果によって成立した信長死後の織田権力のあり方は、「織田体制」と呼ばれている（堀新・二〇〇九年）。これは、天下人なき織田権力ということを意味し、織田家家督に就いた人物が、将来、天下人となる可能性があらかじめ含意されていたことを示す概念である。

この会議の前提として押さえておかねばならないのは、信長の息子で、信忠の弟信雄（当時二五歳）・信孝（当時二五歳）がともに参加していないことである。彼らは、会議の決定内容の報告を受け、それを了承することになっていた。また、織田氏の同盟者であり、織田一門大名である徳川家康も、天正壬午の乱（後述）に介入しており、参加していない（そもそも家康は、織田家中の人物ではないので、参加は想定されていない）。

そして、最後に指摘しておきたいのは、滝川一益のことである。通説では、一益は天正壬《じん》午《ご》の乱に巻き込まれ、伊勢長島城への帰国が遅れ、会議に参加できなかったといわれてきた。ところが、この通説は、六月二十六日付滝川一益宛秀吉書状が発見されたことで否定された（柴裕之・二〇一八年、秀吉四四四号）。これは、一益が関東から秀吉に宛てて、中央の情勢を問う書状に対する返書として出されたものである。そのなかで秀吉は、「貴所次第従家康人数をも被出、伝取出段々ニ申付、可有馳走旨、家康へ堅令相談候間、可御心易候」と述べており、一益の要請があり次第、織田家中は徳川家康を援軍として派遣するつもりであり、そのことについては家康とも相談済みであるので安心してほしいとあるのだ。つまり、織田家中が一益に期待していたのは、北条氏との対決と、武田を滅ぼして入手したばかりである東国の織田領国の維持に他ならなかった。織田家中の人々にとって、一益は、東国維持の任務を持つ身であり、会議に参加することは予定されていなかったのである。

なお、通説による清須会議像（秀吉が、柴田勝家の反対を押し切って強引に決定を実施した）は、『川角《かわすみ》太閤記』などの軍記物による潤色が多く、ほぼ否定されている（清須会議については、尾下成敏・二〇〇六年①、加藤益幹・二〇〇六年、谷口央・二〇一六年、柴・二〇一八年による）。

「織田体制」（「清須体制」）の成立

この会議で、信長・信忠父子の後継者、すなわち天下人織田家の家督は、信忠嫡男三法師（当時三歳）であることには誰も異存はなく、決定された。本能寺の変直後、奉戴《ほうたい》すべき人物として、家康ですら「若君様（三法師）御座候間、致供奉令上洛、彼逆心之明智可討果覚悟」と述べ、三法師を奉じて上洛を果たし、光秀を討つと述べていたほどである（家康二九〇）。

問題であったのは、幼主を奉戴した家中の新体制についてである。幼い三法師では、織田家を統制していくことはできなかったため、名代《みょうだい》（陣代《じんだい》）を置く必要性があった。これをめぐり、信雄と信孝が対立していた。信雄は、血縁でいえば、兄信忠と同母（生母は生駒《いこま》氏）なので、三法師と血縁が近い。だが、変時の動向は判然としないところがあるが、伊賀の情勢が不穏であったため、信長の家族が匿《かくま》われていた近江日野《ひの》城（蒲生賢秀《がもうかたひで》）を庇護《ひご》し、安土城を奪回したのみで、それより西へ行くことができず、目立った活躍はできていない。

いっぽう信孝は、山崎合戦では総大将として明智を撃破しており、功績があることは事実ながら、信孝の生母は坂《さか》氏であり、血縁で三法師には遠いのだ。また、織田一門（信長連枝《れんし》衆）における序列は、信忠・信雄・信包《のぶかね》・信孝・信澄となり、信雄は二番目の序列であり、信孝は兄信雄には遠く及ばなかった（『信長公記』）。しかしながら、信孝は変時の活躍を背景に、この序列を覆し、幼主三法師を取り込んで、織田家での地位上昇を目論《もくろ》んでいたのである。

信雄・信孝のどちらを名代に指名しても、禍根が残ることは必至であった。そこで会議では、名代を置かぬという異例の決定がなされた。禍根を回避するための、苦肉の策だったのだろう。織田家中の新体制に、成人していた信長の息子たちが外れたことについては、世間も驚き不安視している（『多聞院日記』）。

会議では、三法師の傅役《もりやく》に堀秀政を指名し、幼主を奉戴し織田権力を運営するために、柴田・羽柴・丹羽・池田の四宿老と堀の五人による合議によって、それがなされることで合意をみた。これは、特定の人物への権力集中や、恣意《しい》的な判断などを排除する目的があったのだろう。

そのうえで、織田領国の再編成も実行に移された。領国の再編も、信長に国主（「一職《いっしき》」）を命じられた経緯を踏まえてのものや、清須会議での内容などを勘案して決定された。例えば、信忠（織田家家督）の領国であった美濃は信孝、尾張は信雄に配分された。また、三法師の傅役となった堀秀政には、安土城周辺の近江中郡を与えられている。天下の政庁たる安土城には、将来の天下人三法師が入るのであり、またその周辺は蔵入地ということもあって、傅役兼台所入代官となった秀政に相応《ふさわ》しい。

柴田勝家は、従前通りの越前のほかに、わずかに秀吉の旧領近江国長浜領が加増されるに留まった。ただ、注目されるのは、信長の妹お市《いち》の方が、勝家の正室として嫁ぐことになったことだ（黒田基樹・二〇二三年）。これにより、勝家は、織田家の縁戚《えんせき》となったのである。このことは重要で、秀吉には信長の五男秀勝《ひでかつ》が養子になっていたから、勝家は、信長の妹を娶《めと》ったことで、同じ織田家の親族としての立場を確保した恰好《かっこう》となった。

最も恩恵を受けたのは、いうまでもなく山崎合戦と明智討滅の殊勲者羽柴秀吉である。秀吉は、近江長浜領を勝家に譲り渡したが、従前からの播磨国を保持し、明智の旧領丹波国、山城国、河内国東部を加増された。なかでも、山城国を得たことで、京の行政や政局に大きく関与することが可能となり、畿内の経済力の一部を手中に収めたことも大きい。

かくて、三法師を織田家家督とし、織田家宿老四人と傅役の合議で運営が行われる「織田体制」(「清須体制」)が成立した。

天正壬午の乱勃発

本能寺の変により、最も混乱した織田領国は、旧武田領国(甲斐・信濃・上野・駿河)であった。河尻秀隆《かわじりひでたか》、毛利長秀《ながひで》、森長可、滝川一益、木曾義昌は、信長横死を知った各地の国衆、一揆の蜂起や、上杉景勝、北条氏直の攻勢に直面した。このうち、森、毛利、滝川は任地を放棄して本国に逃げ帰ることができたが、河尻は、六月十八日、甲斐の一揆勢に殺害された。また、木曾義昌も筑摩《つかま》・安曇《あずみ》郡を維持できず、本領に帰還している。この争乱を、天正壬午の乱と呼ぶ(平山・二〇一一年①②)。

滝川一益と河尻秀隆は、信長から与えられた領国を保持しようと懸命の努力をしていた。上杉景勝の攻勢に直面した森長可、木曾義昌は本領に逃れるのがやっとであった。毛利長秀は、情勢に恐れをなして、何もすることなく撤退している。既述のように、一益は東国御警固役、関東御取次役としての立場もあり、敵の侵攻に対処せねばならなかった。

だが、織田氏に従属したはずの北条氏政・氏直父子は、徳川家康から信長横死の情報を受け取ると、織田氏との同盟を一方的に破棄し、上野国や甲斐国都留《つる》郡への侵攻を開始したのである。

いっぽう、本能寺の変時に、和泉国堺に滞在していた徳川家康は、六月二日、京で信長と合流する予定であった。ところが、信長の死を知ると、ただちに伊賀越えで伊勢国への脱出をはかった。家康は、伊賀越えのさなか、本国に急使を出し、秘《ひそ》かに匿っていた武田遺臣や国衆の当主らを本領に帰還させ、地域の武士を徳川方に調略させた。その結果、信濃国伊那郡では下条頼安《しもじょうよりやす》が伊那衆の調略に成功し、また依田信蕃《よだのぶしげ》も同佐久郡に帰還して地域の国衆を味方に付けることに成功した。また、甲斐では都留郡を除く地域の武士らの多くが、徳川方に味方したのである。

上杉・北条・徳川の抗争

家康は、六月四日、三河岡崎に帰還を果たすと、十四日に軍勢を率いて西へ向かった。だが、徳川軍が尾張に着陣した十九日に、羽柴秀吉から明智討滅を知らされた。そこで家康は、軍勢を三河に戻し、東国の情勢を窺った。家康は、信長死後の「織田体制」のゆくえを見守っていたのである。そして、六月二十六日までには、上野国の滝川一益から援助の要請があれば、ただちに出陣するよう、織田方から要請されていた（秀吉四四四号）。家康は、六月十二日までには、先陣を甲斐に派遣し、地域の土豪らを誘引させ、蜂起する一揆への対応を行わせていた。そして、家康自身は六月二十六日に岡崎を出陣し、翌二十七日には、重臣酒井《さかい》忠次《ただつぐ》を三河から信濃へ派遣している（『家忠日記』）。その後、家康は駿河での防衛配置の指示を行いながら、七月六日に吉原《よしわら》に布陣した。家康の動きが緩慢であったのは、清須会議の結果を待っていたからであろう。家康は、清須会議の決定に従う起請文を提出し（秀吉五一二号）、秀吉からは七月七日付で、信長が入手した甲斐・信濃・上野三ヶ国は、敵に渡すべきではないので、徳川氏が軍勢を派遣し、入手してかまわないとの確約を得た（秀吉四五五・五一二号）。「織田体制」からの承認を得て、家康は七月八日に甲斐に入り、九日に甲府に着陣した。

越後上杉景勝は、自ら軍勢を率いて信濃に侵攻すると、川中島四郡（高井・水内《みのち》・更級《さらしな》・埴科《はにしな》郡）を制圧し、筑摩・安曇郡をも占領するなど、当初は、圧倒的な優位にあった。だが、北条軍が信濃に侵攻し、川中島で対峙すると、筑摩・安曇郡への支援が届かなくなり、まもなくこの地域を、家康の庇護を受けていた小笠原貞慶《おがさわらさだよし》に奪われた。しかも、越後で叛乱《はんらん》を起こしていた新発田《しばた》重家《しげいえ》の動向が不穏になってきたため、景勝は北条軍が甲斐に転進するのを見届けると、越後に撤収した。

これに対し、織田との同盟を破棄した北条氏直は、神流川《かんながわ》合戦で滝川一益を撃破し、彼を上野から追放する。そして、碓氷《うすい》峠を越え、信濃国佐久郡に侵攻すると、徳川方依田信蕃の調略を受けていた佐久の国衆を味方に引き入れ、信蕃を三澤小屋に追い込み、さらに小県《ちいさがた》郡に進んで真田昌幸《まさゆき》、出浦昌相《いでうらまさすけ》らを従属させた。一時は、上杉軍と川中島で決戦する情勢となったが、北条軍は損害を危惧《きぐ》し、甲斐を入手すべく転進する選択をした。

これをみて、景勝は越後に引き揚げ、氏直は徳川方の攻撃を受けていた、諏方頼忠《すわよりただ》を支援すべく諏方郡に向けて進んだ。これに驚いた徳川軍先陣は、甲斐に後退し家康本隊と合流すると、新府《しんぷ》城、能見《のうけん》城などを拠点に、北条軍と対峙することとなった。

北条氏直は、別働隊を伊那に派遣して、飯田など下伊那を除く伊那郡を制圧させ、自身は甲斐国若神子《わかみこ》に布陣して、徳川軍と対峙したのである。

天正壬午の乱終結

北条と徳川の抗争は、各地の合戦で寡兵の徳川軍が、武田遺臣らを味方につけ、地の利を活かして勝利を収め、さらに北条方であった真田昌幸を味方に転じさせることに成功したことで、徳川方優位に傾いた。とりわけ、真田昌幸が徳川方となり、依田信蕃や徳川援軍とともに、信濃佐久郡の北条方を撃破し、関東からの補給路を遮断した成果は大きかった。たちまち、北条方は兵糧の欠乏に苦しむようになる。

また、「織田体制」は、織田・徳川との同盟を一方的に破棄し、織田領国簒奪《さんだつ》に動いた北条氏への怒りが満ちており、家康への援軍派遣を検討していた。ところが、天正十年十月になると、「織田体制」の不協和音が大きくなり、家康への援軍派遣は不可能となってしまった。それでも、織田信雄・信孝は、北条か徳川かで動揺する木曾義昌に圧力をかけ、家康に味方させたり、信雄が家康に援軍を派遣するなど、努力をしていたようである。

織田信雄・信孝は、援軍派遣が不可能になってしまったことを詫びつつ、家康に北条氏との和睦を勧告した。家康はこれに従い、北条氏直が苦境に陥った頃合いを見計らって、和睦交渉に動いた。

徳川・北条の交渉は、十月二十九日に妥結し、和睦が成立した。この時、家康と氏直は、①北条氏は、徳川氏の甲斐・信濃領有を認め、占領していた甲斐国都留郡と信濃国佐久郡を徳川方に引き渡す、②徳川氏は、北条氏の上野国領有を認め、真田昌幸が保持する沼田・吾妻領を引き渡す、③北条氏直の正室に、家康息女督姫《とくひめ》を輿入《こし》れさせ、両氏は同盟を締結する、との条件で合意したのである。こうして天正壬午の乱は終結した。

家康は、天正十一年に、徳川方への従属を肯《がえ》んじない佐久・小県郡の国衆を攻め、多くを追放、滅亡させた。また、徳川方から離叛した、小笠原貞慶、保科正直《ほしなまさなお》、諏方頼忠も、家康に従属することとなり、上杉領となった北信濃を除く、信濃を領国に編入したのである。かくて家康は、天正十一年には、五ヶ国大名へと成長したのであった。なお、家康は、同年八月、北条氏直のもとに息女督姫を嫁がせ、北条氏との同盟を成立させている。

二、「清須体制」の崩壊と「織田体制」の再編

滝川一益の処遇問題

天正十年六月二十七日の清須会議が終了し、「織田体制」（「清須体制」）が成立したのだが、まもなく不協和音が露《あら》わになっていく。

その始まりは、天正壬午の乱で北条氏に敗れ、信長から与えられた上野国と信濃佐久・小県郡を喪失した滝川一益である。一益は、苦心のすえ信濃を経由して、七月一日に伊勢長島城に帰還したという（『木曾考』他）。しかし、すでに清須会議は終了しており、織田領国の再編成も実施された後だった。この時の一益の所領が、北伊勢五郡そのままだったとは思えない。彼が帰還した長島城も、上野国に入国した後まで一益のものであったことを確証する史料はない。通常、信長は所領を与えると、旧領は接収していたはずなので、一益が北伊勢五郡をそのまま保持していたとは考えがたい。つまり、一益は一切の所領を失ってしまった

可能性があるのだ。『太閤記』には、一益も清須会議の結果、五万石を加増されたとあるが、そのような形跡は認められない。

当然一益は、織田家宿老衆に知行の加増を求めた。ところが、すでに織田領国の再編は終了した後であり、天正壬午の乱の結果、東国の旧織田領国は、徳川家康が甲斐・信濃（北信濃の上杉領国を除く）を回復したものの、上野国は失陥してしまい、しかも織田方に二ヶ国が戻ったとはいえ、これはあくまで家康が自力で切り取った徳川領国に他ならなかった。一益が、以前支配していた規模に見合う所領を、確保することは困難であった。

丹羽長秀は、一益の言い分を認めたらしく、織田家の「御台所入」（蔵入地）を削ってでも、その要求に応じるべきだと、秀吉に求めたようだ。秀吉は、八月十一日に長秀に返書を送り、滝川の言い分はわかったが、領地配分が決定してしまっている現状では、今や織田家の「御台所入」（蔵入地）を減らす以外に方法がない。だが、それを減らすことは、織田家の将来に不安があるし、諸将に応分の負担を求めると、それでは皆への影響も大きいと述べ、これは滝川だけの問題ではないので、宿老衆とよく相談する必要がある、と記し、明確な回答をしなかった（秀吉四七六号）。結局、一益への待遇は棚上げされたままとなり、彼は不満を募らせることとなる。

織田信雄と信孝の分裂

続いて、信雄と信孝の対立が露わとなってきた。清須会議終了後の六月下旬、織田信孝は、伊勢国神戸《かんべ》城から美濃国岐阜城に入り、領国統治を開始した。信雄は、七月、北畠《きたばたけ》氏の居城である伊勢松ヶ島城から、尾張清須城へと本拠を移した。織田家の本国尾張にある、かつての本拠清須に移ったことで、信雄は織田一門の序列に相応しい場所を得たことになる。信雄が、「北畠」から「織田」に復姓した時期ははっきりしないが、これが契機ではないかと考えられる。

そして、翌八月、遂に信雄と信孝の対立が始まるのである。対立の原因は、尾張・美濃の国境問題であった。信雄は、尾張・美濃国境を「国切」（境川を境界とした伝統的な国境）とし、信孝は「大河切」（木曽川の本流）を国境とすべきと主張したのである。信孝は、交換条件として美濃国可児《かに》・土岐《とき》・恵那郡の南部を割譲すると提案した。

これが問題となったのには理由がある。尾張・美濃国境の境川（古来からの木曽川、以下、古木曽川）は、戦国期になると尾張国前渡《まえど》で分流した流路の方が水量も多く、本流となったらしい。そのため、戦国期には、境川は「飛騨川」、「大河」は「木曽川」と呼ばれ、区別されるようになっていた（後述）。両国の境界が木曽川であるとするならば、天正十年当時、本流となっていた「大河」（木曽川）であるべきだ、というのが信孝の考え方だったようだ。

しかし、「大河」（木曾川）に国境を設定し直した場合、境川（古木曾川）と木曾川とに挟まれた川西地域を支配する坪内《つぼうち》・伏屋《ふせや》・不破《ふわ》・毛利氏らが美濃の信孝のもとに編入されてしまうこととなる。当然、信雄は、信孝の要求を一蹴《いっしゅう》したものの、対立は激化するいっぽうであった。

これに対し、織田家宿老衆の意見は分かれた。なんと秀吉は、信孝の要求を認め、「大河切」に賛意を示し（秀吉四七六号）、柴田勝家は信雄の「国切」を支持したのである（愛⑫四三号）。

これは、信雄と信孝が対立したもう一つの要因と、密接に絡んでいた。実は、岐阜城を受け取った信孝は、幼主三法師を抱えたまま、離さなくなったのだ。清須会議の決定では、三法師は、安土城に移ることとなっていた。ところが、安土城は、本能寺の変後の六月十五日に謎の火災で焼失していた。ただし、焼失したのは、壮麗だった天守と本丸のみで、それ以外は焼けてはいなかった。だが、天下の政庁に相応しい状況に戻すべく、丹羽長秀が再建に奔走していたが、思うように進まなかったらしい。

安土城再建が遅延するなかで、信孝は三法師を自らの手中に置き、あたかも信長の後継者であり、かつ天下人に相応しい人物として振る舞うようになったという。それればかりか、信孝は、京の公家衆、門跡、寺社への継目安堵《あんど》状を発給し始めたばかりか、訴訟への対応も始めていた。これは、完全に清須会議の決定からの逸脱であり、とりわけ山城国を領有し、京の統治に携わる秀吉への干渉となった。明らかに、信孝の越権行為が始まったわけだ。これに対抗するように、秀吉は、山城国に山崎城を居城とするための普請を開始し、統治者が自分であることを京の人々に示そうとした。

こうした混乱のなか、秀吉が、濃尾国境問題で信孝を支持したのは、三法師と信孝を引き離すため、信孝に忖度《そんたく》したからだろう。だが、秀吉が山城国に築城したことは、信孝と勝家を刺激した。それは、天下の中枢たる京への支配力を強めようとする秀吉への反発となったからである。

こうして、信雄と信孝、秀吉と信孝・勝家という対立が始まり、「織田体制」の内部抗争は激しくなった。当時、これは「上方忩劇《そうげき》」と呼ばれ、この結果「織田体制」は、総力を挙げて北条氏と戦う家康に、援軍を送ることが出来なくなったのである。

「織田体制」の分裂と「清須体制」の崩壊

こうした抗争が激しくなってきたなか、秀吉は、天正十年十月十五日、織田信長の百ヶ日法要（葬儀）を京の大徳寺で実施した。信長の葬儀は、早くから実施が望まれており、秀吉がこれを強く求めていたが、「織田体制」の内部抗争によりまったく実現しないまま、時間が経過していた。信長の葬儀については、信雄も秀吉主導で実施されることを嫌ったため、信雄・信孝兄弟、柴田勝家は賛同しなかったらしい。そこで秀吉は、九月、京の本圀寺《ほんこくじ》で、丹羽長秀、堀秀政、長谷川秀一《ひでかず》らと協議し、信長の葬儀を実施することで合意を取り付けた。つまり、織田家宿老衆と傅役五人のうち、三人が合意した形をとったわけだ（池田恒興も息子照政を葬儀に出席させているので、賛成したのだろう）。

そして秀吉は、養子秀勝（信長の五男）を喪主とし、三法師、信雄、信孝、勝家にも出席を求め、葬儀を執行した。彼らは、いずれも出席せず、信雄・信孝兄弟は、葬儀を中止させるために京に攻め込んでくるとの噂が流れたほどだった（『晴豊記《はれとよき》』）。

葬儀終了後、秀吉は次なる一手を打った。信孝が三法師を離さぬ以上、秀吉にいかなる事情があろうと、彼との対立は、すなわち主家織田家への反逆となってしまう。このジレンマから脱却するために、秀吉は、十月二十八日、京の本圀寺で丹羽長秀・池田恒興と会談し、三法師を信孝が離さぬ現状では、「織田体制」が機能不全に陥ってしまっているとして、三法師が成人するまで、信雄を「名代」とし、彼を時限的な織田家の家督に据えることに決めた（『蓮成院記録』『兼見卿記』秀吉五三二号他）。この合意は、ただちに同盟国であり、織田一門大名でもある徳川家康に伝えられ、家康はこの決定に同意している（愛⑫二〇九号）。

この結果、暫定的ながら、三法師に代わる織田家家督信雄が誕生することとなり、それを秀吉・長秀・恒興の三宿老が支え、堀秀政もこれに参加する体制が整えられた。そして、信孝と勝家は、ここから排除されたのである。ここに、清須会議による合意の枠組み（「清須体制」）が崩壊し、「織田体制」は分裂した。この決定を、秀吉らのクーデターと呼ぶ研究者もいるが、その通りであろう（尾下成敏・二〇〇六年①、谷口央・二〇一六年）。

織田信孝の降伏

織田信雄が、暫定的ながら織田家家督に就任したことで、政局の主導権は、信雄・秀吉方へと移った。信孝と柴田勝家は秀吉を詰《なじ》り、対立は激化した。こうしたなか、所領問題で秀吉に不満を持っていた滝川一益が、信孝・勝家方に合流している。

だが、勝家は分裂に至った原因は、秀吉にあると訴えていた。勝家が、十月六日、堀秀政に送った書状には、懸命に清須会議の枠組みを遵守しようと努力したのに果たせず、秀吉にしてやられた彼の心情がほとばしっている（愛⑫二〇四号）。

勝家は、自分は秀吉と元来不仲だったことはなく、彼と約束した取り決めを破ったこともなく、長浜領の配分の他は、何も望んでいないし、奪ったりもしていないこと、ましてや自分勝手な行動を取った事実もないこと、などを強調している。それなのに、秀吉は自分の所領に勝手に城を造り、身勝手な考えのもとで行動を起こし、内輪の争いを始めている。こんなことはやめて、協力して四方の敵に立ち向かうべきだ、と憤慨し、「上様（信長）がこれまで苦労のすえに治めてきた御分国を、行き届かないところがあろうと、守り抜くべきなのに、結局のところは、共喰いの果てに、他人に国を奪われてしまうことになるかも知れない。こんなことは、私の本意ではなく、天道にも背くことで、残念で仕方がない」と嘆息している（丹羽参考五一号）。

そして、十一月、美濃では、信孝への叛乱が勃発した。信孝は、反信孝方への攻撃を開始し（愛⑫二一一号）、さらに尾張国葉栗《はぐり》郡伏屋の国衆伏屋市兵衛に知行宛行状《ちぎょうあてがいじょう》を出して、味方に取り込んだ（同六七号）。伏屋は、濃尾国境紛争の結果、織田家宿老衆らの裁許により、境川（古木曾川）を境界とすることで決着し、信雄領国で収まっていたはずであった。その場所に、信孝が手を入れたのであるから、これは信雄への挑発行為であり、事実上の宣戦に等しかったといえる。

十二月、秀吉・丹羽長秀らの軍勢は、近江国に出陣し、柴田勝豊《かつとよ》が在城する長浜城を包囲した。雪に閉ざされ、身動きが取れなかった勝家は、秀吉に停戦を求め、勝豊は病気であったこともあり、戦意が低く、長浜城は開城した。秀吉は、越前から襲来するであろう勝家ら北陸勢に備えて、横山城を修築して軍勢を配置し、佐和山城に弟の秀長《ひでなが》を在城させると、十二月十六日、美濃大垣城に入った（秀吉五四一号）。

信雄・秀吉らは、美濃・尾張の国衆や土豪らに、織田家家督を継いだ信雄のもとへ参陣し、御礼（臣礼）を取るよう呼びかけた。これに、森長可を始めとする武士が、続々と信雄のもとに参集したのである。この時、秀吉・丹羽長秀・池田恒興は、連署状を発給し、諸将への指示を行っているので（愛⑫二一七・一八・二三号等）、信雄を宿老三人が支える体制が出来上がっていたことを示している。

信雄らの軍勢は、岐阜城を包囲した。全くの孤立無援となり、美濃の武士たちからも見放された信孝はついに、十二月二十日頃降伏する。信孝は、三法師を信雄に引き渡し、さらに生母坂氏と息女を人質として提出した。三法師は、ただちに安土城に送られている（愛⑫二二〇・一号）。信孝は降伏したものの、信孝方はなおも加治田《かじた》城などで抵抗を続けていたようだが、これもまもなく鎮圧された（横山住雄・二〇一七年、一三四頁）。

天正十一年一月、秀吉は、信雄が来る二十五日に安土城に入り、御家督就任の披露をするので、諸国の人々は出仕するよう通達した（愛⑫二二四号）。天正十一年閏《うるう》一月四日、信雄は安土城で、秀吉以下の人々の出仕と御礼（臣礼）を受けた（『多聞院日記』）。家康もまた、これを祝う書状を信雄に送り、従来通りの関係継続を確認している（愛⑫二七〇号）。こうして、織田家家督信雄と宿老秀吉・長秀・恒興により、「織田体制」が再編されたが、結果として、柴田勝家、織田信孝、滝川一益は排除されたのである。

しかし、畿内では、雪解けと同時に、柴田勝家が、信孝、滝川一益、徳川家康と結んで攻めてくるとの不穏な噂が流れており(『多聞院日記』)、人々は不安に駆られていた。

勝家襲来の噂

実は、世間に噂が流布する背景があった。天正十年十二月から同十一年一月にかけて、虚々実々の外交戦が展開していたからである。まず、柴田勝家は、毛利輝元やその庇護下にある室町将軍足利義昭らと連絡を取り、信雄・秀吉打倒のための協力を呼びかけた。毛利氏は、これを受諾し、勝家の出兵に呼応して、義昭上洛の軍勢を起こすことや、徳川家康とも協調することなどを勝家に伝えた。家康も、輝元からの要請に応じ、二月十四日に、義昭上洛のことについて、輝元書状に添えられた、信雄・秀吉を始め宿老衆もこれを受諾するとの書状も拝見したので、自分としても異存はないと返答している(家康四八四)。

また、天正十年十二月十一日、勝家が派遣した使者は、甲斐国甲府に在陣していた徳川家康のもとを訪問し、書状と進上物を贈っている(『家忠日記』)。これらは、勝家による、秀吉打倒のための工作であろう。

だが、家康はそのつもりはさらさらなく、甲斐から帰陣してまもなくの、同年十二月十八日、尾張国星崎《ほしざき》で信雄と対面しており(『家忠日記』)、織田氏との協調を確認したのだろう。

そして、家康のもとにもたらされた、勝家からの情報はすべて信雄方に漏洩《ろうえい》したとみられる。このような背景があって、勝家の襲来の噂が流れたのだろう。

さらに、越後上杉景勝に対しても、将軍義昭から、自身と柴田勝家に協力するよう要請されたが、景勝は宿敵勝家らに与《くみ》する気はなく、逆に秀吉に接近した。その結果、景勝は、一月二十六日付で秀吉に、信雄・秀吉と協調するとの書状と起請文を送った。これを受け、秀吉は、信雄にこれを披露した後に、上杉氏と結ぶことを誓約した起請文を送っている（上越二六五五号）。

信雄・秀吉らにとっては、これで勝家を討つための正当性は充分に確保された。将軍足利義昭を利用して、秀吉を打倒するというのは、織田家（「織田体制」）に対する叛乱を意味する。

かくて、信雄・秀吉は、天正十一年閏一月下旬、安土に軍勢を招集したのである。このころ、伊勢長島城の滝川一益は、勝家・信孝に味方する態度を鮮明にしていた。秀吉は、すでに北伊勢の滝川方の諸将に対する調略を実施しており、かなりの成果を得ていたようだ。

二月初旬、秀吉軍は、近江長浜城の柴田勝豊を攻め、これを降伏させた。ついで、二月中旬には、北伊勢に侵攻を開始し、滝川攻めを実施し始めたのである。

いっぽう、岐阜城の織田信孝は、表面上は信雄に恭順の意を示していたが、秘密裏に四国長宗我部元親と結び（愛⑫二七一号）、勝家とも結んでいた。
それに気づかぬ信雄は、二月末に安土城を出陣し、北伊勢に入ると、滝川戦に参戦した（愛⑫二三二・三号）。

賤ヶ岳合戦

信雄・秀吉軍が、北伊勢に侵攻したことを知った柴田勝家は、二月二十八日に先陣を越前から近江に向けて出陣させ、勝家自身は三月九日に越前北ノ庄城を出陣した。勝家ら北陸勢は、十二日に北近江に着陣した。勝家は、柳ヶ瀬の内中尾山《うちなかお》に布陣している。北近江には、すでに秀吉方によって付城などが築かれており、北国街道は封鎖されていた（以下は、高柳光壽・一九五八年による）。

柴田勝家、佐久間盛政、前田利家らの北陸勢が、北近江に出現したことを知った秀吉は、北伊勢の戦線を信雄に委《ゆだ》ね、自身は軍勢を率いて近江に戻った。秀吉は、三月十一日に佐和山、十二日に長浜に着陣し、その後、十七日には木之本《きのもと》などを押さえ、付城などの強化を実施した。そのため、両軍は決め手を欠き、対陣が続くこととなる。

四月中旬、岐阜城の信孝は、好機到来とみて挙兵し、滝川一益と協同で尾張侵攻を開始した。これを知った秀吉は、人質として提出されていた信孝老母と息女を処刑している（『兼見卿記』)。秀吉は、北近江の戦線を、弟秀長に委ね、自身は四月十六日に美濃大垣城に戻っている。しかし揖斐《いび》川が増水していたため、秀吉は渡河できず、大垣城に滞陣せざるをえなかった。

ところが、秀吉不在を好機とみた柴田勢のうち、佐久間盛政が、四月十九日に羽柴方の大《おお》岩山砦《いわやまとりで》を攻略し、中川清秀を討ち取ったのである。佐久間勢は、翌二十日にも、羽柴方に大攻勢を仕掛けたため、羽柴方は苦戦した。二十日、柴田方が攻勢をかけてきたことを知った秀吉は、ただちに大垣から北近江に軍勢を帰し、その日の夜に秀長らと合流すると、二十一日に柴田方に猛攻を仕掛けた。激戦のさなか、柴田方の前田利家が戦線を離脱したことで、柴田方は動揺し、秀吉軍の猛攻を支えきれず、遂に勝家は敗走を余儀なくされた（賤《しず》ケ《が》岳《たけ》合戦）。

秀吉は、勝家を討ち取るまで追撃の手を緩めず、途中、前田利家を降伏させ、これを自軍に組み入れると、前田を先陣に、越前北ノ庄城を包囲した。抵抗できぬと悟った勝家は、正室お市の方の息女三人を秀吉のもとに送ると、四月二十四日、お市の方とともに自刃した。こうして、柴田勝家は滅亡したのである。

勝家滅亡は、越中の佐々成政と飛驒国衆らを動揺させた。成政と、飛驒の三木《みつき》自綱《よりつな》は、秀吉に降伏した。まもなく、三木氏は飛驒を統一し、北陸と飛驒は、「織田体制」に編入されたのである。

いっぽう、岐阜で挙兵した信孝は、四月二十四日ごろより、信雄の軍勢に包囲され、勝家滅亡を知ると、兄信雄に降伏した。信孝は、尾張国内海《うつみ》に送られ、五月二日に自刃を命じられた。彼は、秀吉への恨みを呑《の》んで死んだといわれる（『川角太閤記』他）。

勝家・信孝の滅亡を受け、北伊勢の長島城で籠城を続けていた滝川一益も、七月初旬までには降伏、開城し、長島城を退去した。一益は、信雄から赦免され、出家して入庵不干と号し、秀吉に仕えることとなった。

織田体制の再編と羽柴秀吉の台頭

賤ヶ岳合戦で、柴田勝家・織田信孝が滅亡し、滝川一益が没落すると、秀吉の威勢はさらに大きく増すこととなった。織田家家督に信雄を奉戴した時、秀吉は、一頭地《いっとうち》を抜いていたとはいえ、丹羽長秀、池田恒興とともに、彼を支える宿老衆の一人であった。ところが、秀吉による賤ヶ岳合戦の成果は、もはや誰の眼にも明らかであり、当時の人々は「織田体制」が、信雄を秀吉がすべてにわたって補佐し、運営されていると認識するようになった（愛⑫二四六号）。そこには、丹羽長秀や池田恒興の影は圧倒的に薄くなっていた。

そして、秀吉は、賤ヶ岳合戦の戦後処理を一人で行うことにより、天下の運営を織田から羽柴へと移していくような動きに出て行く。

それが顕著に表れたのが、織田領国の所領配分である。勝家を滅ぼした秀吉は、越前北ノ庄に在陣し、そこで柴田の遺領処分を独自に実施した。まず、従属した前田利家には、旧領能登国に加えて、加賀国石川・河北両郡を与え、本拠を能登七尾から加賀金沢に移すよう命じた。また、越前は丹羽長秀に与えられ、越前府中に丹羽長重《ながしげ》、鯖江に長束正家《なつかまさいえ》、丸岡に青山宗勝《やまむねかつ》を配置し、越前大野は金森長近《かなもりながちか》が安堵《あんど》された。越中は、佐々成政が安堵された。

また、注目される事実として、三法師の傅役で、佐和山城主となっていた堀秀政に対し、秀吉は「羽柴」姓を授与している。その時期は、十月二十日以前のことであるから、秀吉の威勢が、主君信雄を凌《しの》ぐことが内外に明らかになった時期と一致する。なお、秀政への「羽柴」姓授与は、秀吉一門衆・親類衆を除き、初めての事例とされている（黒田基樹・二〇一六年）。

秀吉は、近江坂本城まで帰還すると、摂津国大坂にいた池田恒興・元助・照政父子に美濃を与え、恒興に大垣城、元助に岐阜城、照政に池尻《いけじり》城をそれぞれ与えた。そして、近江坂本城に家臣杉原家次《すぎはらいえつぐ》、瀬田を浅野長政《あさのながまさ》（当時は長吉だが、本書では長政に統一）に与えるなど、南近江には秀吉一門や家臣が配置されたのである。そして秀吉自身は、従来の播磨・丹波・山城に加え、摂津・河内・和泉・播磨・但馬・因幡などを領有することとなり、新たな本拠地として、摂津大坂城の築城に着手するのである。これは、秀吉が安土城に代わる天下の政庁として、築城を始めたとされる（柴裕之編・二〇二〇年他）。

このように、秀吉は、かつて信長とともに戦った織田家臣たちに対する所領宛行、加増、安堵を独自に実施し、丹羽長秀、池田恒興、堀秀政らの宿老衆に対しても同様の措置を執ったわけで、まさに秀吉が彼らの上位に位置することを示すものであった。そして、そこには、織田家当主信雄の影はまったくみられない。こうした措置は、秀吉が独自に執行したわけで、「織田体制」は再編されたものの、その枠組みからはみ出ようとする秀吉の動きが、露わになった瞬間でもあった。

そして、秀吉が大和国を除く畿内四ヶ国を支配地としたことは、大きな意味を持った。それは言うまでもなく、当時の日本経済の中枢だったからであり、このことが秀吉の軍事・経済力を飛躍的に拡大させたのである。

さらに秀吉は、六月二日、京の大徳寺で信長の一周忌を主催、挙行したのである（『多聞院日記』『兼見卿記』他）。だがそこに、織田家当主信雄の姿はなかった。両者の関係は、共通の敵である柴田勝家、織田信孝を滅ぼした直後から、懸隔が生じていたのであろう。ほんらい、亡父信長の一周忌は、織田家当主信雄が主催すべき事柄である。にもかかわらず、信雄が実施しようと計画した形跡はまったくみられない。

実は、天正十年十月に秀吉が、秀勝を喪主として信長の葬儀を実施したのも、信雄・信孝兄弟がともに開催しようともせず、宿老衆からも開催すべきとの声が出なかったため、秀吉はこのままでは「天下之外聞」にかかわると心配し、自らが実施したと証言している（秀吉五一二号）。秀吉のことであるから、事実かどうかは慎重な検討が必要であるが、信孝家臣斎藤利堯《さいとうとしたか》・岡本良勝《おかもとよしかつ》に対して記したことなので、作り話とは思えない。織田家当主でありながら、信雄が一周忌という重要な法要を自ら主催せず、秀吉が実施したとすれば、父祖への仏事、祭祀《さいし》という当主の重要な責務を放棄したとみられても仕方がないだろう。

秀吉が、天正十一年六月以後、急激に求心力を強めたのは、織田家中において、信雄への失望感が広まったがゆえとみられる。その契機は、信長の一周忌を、主催も参加もしなかったことにあると考えられる。

織田信雄と秀吉の相剋

信雄と秀吉の対立は、間違いなく賤ヶ岳合戦直後から始まっており、その原因は、戦後処理を秀吉が独断専行で実施したことにあると考えられる。柴田らの遺跡を接収し、それらを織田家臣に配分（知行宛行、加増）や安堵などをする行為は、主従制の根幹であるので、当然、当主信雄が執行すべきものであった。ところが、これを秀吉が勝手に行ってしまったわけである。当然、両者の関係は、これを契機に冷え込んでいった。前述の通り、面白くない信雄は、信長の一周忌を主催せず、秀吉が執行した仏事に参加もしなかった。

また、信雄よりも秀吉の方が頼るべき人物とみなされるようになる事態が起こる。それは、朝廷の動きであった。賤ヶ岳合戦後、戦勝を祝う勅使が派遣されたが、その相手は、信雄ではなく秀吉であった。さらに、七月には近江石山寺の安堵を命じる綸旨《りんじ》が、信雄ではなく秀吉に発給された（尾下成敏・二〇〇六年②）。これらは、いずれも、朝廷が頼りになるべき相手は、信雄ではなく秀吉だと認識していたことを端的に示している。

このような背景もあって、秀吉は、「織田体制」からの離脱を図っていく。それを象徴する出来事が起きた。天正十一年六月もしくは七月、信雄は、安土城を退去し、領国である尾張・伊勢・伊賀三ヶ国の統治に専念することとなった。そして、三法師を安土から近江坂本城に移し、秀吉自らの庇護下に置いたのである。織田家家督信雄と、将来の家督継承者であり、天下人織田家を継ぐことが予定されていた三法師の二人が、天下の政庁安土城からいなくなったことになる。そして、秀吉は信雄に、二度と天下に足を踏み入れないように告げ、欲しいものがあれば、書状で言ってくれれば与えるであろうと述べたと伝えられる（『一五八四年一月二十日付、長崎発信、ルイス・フロイス書簡』）。信雄は、天正十一年七月二十一日の段階で「清須様」と呼ばれていた（尾下成敏・二〇〇六年②）。「清須様」との尊称は、信雄が安土城を出て、尾張清須城を本拠とする三ヶ国の大名になったことを象徴していた。

また、秀吉が天下に足を踏み入れるなというのは、京における統治権の放棄をさせたことを意味したものと指摘されている。天正十一年五月二十一日、信雄は前田玄以《げんい》を京都奉行に任じたが、このなかで玄以は、秀吉の助言を得て、彼の意向に沿い統治を行うよう指示されていた（愛⑫二四五号）。それは、京を含む山城国が秀吉の分国だったからである。だが、朝廷や有力寺社がある京の統治権から、秀吉は信雄を切り離そうとしたのだ。信雄の清須移動の直後の七月に、秀吉は京の洛中に、山城国山崎城を廃し、妙顕寺《みょうけんじ》城を築き、京を支配下に収めている（『兼見卿記』他）。

秀吉は、信雄が安土城から退去した直後の、天正十一年八月より、著名な糸印を用いた朱印状の発給を開始し、織田家に代わる「天下人」として振る舞い始めた。

いっぽうの信雄は、同年十月より亡父信長が使用していた朱印「天下布武」にそっくりな、馬蹄《ばてい》形の朱印「威加海内」による朱印状発給を開始した。これは、信雄こそが、信長の跡を継ぐ「天下人」であることを主張しようとしたものであろう。両者の対立は、頂点に達しつつあった。

天正十一年十一月十六日、目的は不明ながら、信雄が近江国園城寺《おんじょうじ》に来て、ここに滞在した。これを知った近衛信輔《このえのぶすけ》が、信雄を訪問している（『兼見卿記』）。その直後の、十一月二十一日、徳川家では、信雄が上方で切腹したとの噂を聞いている（『家忠日記』）。一説に、信雄と秀吉が対面し、ここで両者が決裂したというが、不明である。ただ、信雄が秀吉と何らかの交渉を行ったのは間違いなかろう。彼は、秀吉との関係を再構築しようと考えたのではあるまいか。どこまで行っても、「織田体制」は存続しており、信雄は秀吉の主君という立場であることには変わりはなかったからである。それでも、主君が家臣を呼び出せず、自ら途中まで赴かねばならぬ状況は、「織田体制」の黄昏《たそがれ》を象徴していた。

秀吉による「織田体制」離脱と主従逆転の構想

小牧・長久手合戦の契機について、秀吉が信雄を挑発したことにあるという学説は、今も根強い。だが、信雄の求心力が落ち、秀吉に朝廷、寺社、織田家臣らの輿望《よぼう》が集まり、求心力が日に日に増していたことは、これまで紹介してきた通りである。そして、そこには秀吉が信雄を挑発するような行為は認められず、むしろ信雄の威信低下による、主従逆転の方向に、時代が流れているように感じられる。

そして秀吉は、織田家中にも影響力を伸ばしていた。それは、信雄の近臣たちを取り込み、信雄と秀吉の主従関係を逆転させ、「織田体制」をなし崩しとし、秀吉権力を確立しようとする構想である。

信雄の近臣として重要な人物は、岡田重孝《おかだしげたか》、津川雄光《つがわかつみつ》、浅井新八郎《あさいしんぱちろう》、滝川雄利《かつとし》、飯田半兵衛尉《いいだはんびょうえのじょう》、佐久間正勝《まさかつ》がおり、一門では織田長益がいた。このうち、天正十一年十月から同十二年一月にかけて、津川、岡田、滝川、佐久間、長益は、それぞれ大坂を訪問、滞在していたことが指摘されている（尾下成敏・二〇〇六年②）。また、岡田、津川、浅井、滝川の四人は、秀吉のもとへ人質を提出していることが判明している（跡部信・二〇〇六年上）。これは、彼らが秀吉に従属していることを示し、信雄の家老津川らと滝川は、信雄の重臣であるとともに、秀吉にも従属するという両属の関係にあり、それは織田家中における親秀吉派の存在に他ならない。しかも、滝川雄利は、秀吉より「羽柴」名字を授与されてもいるのだ。その時期は、天正十一年八月十九日以前であり（黒田基樹・二〇一六年）、授与されたのは、賤ヶ岳合戦後のことであろう。滝川は、津川ら三家老のように信雄に疑われるほど秀吉寄りの動きをしなかったようだが、それにしても秀吉による信雄重臣の取り込みは驚くばかりである。

そして、このなかでも津川雄光と岡田重孝は、織田家中でも一、二千人を動員する大身《たいしん》であった（大日⑥二五二）。織田家を事実上取り仕切っていたのは、この二人であったといい、秀吉と織田家の調整を、秀吉が有利になるよう実施していたとされる（『兼見卿記』天正十二年三月九日条）。これは、信雄には秀吉の意を受けて織田家を壟断《ろうだん》し、自分を軽んじる不忠者に映ったらしい。信雄が、後に三家老を成敗した直後、岡田と津川については「津河玄蕃・

岡田長門守此中余ニ恣之仕置候間、令成敗候」と述べ、目に余る恣意的な政治運営を成敗の理由に掲げていた（愛⑫二八八号）。また、『当代記』には「此比信雄為臣下者も頼秀吉公を、奉軽信雄を之間、一両輩令成敗給ふ、其中に岡田助三郎と云者、別而秀吉公機愛之人也」とあり、織田家中には秀吉を頼り、信雄を軽んじる風潮がみられ、とりわけ「一両輩」（岡田・津川）がそれであり、しかも岡田には特に秀吉が目をかけていたと記している。

信雄にとって、気づいたら重臣層が秀吉との関係構築を進めており、信雄の意思を掣肘《せいちゅう》する可能性が高まっていたと感じられた可能性が高い。

そして、秀吉が主従関係を逆転させ、なし崩しに「織田体制」を解体させ、自身が信雄の上位に立ち、秀吉権力の樹立を内外に示す好機が訪れる。それは、天正十二年二月に計画された、秀吉による和泉・紀伊（根来寺《ねごろじ》、雑賀衆《さいかしゅう》）攻めである。秀吉は、諸将に大坂への参集を命じ、信雄にも参陣を求めた（尾下成敏・二〇〇六年②）。

こうした計画こそ、主従逆転を象徴していた。ほんらい、誰を敵と認定し、そこに攻め込む計画立案と動員要請の決定は、「織田体制」のもとでは、織田家当主信雄が行うべきものである。にもかかわらず、この出兵計画は、秀吉が立案し、彼が動員をかけ、しかも主家である織田家にも参陣を求めたわけである。

信雄は、自身は参陣せず、来《きた》る三月二十七日に秀吉指揮のもと、雑賀表に攻め込むべく、家臣水野《みずの》勝成《かつなり》（三河）、吉村氏吉《よしむらうじよし》（尾張）に出陣を命じている（愛⑫九三八・九号、なお『愛知県史』などは、この文書を天正十三年に比定しているが、本書は尾下成敏・二〇〇六年②の見解に従い、天正十二年のものとした）。信雄が、秀吉の要請を受諾したのは、重臣らが親秀吉派であり、秀吉の意向を受けるべく信雄を説得したか、行動を掣肘したのだろう。後に、津川ら三家老は「羽筑と申談候」（秀吉と申し合わせていた）と指弾されたのは、このような事態だったのだろう（愛⑫二九一号）。もし、織田軍が秀吉のもとに参陣すれば、織田家は秀吉に従属したとみなされ、主従関係は名実ともに逆転してしまい、「織田体制」は戦闘を経ることなく解体し、秀吉権力に吸収されてしまう可能性が高かったのである。

実は、先学がすでに指摘していることであるが、秀吉は、天正十二年春、信雄の屈服を目指す動きと並行して、将軍足利義昭の帰洛の実現に向けて調整を図っていた（朝尾直弘・一九八八年）。秀吉は、主家織田信雄と、将軍足利義昭を従属させることで、彼らを包摂した上位権力たる秀吉権力の成立を誇示しようとしたと考えられる。

天正十二年二月、秀吉の出兵要請を受けた信雄は、主従関係逆転のための一手を秀吉に打たれ、窮していた。彼は、あくまで秀吉の主家であり、「織田体制」の頂点だという自意識を捨ててはいなかった。そして、信雄は歴史を動かす一手を打つ決断を下すのである。

第二章　小牧・長久手合戦始まる

一、信雄と秀吉の断交

信雄・家康の密約

織田信雄は、家老岡田・津川・浅井の三人が、秀吉に通じ、自分を軽んじているばかりか、政治を壟断《ろうだん》し、さらに「逆心」を企てていることを、秘《ひそ》かに徳川家康に伝えたとされる。これを知った家康は、信雄に、天正十二年（一五八四）三月三日に鷹《たか》狩りに事寄せて、三河国吉良《きら》（愛知県西尾市）で密会し、今後の協議を行おうと申し入れたという。信雄と家康は会談を持ち、ここで三家老を誅殺《ちゆうさつ》し、これを合図に家康が軍勢を率いて尾張清須城に入り、信雄に加勢して、秀吉と戦うことで合意したという（『寛永伝』他）。これがどこまで事実を伝えているかは明らかでない。『家忠日記』にも、三月三日に家康が動いた形跡は記述されていない。だが、両者間で秘密裏に協議が進められていたことは間違いないだろう。

その実態については、確実な史料に恵まれていないが、管見の限り、天正十二年二月、家康は、家臣酒井重忠《しげただ》（雅楽頭《うたのかみ》家、「下馬将軍」の異称がある酒井忠清《ただきよ》の祖）を、信雄のもとに派遣したとする後世の記録がある（『寛政譜』『家忠日記増補』『播磨姫路酒井家譜』）。それらによると、酒井重忠は、当時、駿河丸子《まりこ》城に在番していたが、家康に呼び出され、尾張の信雄のもとに使者として派遣されることになったといい、重忠は丸子城を弟忠利《ただとし》と同心衆に委《ゆだ》ねたという。重忠は、家康より「密事ノ御旨」（機密を要する家康の心意）を託され、信雄のもとへと赴き、それを彼に告げ知らせたとされる。その内容は定かでないが、信雄が秀吉と断交し、戦う決意ならば、家康はこれを支持、援助することを伝えたとみて間違いなかろう。

信雄、三家老を殺害す

家康から、支援の約束を取り付けた信雄は、遂に岡田重孝（尾張星崎城主）・津川雄光（伊勢松ヶ島城主）・浅井新八郎（尾張苅安賀《かりやすか》城主）の三家老粛清に踏み切る。三月六日、信雄は、三人を長島城に呼び寄せた。信雄は、酒宴を開くことを口実に、彼らを招き寄せたのだという（『耶蘇会日本年報』、『小牧戦話』には「鷹の鳥料理」を振る舞うと、土方雄久《ひじかたかつひさ》を使者として派遣し誘ったとある。また『武徳編年集成』には「饗膳」と記録されている）。

信雄は、あらかじめ家臣土方雄久、飯田半兵衛尉、森久三郎《きゅうざぶろう》（勘解由《かげゆ》）に、彼らを討つよう密命を下しており、さらに近習衆にもいざという時の備えを命じていたといわれる。三家老は、長島城に招き入れられ、暗殺された。当時の文書などには「成敗」「討果」とあるものと（長一号、同二号、同四八号、『当代記』）、「生害」「切腹」とあるものがあり（長三号、同五号、同六〇号、『家忠日記』『兼見卿記』『顕如上人貝塚御座所日記』）、混在している。どちらが正しいのかは判然としないが、三人を同時に切腹させるのはいかにも困難であるように思え、暗殺（成敗）した後に、彼らには謀叛《むほん》の廉《かど》で切腹させたと喧伝《けんでん》したのではあるまいか。

『武徳編年集成』などによると、岡田重孝には土方雄久が、津川雄光には飯田半兵衛尉が、浅井には森久三郎が（異説に信雄の小姓衆〈『尾州表一戦記』〉）、それぞれ斬り掛かって殺害したといい、これらはほぼ諸記録に一致してみえる。暗殺の舞台になったのは「矢倉ニ而即座ニ御成敗」とあるように、長島城内の矢倉であったとする後世の記録がある（『小牧御陣長湫御合戦記』）。このことについて、『武徳編年集成』には「天守ニ附櫓《つけやぐら》トテ庇《ひさし》ノ如キ間ヲ構ヘ」とあり、天守の附櫓に設けられた座敷であったという。同書によれば、当時、天守に信雄の居住空間があったと記されており、天守の附櫓の座敷は、よほどのことがなければ招き入れられることはなかったとある。暗殺場所が長島城天守である可能性は、三月七日付の織田信《のぶ》張《はる》書状写（香宗我部《こうそかべ》安芸守〈親泰《ちかやす》〉宛）の一節に「先此三人昨日六日、長嶋出雲守被作生害候」とあり（長三号）、これは「長嶋城天守」の誤写と推定されているので、首肯できると考えられる。

殺害された浅井とは誰か

ここで検討すべき事柄がある。信雄に粛清された家老の一人浅井とはいったい誰のことなのかということだ。通説では、当時一六歳であった浅井長時《ながとき》（田宮丸）であったとされる（『寛政譜』他）。長時の父は、浅井新八郎信広といい、織田家臣毛利河内守長秀の妹を妻女とした。長時は、正室毛利氏との間に出生したとされる。信広は、信長の赤母衣衆《あかほろ》となり、後に尾張・美濃を継承し、織田家督となった信忠の指揮下に入った。そして、天正九年五月二十四日に死去したという（『織田信長家臣人名辞典』）。彼の歿年《ぼつねん》に関する史料は、『尾陽雑記』などの近世の記録に拠っている。

信広の跡を若くして継いだのが、田宮丸こと、新八郎長時であるという。なお、天正十年八月日付で、尾張国中島《なかしま》郡中島村の八剱社に寄進された釣灯籠《つりどうろう》の陰刻銘に「浅井新八郎政高敬白」とある人物が、田宮丸であるとの説があるが、この史料は信憑《しんぴょう》性に問題があり採用できない（愛⑫四一号）。

ところで、浅井田宮丸が新八郎長時と称したことを証明する史料は、確認されていない。

また、確実な史料において、岡田・津川とともに殺害された浅井とは、「浅井新八」とあり（長三号）、田宮丸と明記したものは存在しない。すべては、軍記物や系譜類に拠っている。

そして、この時期の苅安賀浅井氏について、注目すべき史料がある。

（1）『兼見卿記』天正十一年九月十五日条

昨日十四日自毛利河内守（長秀）母儀、為当月祈念青銅百疋、息女カリヤス（苅安賀）三十疋、孫タミヤ（田宮丸）両人卅銭宛到来、依出京不能返事、帰了

（2）同天正十二年一月十六日条

毛利河内守母儀へ御祓・神供、御祓五也、河州（毛利長秀）・同母義、□□（カリ）ヤスア（カ）息女也、タミヤ婿（ママ）也、御まん孫也、各々遣之

（3）同天正十二年五月十六日条

毛利河内守御祓、母義在京之間持遣之、同母義へ御祓、河州妹カリヤスカ御祓遣之、今度於尾州婿・同孫生害也、河州ヨリ五十疋、母義ヨリ弐十疋到来了

これは、京都の公家で吉田神社の神職であった吉田兼見の日記の一節である。いずれも、毛利河内守長秀の生母と兼見との遣《や》り取りを記したもので、彼女は銭を兼見に贈り、御祓《おはらい》などを授けられたことがわかる。まず押さえておきたいのは、（1）（3）により、毛利長秀生母の娘（長秀の妹）が、苅安賀浅井氏に嫁いでいることであり、そして彼女の孫が田宮丸で

あるということである。これにより、通説が正しいことが確認できるだろう。ただし、（2）において田宮丸を生母の婿としているが、これは誤記であると考えられる。

そして注目すべきは、（3）である。これによると、尾張で自害したのは「婿と孫」だと記されている。つまり、当時の文書に登場する「浅井新八」とは、天正九年に死去したといわれてきた浅井新八郎信広（毛利長秀生母の婿）のことと想定される。そして、孫の田宮丸は天正十二年一月の時点で元服していた形跡はなく、幼名のままであったことと、彼は父新八郎とともに殺害されたということである。

すなわち、織田信雄に伊勢長島城に呼び出された浅井新八郎信広は、息子田宮丸を伴って出仕したところ、父子ともども殺害されたということであろう。このことから、通説は誤りであるとみられ、本書では殺害された三家老のうちの一人、浅井新八郎とは信広のことであると推定する（但し、信広の諱《いみな》は確実な史料にはみえない。そのため本書では、浅井新八郎とする）。しかし、父新八郎の巻き添えで殺害された男子のことが相当印象に残ったのか、田宮丸殺害がクローズアップされて軍記物や系譜類に記述されたことから、誤解が生じたのだろう。

混乱する三家老の家中

三家老が、長島城内で暗殺されたとの情報は、彼らの従者がそれぞれの居城に逃げ帰ったことから明るみに出た。岡田重孝の若党らは、星崎城に逃げ帰り、主君が殺害されたことを伝えた。すると、城内は大混乱に陥り、周章狼狽《ろうばい》した家来らは逃亡を企て始めたという（『太閤記』他）。動揺する家中を鎮めようとしたのが、岡田重孝の弟将監《しょうげん》（勝五郎）善同《よしあつ》であった。善同は、兄重孝と昵懇《じっこん》であった坂井成利を始め、赤川惣左衛門尉、林宗右衛門尉、那須十右衛門尉・彦次郎兄弟、那須隼人佐《はやとのすけ》、山口半左衛門尉、喜田野彦四郎らを招集し、彼らより人質を取り、籠城《ろうじょう》して信雄に抵抗し、羽柴秀吉の来援を待つことを決めた。しかし、山口だけは、言を左右にして人質を出さず、秘かに生母を長島城の信雄のもとへ人質に送ったことが露見したといい、このため星崎城を追放されたという（『寛政譜』『太閤記』他）。しかしながら、山口半左衛門尉の内通は事実らしいが、追放は誤伝とみられる。

このことについて、『当代記』は、岡田重孝成敗後の星崎城の模様を「助三郎（岡田重孝）弟弁山口于今居、彼地為肝要之巷之間、山口ヲ引付、自信雄知行ヲ被遣ル、家康人数被入置」と記している。ここでは、岡田重孝の弟や山口らが籠城したこと、山口を織田信雄が調略したこと、星崎城開城後は徳川勢が配置されたこと、などが記されており、それは後述するように事実と確認できる。

また、岡田重孝は、尾張国のうち常滑《とこなめ》城などをも管轄下に置いていたらしく、刈谷・緒川《おがわ》城主水野《みずの》忠重《ただしげ》も指揮下に置いていたらしい。とりわけ、常滑城には岡田重孝家臣の天野五右衛門が配置されていたといい、城主水野分長《わけなが》（内匠、三左衛門、備後守、弾正忠を称す）が守備していた（『寛政譜』）。重孝成敗を知った水野分長らは、籠城し信雄に抵抗する構えを見せたと推察される。また緒川の水野忠重家中にも、これに与《くみ》する動きがあったらしい（長三二号）。だが、水野忠重はこれに応じず、信雄方に身を置いた。ここに、水野一族は分裂したと考えられる。

この他に、津川雄光の居城伊勢松ヶ島城では、津川一族の津川三松（雄光の兄、武衛三松とも）、津川謙入（雄光の兄、三松の弟、蜂屋大膳大夫）、津川弥太郎（雄光の伯父）らが籠城を決意し、信雄に叛旗《はんき》を翻した（『勢州軍記』『木造記《こづくりき》』他）。なお、浅井新八郎の居城苅安賀城については、彼の家臣が籠城したとされるものの（『武徳編年集成』）、誰が浅井家中を取り仕切ったのか、そして城の攻防戦はどのように展開されたかを含めて、軍記物にもほとんど記録されておらず、詳細は不明である。

徳川軍動き出す

三月六日の、三家老粛清を合図に、織田・徳川軍が動き出した。徳川氏のもとに、信雄から三家老粛清（ただし、徳川氏にもたらされたのは、岡田重孝と津川雄光二名の殺害情報）の一報が入ったのは、翌七日のことである。家康は陣触《じんぶれ》を発し、三河の国衆らに、明日か、明後日には尾張に出陣すると指示した（『家忠日記』）。そして、家康自身は、七日には早くも岡崎に入ったため、慌てた吉田城代酒井忠次は、戌刻《いぬのこく》に深溝《ふこうず》城主松平家忠《まつだいらいえただ》らに、明日には出陣するよう依頼している（同前）。

家康のこの迅速な動きは、あらかじめ信雄と協議済みであったことを物語る。三家老粛清は、家康の合意と支持のもと、信雄が実施したものであるのは間違いなかろう。徳川軍のうち、酒井忠次率いる東三河衆は、八日に岡崎郊外の矢作《やはぎ》川畔、九日に尾張阿野（愛知県豊明市）、十日に鳴海《なるみ》（愛知県名古屋市）に着陣している（『家忠日記』）。家康本隊の動きは定かでないが、ほぼ同じような日程であったとみられる。

いっぽう、西三河衆を統括する岡崎城代石川数正《いしかわかずまさ》は、これより早く尾張に出陣していたらしい。それは、尾張知多郡における水野氏の分裂と、信雄に反抗する岡田氏の星崎城や常滑城などに対応するためである。石川らの徳川勢と水野勢が出陣したのは、三月七日のことと伝えられる（『武徳編年集成』）。

なお、家康は尾張出陣に際して、三月三日、三河・遠江に徳政令を発した（『家忠日記』他）。少しでも、武士や百姓らの負債を軽減しようとしたのであろうが、それほどまでに徳川領国が戦争と災害続きで疲弊していたことが背景にあると思われる。家康はその後も、信雄の許可を得て、三月二十五日には、尾張熱田の大商人加藤景延《かとうかげのぶ》（西加藤家）、加藤頼政（東加藤家）に徳政免許状を与え、彼らを徳政令などの適用から除外する措置を取っている（家康五七八～八二）。これは、将来、尾張にも徳政令が出される可能性が高いと家康は認識しており、織田・徳川方の物資供給を担う熱田商人に損害が出ないように配慮し、味方につけておく必要があったためであろう。

星崎城・常滑城・苅安賀城の接収

まず刈谷城主水野忠重の軍勢が、大高城《おおだか》に出陣し、星崎城を明け渡すよう勧告した。一日遅れて、石川数正らの軍勢が鳴海に進出したという（以下は『水野勝成覚書』『尾州表一戦記』などによる）。当時の鳴海には、「くろすえ」と呼ばれる入江（鳴海潟、鳴海浦）が入り込んでおり、大高城、鳴海城と星崎城は、鳴海浦によって隔てられていた。

そこで石川と水野忠重は相談のうえ、徳川・水野勢が笠寺《かさでら》方面から攻撃するように見せかければ、星崎城は笠寺口の守りを固めるであろう。徳川勢が笠寺口を攻めれば、敵方は、「浮武者」（配置を持たぬ予備兵）の余裕がなくなるであろう。その隙に、水野勢の一部は、鳴海浦の干潮を見計らって、「くろすえの渡」を経由し、星崎城の惣構《そうがまえ》を突破しよう、との手筈《てはず》を決めた。作戦通り、徳川勢は笠寺口を、水野勢は鳴海浦より攻め寄せた。特に水野勢は、戦死傷者を出しながらも、惣構を突破し、城内に乱入したという。水野勢は、秀吉方の兵が籠もる根古屋《ねごや》に放火したが、城方の抵抗が激しく、徳川・水野勢はいったん兵を退いた。

その後、星崎城との交渉を進め、三月十七日に、岡田方は降伏、開城となった（『武徳編年集成』）。前掲の『当代記』の記述によれば、城内の山口が内通したことで、城は開城となったとあるので、彼の去就が岡田方の継戦意思を挫《くじ》くような影響を与えたのだろう。籠城していた岡田善同は、信雄方に帰参することを潔しとせず、秀吉方のもとに退去した。彼はその後、加賀前田家に仕え、さらに加藤清正《きよまさ》の家臣に転じ、最後は秀吉の直臣になったという（『系図纂要』）。また、岡田家臣天野五右衛門は、常滑城に退去したらしい。

星崎城を接収した徳川・水野勢は、次に常滑城攻略に向かった。常滑城には、水野忠重のほか、徳川方の久松《ひさまつ》松平康元《やすもと》、長沢《ながさわ》松平康忠《やすただ》、大給《おぎゅう》松平家乗《いえのり》衆《しゅう》（家乗は幼少のため陣代が出陣）らが攻め寄せたといい、城はあっけなく降伏、開城した（『水野勝成覚書』『寛永伝』『譜牒余録後編』他）。常滑城陥落がいつのことであるかははっきりしないが、星崎城攻略後のことであるので、三月十七日もしくは十八日ごろであろう。水野分長は降伏したらしいが、天野五右衛門の行方は定かでない。

家康は、織田・徳川方に帰属した緒川・常滑の水野衆に対し、三月十八日付で朱印状を与え、①彼らの「帰参」を認め、②本領を安堵《あんど》し、③桑名に派遣した水野忠重と合流して彼の指揮下に入ることを命じた。彼らが信雄・家康に敵対していたことは、家康が彼らを「緒川先方衆」「常滑先方衆」と呼称していることからも明らかである（愛⑫三二六号）。「先方《せんぽう》」とは、かつては敵であったが、降伏し味方となった者の呼称である（平山・二〇一八年）。

星崎城を攻略した水野忠重と徳川勢は、さらに進んで浅井氏の苅安賀城を包囲し、これも攻め落とした（開城説もある）という（『武家事紀』）。ただ残念なことに、苅安賀城開城の時期は判然としない。三月二十日前後のことであろう。かくて、信雄に成敗された尾張の家老二人の居城は、織田・徳川軍によって確保された。

伊勢の混迷

当主を信雄に誅殺された伊勢松ヶ島城の津川家中も、星崎城の岡田氏、苅安賀城の浅井氏と同様、籠城の構えを見せた。津川三松・津川謙入兄弟らは、城下の松崎町を焼き払ったという（以下の記述は、『勢州軍記』『木造記』等による）。

いっぽうの信雄は、松ヶ島城を重臣滝川雄利に与え、その接収を命じた。滝川雄利は、伊賀、小倭《おやまと》（三重県津市）の軍勢を招集し、準備に入った。その間の三月三日夜、松ヶ島城には、信雄重臣木造長政《こつくりながまさ》（伊勢戸木《へき》城主）の軍勢が攻めかかった。城方は懸命に防戦し、津川弥太郎ら数百人が戦死する被害が出たが、木造軍の攻撃を凌《しの》ぎきったのである。木造長政は、無理をせず、戸木城に撤退した。

三月六日、遂に滝川雄利の軍勢が松ヶ島城に到着し、城の周辺に放火しつつ、津川家中に圧力をかけた。だが雄利は、力攻めをせず、城に降伏を促した。これを受けて、津川三松・謙入兄弟らは、相談のうえ、これを受諾し、松ヶ島城を滝川雄利に引き渡したという。津川兄弟は、秀吉を頼って落ち延びた。

松ヶ島城を接収した雄利は、ただちに城を固め、秀吉の襲来に備えた。信雄は、松ヶ島城への援軍として、伊勢七日市《なのかいち》城（三重県松阪市飯高町）主日置大膳亮《ひきだいぜんのすけ》を、そして家康は家臣服部半蔵《はっとりはんぞう》ら伊賀者と鉄砲百挺《ちょう》を、それぞれ送ったという。これにより、松ヶ島城の兵力は、三千余になったとされる。信雄・家康から援軍を得た滝川雄利は、南伊勢の国衆や土豪らから人質を提出させたといわれる。

しかしながら、秀吉の調略によって、すでに伊勢では分裂が始まっていた。信雄家臣であった長野左京進（当時の在城地不詳）、織田家と所縁《ゆかり》の深い小島民部少輔（織田信孝の異父兄、当時の在城地不詳）、雲林院《うじい》城（三重県津市）主雲林院出羽守祐基《すけもと》、亀山城（三重県亀山市）主関盛信《せきもりのぶ》・一政《かずまさ》、岩出《いわで》城（三重県玉城町）主田丸直息《たまるなおおき》、家所《いえどこ》城（津市美里町）主家所三河守のほか、織田一門の安濃津《あのつ》城主織田信包（信長の弟、信雄の叔父）が秀吉方に帰属し、信雄から離叛した。この他に、志摩国鳥羽城主九鬼嘉隆《くきよしたか》、大和宇陀《うだ》三人衆沢《さわ》城（奈良県宇陀市榛原《はいばら》）

主沢源六郎、龍王山城《りゅうおうざん》（三重県伊賀市）主秋山右近将監家慶《あきやまうこんのしょうげんいえよし》、芳野城《ほうの》（宇陀市菟田野《うたの》）主芳野宮内少輔らも秀吉方となった。

伊勢の情勢

とりわけ織田信包の離叛は、信雄・家康方に衝撃を与えたらしい。『家忠日記』天正十二年三月十四日条には「津ノ小田上野守殿敵ニ被成候て、北伊勢亀山堀久太郎、長谷川藤五郎、瀧川ひのゝ掃部働候て、尾州衆おひはらい嶺の城迄のき候由候、三百余被討捕候」とあり、織田信包が秀吉方の堀秀政、長谷川秀一らを引き入れ、北伊勢で攻勢に出たことを記録している。

この事態は、信雄にとってゆゆしき事態であり、このままでは、秀吉方の軍勢が呼応して伊勢に侵攻してくるであろうことは確実と予想された。そのため信雄方は、伊勢の守備を厳重にせざるをえなくなったのである。開戦当初の、伊勢における織田信雄方の城砦《じょうさい》と守将についていて、羽柴、織田、徳川方の文書や記録を始め、『勢州軍記』『木造記』などをもとに考証すると、おおよそ次のように推定できるだろう。

（I）北伊勢

柿城《かき》（三重県朝日町）……城将未詳
萱生城《かよう》（三重県四日市市）……佐久間正勝（尾張蟹江《かにえ》城主）、天野雄光《かつみつ》（六月中旬に修築、在城開始）
浜田城《はまだ》（同前）……田原重綱《たはらしげつな》、後に七月吉村氏吉により修築、十月までには滝川雄利が在城
楠城《くす》（同前）……楠十郎正盛《まさもり》
茂福城《もちぶく》（同前）……城将未詳
神戸城（三重県鈴鹿市）……神戸正武《かんべまさたけ》（林与五郎）
沢城（同前）……神戸具盛《とももり》
国府城《こう》（同前）……国府盛種《もりたね》
桑名城（三重県桑名市）……土方雄久
千種城《ちぐさ》（三重県菰野町）……千種三郎左衛門
峯城《みね》（亀山市）……佐久間正勝、中川定成《さだなり》（尾張犬山城主）ら（三月初旬、信雄方が修築し佐久間らを配置）

（Ⅱ）南伊勢

木造城《こつくり》（津市）……木造具政《ともまさ》（ただし開戦時は、木造家中が在城）

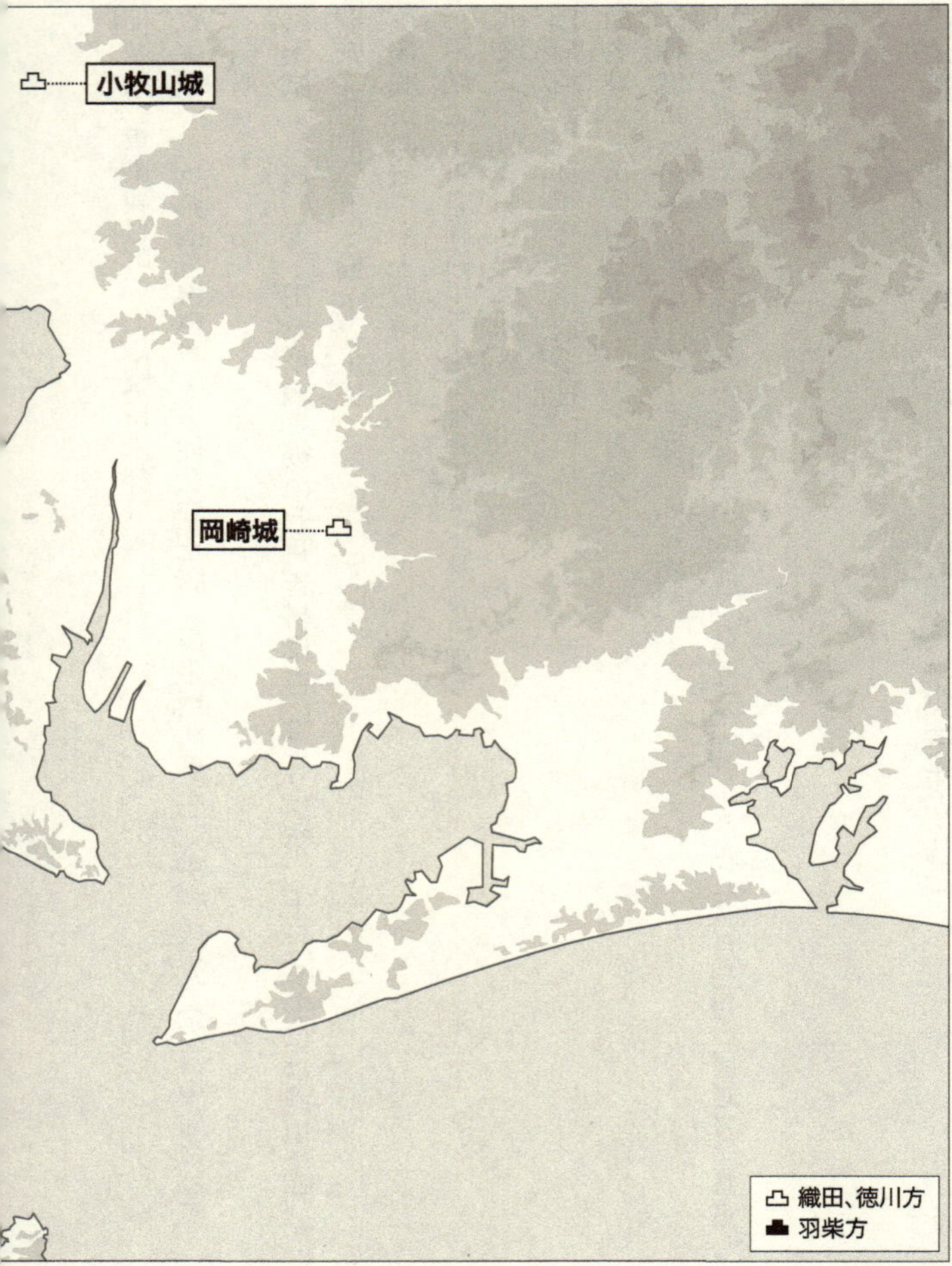
小牧山城
岡崎城
織田、徳川方
羽柴方

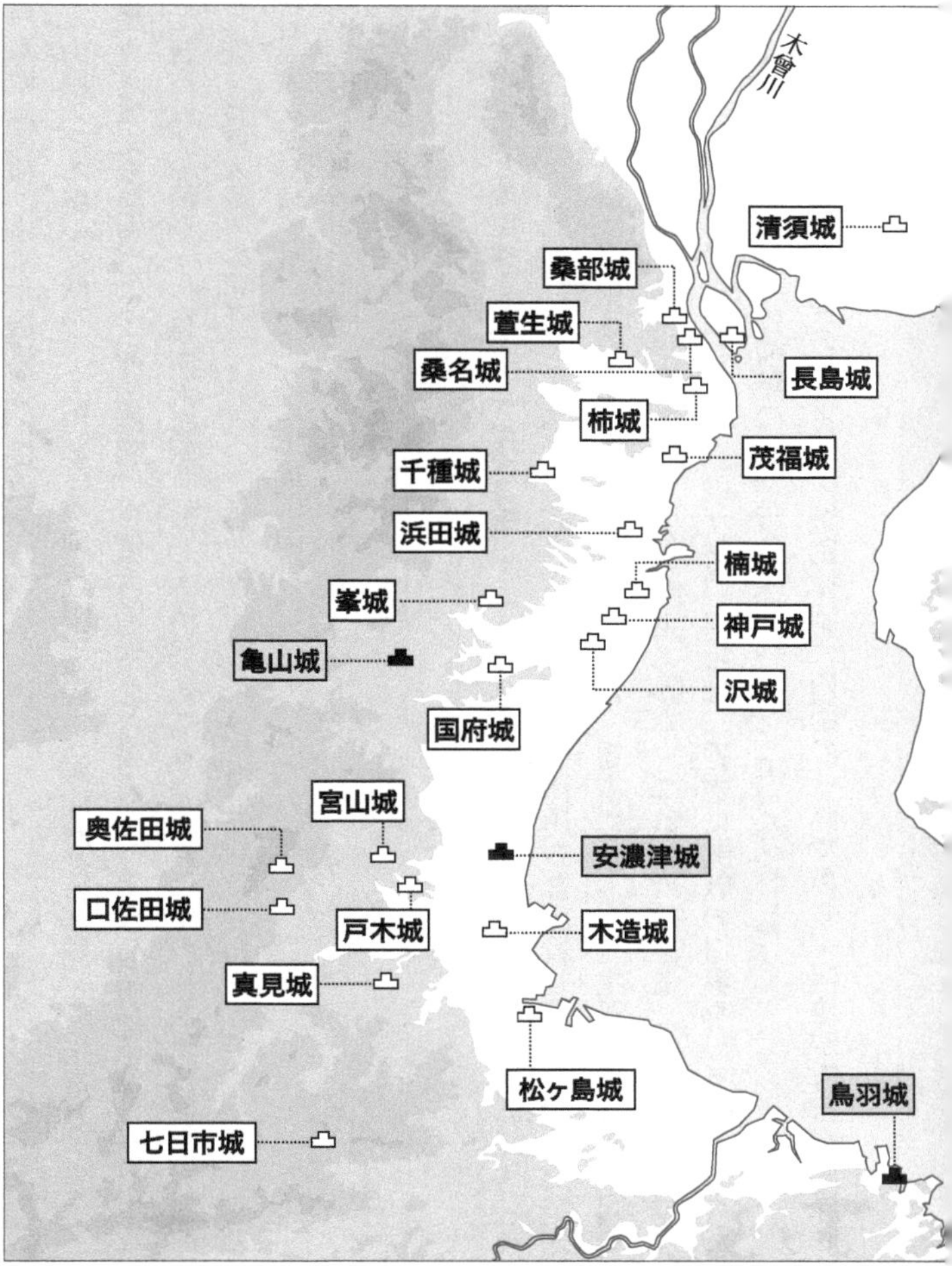

図２　小牧・長久手合戦と伊勢・尾張・三河関係地図

戸木城（同前）……木造具政・長政
宮山《みややま》城（戸木城の支城）……柘植彦次郎、田中道京、海津六郎左衛門ら（木造衆）
松ヶ島城（松阪市）……滝川雄利、日置大膳亮（七日市城より来援）、服部半蔵（徳川援軍）
七日市城（同前）……日置大膳亮（但し大膳亮は松ヶ島城に赴援中のため留守居衆）、日置次大夫（日置大膳亮の弟）
真見《まみ》城（新美城とも、津市）……福田山帯刀
口佐田《くちさだ》城（同前）……森長越前守（小倭衆）
奥佐田《おくさだ》城（同前）……堀山次郎左衛門（同前）

主君信雄と家臣秀吉の天下をめぐる戦い

秀吉は、信雄が、自身との取次役をつとめる岡田・津川らを誅殺したとの情報を、大坂城で知ると、ただちに軍勢の招集と派遣を決断した。秀吉にとって、主君である織田家督信雄が、自身を攻め滅ぼそうと動き出したのであるから、これに対抗することは謀叛ではないと充分に主張できるものであったといえる。信雄は、秀吉に開戦の口実を与えてしまった結果となり、「織田体制」は前年の賤ヶ岳合戦に続いて、再び分裂した。

つまり、信雄と秀吉の抗争は、「織田体制」内部のそれであり、信雄が秀吉を屈服させて

「織田体制」を再び再編するか、秀吉が信雄を降《くだ》し主従関係が逆転するか、の分岐点であったといえるだろう。後者の場合、信長以来、織田家当主が領国と「天下」を統治する「織田体制」は、名実ともに崩壊することとなる。

それでは、信雄と秀吉の抗争（「織田体制」の分裂）を、同時代の人々はどのように認識していたのだろうか。

三月十九日付の毛利輝元書状（大多和《おおたわ》元直《もとなお》宛）には「上口《かみぐち》の儀、三介殿（信雄）と筑州（秀吉）取りあいに及び」と記しており、両者の抗争は「上口」（上方、畿内）の争奪が背景にあると喝破していた（長三二号）。

また信雄は、秀吉と戦う決断を下した理由について「よって羽柴天下の儀、ほしいままの働き、是非に及ばず候」と述べ、「羽柴に対し心を合わせ候ものども三人」を「成敗」したうえで、「不日《ふじつ》上洛すべき覚悟に候」と土佐長宗我部氏に伝えていた。同様の主張は、織田信張副状《そえじょう》にもみえている（長二一・三号）。

さらに信雄とともに秀吉と対峙《たいじ》した徳川家康も「やがて上洛せしむべく候」（吉村氏吉宛、家康五八九）、「今度信雄御入洛を遂げられ、御本意のうえ、大坂の儀、先規のごとく進め置かるべく候」（本願寺宛、同五九二）と述べており、信雄に協力し、秀吉を打倒して「上洛」＝「天下」を再び掌握することが、この合戦の目的であると明示していた。

このことは、当時の人々が、信雄と秀吉の抗争を「天下」をめぐるものだと認識していたことを示す。すなわち、京を中心とする畿内を掌握することで、「天下」の運営を執行する「天下人」となることを、ともに目指していたとみなされていた。信雄・家康からみれば、それまでの秀吉の動きというのは、織田の「天下」を簒奪《さんだつ》する不当なものという認識であり、その回復こそが開戦理由であった。それを証明するように、信雄・家康側は、秀吉のことを明確に「凶徒」と指弾したのである（家康六一三）。

それはまさに、織田の「天下」の継続か、それとも羽柴の「天下」の実現かという岐路であったといえる。秀吉が勝利すれば、劇的な「天下人」の移動（織田の「天下」から、羽柴の「天下」へ）を意味することとなったのだ。

信雄が、三家老を成敗したのは、軍勢を率いて上洛を果たし、織田の「天下」を再び取り戻すことにあったのだろう。信雄は、秀吉より二度と「天下」（畿内）に足を踏み入れるなと、屈辱的な扱いを受けていた。織田家と「天下」が切り離されてしまえば、信長以来の天下人織田家の凋落《ちょうらく》は避けられないし、「織田体制」はなし崩しに秀吉に奪われてしまうことになる。信雄は、家康の同意と協力を得て、上洛に踏み切ろうとしたわけで、それを邪魔立てする三家老が、真っ先に血祭りに上げられたのだろう。

これに対し秀吉は、蜂須賀《はちすか》正勝《まさかつ》・黒田《くろだ》孝高《よしたか》に送った書状で「尾州表、喧嘩のようなる不思議の儀出来《しゅつたい》し候」と実にとぼけたような開戦理由を述べており、この合戦が信雄との内輪もめであることを強く印象づけようとし（秀吉九六六号）、また秀吉に対する「逆意」であると喧伝していた（秀吉一〇二二・九八号）。ここで注意が必要なのは、「逆心」「叛意」などではないことである。「逆意」は逆心（反逆）の意味もあるが、明確な敵意をもって対抗することでも使用される。秀吉の文意をみると、「いわれなき敵意」といったニュアンスが近い。

秀吉は、信雄・家康が挑戦してきたことを、反逆とは指弾できなかったのだ。それは、当時、「織田体制」はなおも形の上では健在であり、秀吉にとって信雄は主君だったからである。彼は、京を始め畿内を支配し、「天下」を統治する中央政権のように振る舞い、その実力は確かにあったが、秀吉自身は無位無冠の「平人」に過ぎず、朝廷による権威の裏づけすらない有様で、到底、「公儀」としての中央政権とは認定されていなかったのだ（谷口央・二〇一六年）。

やはり秀吉にも、自身が織田の「天下」の簒奪者とみられている自覚があり、それに対する後ろめたさがあったと思われる。しかし、信雄が先に拳《こぶし》を振り上げてくれたことで、彼は謀叛人の烙印《らくいん》を押される危険性から解放され、自らの身を守るためにやむなく軍勢を尾張・伊勢・伊賀に差し向ける構図を作り上げることに成功した。

その意味において、信雄は秀吉の非違（織田の「天下」を簒奪しようとする秀吉の悪行）を糾弾し、世間に喧伝しうる自身の保持していた正統性を、先に手を出したこと（しかも三家老の粛清事件）によって弱めてしまったといえるだろう。もともと、信雄の「天下人」としての器量が問われていた状況下で、彼は織田家臣に対する求心力を失っており、賤ヶ岳合戦後は、「天下」運営の主導権を秀吉に奪われ、手も足も出ないありさまだった。信雄の三家老粛清＝秀吉への宣戦は、追い詰められた彼が打った最後の手だったのだろうが、それが秀吉に対し、織田への軍事力行使に正当な理由を与えてしまう結果をもたらしたのである。

秀吉、動き出す

秀吉は、信雄が三家老粛清に踏み切ったことを知ると、大いに怒り、富田《とみた》平右衛門知信《とものぶ》を信雄のもとに派遣し、その行動の真意を質《ただ》したという（『顕如上人貝塚御座所日記』）。信雄がどのような返答をしたかは、明らかでない。

その間、秀吉は軍勢の招集に努めていた。三月八日には、若狭国高浜城主堀尾《ほりお》吉晴《よしはる》に書状を送り、来る十五日に北伊勢に侵攻する予定なので、軍勢の支度をし、下命を待つように指示した。そして自身は、近日近江国坂本まで出陣するつもりであると述べている（長四号）。このような動員を催促する書状が、各地に発給されたのだろう。

また秀吉は、三月九日、伊勢松ヶ島城に籠城していた津川弥太郎ら、津川家中の人々に書状を送り、津川雄光が信雄に切腹をさせられたのは理不尽極まりないことであり、秀吉は津川家中を守るべく、十一日には先手を関地蔵《せきじぞう》（亀山市）付近まで派遣し、秀吉自身も十一日には大坂を出陣する予定なので、五、六日はもちこたえるよう求めた（長五号）。だが、この書状が出されたころ、すでに松ヶ島城は信雄方によって接収され、滝川雄利らが入城し、来るべき羽柴方の襲来に備えていたのである。

秀吉は、三月十日、大坂城を出陣し夜には上洛すると、妙顕寺城に入った。そして翌十一日、近江坂本城に入り、十二日には石辺（石部、滋賀県湖南市）に進んだ（『兼見卿記』『顕如上人貝塚御座所日記』）。

秀吉は、三月十一日、坂本で矢継ぎ早に各所に指示を出し、織田・徳川連合軍と対決するための準備を進めた。まず、西国で毛利輝元と境界画定の作業を担っていた蜂須賀正勝・黒田孝高に書状を送り、毛利方から受け取った城々に兵糧《ひょうろう》と軍勢を配備したら、ただちに秀吉と合流するよう命じた。また、中国地方の備前・美作・因幡三ヶ国の羽柴方は一人も帯同せず、軍勢はそのままにしておくことや、宇喜多秀家《うきたひでいえ》の家中にも軍勢の派遣は無用であること、ただ鉄砲衆には派遣を依頼する予定なので、そのつもりでいるように話を通しておくことなどを指示している（秀吉九六六・九六八号）。

この他に、信雄方になった越中国佐々成政らに備え、加賀国金沢城の前田利家は残留させ、越前敦賀《つるが》郡に配置されていた蜂屋《はちや》頼隆《よりたか》と、越前大野城主金森長近には参陣を命じた（ただし、前田が敵に攻められるような状況になれば帰国させるとした）。さらに、越前府中の丹羽長秀にも残留を指示している（秀吉九六八号）。

なお、大坂城より出陣するにあたり、秀吉は各方面への守備を指示し、後顧の憂いをなからしめている。本拠地の大坂城には、二千人の留守居を残留させ、紀伊国の敵（雑賀衆ら）に対応するために、和泉国岸和田城に中村《なかむら》一氏《かずうじ》の軍勢三千を配置し、さらに加勢として蜂須賀家政《いえまさ》・前野《まえの》長泰《ながやす》・赤松《あかまつ》広秀《ひろひで》・明石《あかし》則実《のりざね》・生駒《いこま》親正《ちかまさ》・黒田孝高ら六、七千人を派遣し、一万人近くの兵力でここを固めさせた。また、大坂と京の間に位置する淀《よど》城には、留守居として松岡九郎次郎、小野木《おのぎ》重次《しげつぐ》を配置し、城の警固とともに蔵普請を命じている（秀吉九六八号）。

秀吉は、主力を近江国に集結させる手配りをしていた。三月十一日、木下半右衛門一元《かずもと》に書状を送り、三好《みよし》孫七郎（後の豊臣秀次《ひでつぐ》）、中川藤兵衛、高山右近、木下助左衛門尉祐久《すけひさ》、氏家源六、徳永寿昌《ながまさ》、近江長浜衆ら合計一万三千人の軍勢を、近江国永原（滋賀県野洲市）に集結させ、美濃に出陣するよう命じた。その際に、軍勢の兵糧《ひょうろう》は、長浜（同長浜市）と朝妻（同米原市）で受け取るように指示している（秀吉九六五号）。

この他に、①羽柴秀長（秀吉の弟）を守山に配置し、伊勢に派遣する軍勢を統括する役割を与え、②伊勢へ派遣される先手は、蒲生《がもう》賦秀《やすひで》・長谷川秀一・堀秀政・浅野長政・一柳《ひとつやなぎ》末《すえ》安《やす》・加藤光泰《みつやす》・日禰野《ひねの》弘就《ひろなり》・盛就《もりなり》兄弟・滝川一益・多賀《たが》秀種《ひでたね》・池田《いけだ》景雄《かげかつ》・山崎片家《やまざきかたいえ》・甲賀《こうか》衆らが担当することとなり、甲賀・伊勢間に三ヶ所の城普請を実施させた（このうち、加藤光泰には、木村重茲《きむらしげこれ》、堀尾吉晴とともに、甲賀の中心部に在陣を指示）、③羽柴秀勝（於次《おつぎ》、秀吉の養子、織田信長の五男）には、丹波一国の軍勢を委《ゆだ》ね、草津に在陣させ、④長岡忠興《ながおかただおき》には、瀬田での在陣を命じ、瀬田橋の警固を担わせた。このように、羽柴方の軍勢は、続々と近江に集結し始めていた。

さらに、大和国の筒井順慶《つついじゅんけい》のもとには、伊藤掃部助《かもんのすけ》を添え、宇陀郡に派遣し、宇陀三人衆、沢・秋山氏より人質を提出させた。彼らが秀吉に味方したことは、既述の通りだが、その背景には秀吉による調略があったわけだ。

そして三月十三日までには、去就が不安定であった美濃大垣城主池田恒興（恒興は、天正十一年五月以降、出家して「勝入」と号しているが、本書では恒興で統一）、息子池田元助（岐阜城主）、金山《かねやま》城主森長可《ながよし》（池田恒興の娘婿）が秀吉に味方することとなった。そこで秀吉は、近江永原に在陣を命じていた三好秀次ら一万四、五千人の軍勢を美濃に派遣し、彼らと連携するよう命じた（以上、秀吉九六八号）。

かくて、近江に集結した秀吉方の軍勢は、美濃と伊勢の二方面から、織田信雄領国を窺《うかが》う情勢となったのである。

両軍の戦い始まる

秀吉が近江国坂本に到着したころ、織田信雄は、秀吉方の襲来に備えて、日々城普請を続けていた美濃松ノ木《まつのき》城主吉村氏吉に書状を送った（長九号）。吉村は、一門や家臣らから人質を取り、松ノ木城に集め、城内の結束を図っていた。しかし、松ノ木城は美濃・尾張の境目に位置する要所であり、その去就は戦局に大きく影響する可能性があった。そこで信雄は、氏吉に彼の妻女か、二番目の息子を長島城に提出するよう求めた。信雄は、家臣たちから人質を長島城へ提出させており、吉村への要請もその一環であったようだ。

そして同じ頃、伊勢では信雄方の軍勢が、関一政らが守る亀山城に攻撃を仕掛けた。関は、ただちに秀吉に敵の襲来を知らせ、援軍派遣を要請した。これを知った秀吉は、三月十二日、蒲生賦秀らをただちに伊勢に急行させ、関一政に城を堅固に保つよう伝えている（長一〇号）。

いっぽう、美濃・尾張の国境でも戦闘が始まった。三月十三日、美濃脇田《わきだ》城と松ノ木城を保持する吉村氏吉は、信雄方として秀吉方と戦う構えをみせ、脇田方面では鉄砲の撃ち合いが始まった。事態の報告を受けた信雄は、吉村氏吉に対し、鉄砲の玉薬は昨日補給を指示したこと、兵糧については吉村から確かな家臣を船に乗せて長島まで派遣するように命じ、それが到着次第、兵糧を与えると約束した（長一五号）。脇田・松ノ木城と長島城は、木曾川で繋《つな》がっており、河川水運を利用して補給のやりとりをしていたことがわかるだろう。なお、吉村はその日のうちに、福塚城《ふくづか》（岐阜県輪之内町）にまで物見を派遣し、敵情を探索のうえ、これを信雄に知らせている（同一六号）。

家康の清須着陣と犬山城の陥落

三月十三日、両軍の衝突が各地で始まるなか、徳川家康が清須城に到着した。これを知った信雄は、ただちに長島城を発《た》ち、清須に入って家康と合流した（長一五・一六号）。清須で協議した両者は、①まず信雄が家中から人質を集めること、②信雄は原則として清須城に在城すべきであること、③秀吉方の攻撃は北伊勢方面からと想定されることから、主力を桑名へ出陣させること、④徳川重臣酒井忠次らが先陣を務めること、⑤その際には信雄は長島城に移動すること、などを決めたという（『当代記』『武徳編年集成』『長久手戦記』他）。

また徳川方は、独自に伊賀・大和方面への調略を行っていたらしく、『家忠日記』によると「三月十二日、伊賀・大和、御味方ニまいり候由候」と記録されている。これは家康の清須入城前日のことであるが、いったいどのような内容であったかは、判然としない。ただ、徳川方の軍記物のなかに、伊賀国の柘植氏や服部一族のもとへ、家康が密使を派遣したところ、徳川に帰属すると返答してきたと記述するものがあるので（『四戦紀聞』）、このことを指すのかもしれない。

清須に到着した家康は、水野勝成を伊勢桑名に派遣し、信雄家臣神戸正武が守る神戸城に加勢として在城を命じた。いっぽう信雄は、松ノ木城の吉村氏吉への加勢として、尾張衆青《あお》山新七《やましんしち》、賀藤太郎右衛門《かとうたろううえもん》を派遣して守備を固め、秀吉方の進出に備えた（長一七号）。徳川軍も、十四日には酒井忠次、松平家忠らが桑名に向けて出陣した。

ところがここで、織田・徳川方に衝撃の情報がもたらされた。三月十三日に、秀吉方への帰属を決めた池田恒興・元助・照政父子と森長可の軍勢が、尾張国犬山城を攻め落としたというのだ（長六〇号）。

『太閤記』などの軍記物によると、池田恒興は、もと犬山城主であった経緯から、町人らをよく知っており、彼らに調略をしかけ、手引きを依頼したという。折しも、犬山城主中川定成は、信雄の命により北伊勢の峯城に加勢として出陣しており、留守居は定成の叔父清蔵主《せいぞうす》であったとされる。犬山城が手薄であることを察知した池田恒興は、家臣森寺政右衛門、土倉四郎兵衛、堀尾与左衛門らに命じ、手分けをして岐阜・大垣・池尻城（岐阜県大垣市）の留守居をさせ、自身は息子たちや森長可とともに、秘かに木曾川を渡河すると、犬山城に襲いかかった。城方は寡兵であったため、池田・森軍の猛攻により、清蔵主らは壮烈な戦死を遂げ、犬山城はあっけなく陥落した。

なお、犬山城主中川勘右衛門尉定成については、伊勢峯城より犬山城に帰る途中（加勢に赴く途中だったとする記録もある）、池尻平左衛門尉という者に殺害されたことが、『豊鑑《とよかがみ》』『武徳編年集成』など、多くの軍記物にみえる。池田恒興は、中川の横死を知ったため、主なき犬山城の攻略に踏み切ったとされるが、実は彼は死んでいない。小牧・長久手合戦終結後の天正十三年六月十二日、織田信雄とともに大坂で津田宗及《つだそうきゅう》の茶会に出席していることが判明する（『津田宗及茶湯日記自会記、同他会記』）。また、『織田信雄分限帳』（天正十三年）にも「中川勘右衛門」として登録されており、二万二八八〇貫文の大身の家臣として健在だったことが明瞭《めいりょう》である（『織田信長家臣人名辞典』）。そのため、中川定成横死という後世の記録は誤伝であろう。

犬山城を制圧した池田・森軍は、十四日には周囲の村々に放火したという（『顕如上人貝塚御座所日記』他）。これを知った徳川軍は、その日のうちに市江川（愛知県弥富市）よりただちに引き返した。秀吉方は、小牧山を制圧する予定であったとされる（『三河物語』）。

いっぽう、清須城にいた信雄と家康は、十四日夜、池田・森軍の動きを知ると、ただちに軍勢を率いて小牧山に急行し、ここを確保した。家康は、小牧山は尾張の要所であり、ここが勝敗の鍵を握ると考え、池田らに奪取されるよりも早く確保に動いたのだという（『小牧戦話』他）。そのうえで、敵軍のさらなる進出を警戒したのである。家康の迅速な決断が、その後の戦局を大きく規定することとなった。

秀吉方の犬山攻略と南下を知った酒井忠次も、十五日、桑名より津島まで軍勢を返している（『家忠日記』）。池田・森軍は、さらに南下して小牧山近辺の村々に放火したものの、それ以上の動きはとれず、犬山まで撤退した（『勢州軍記』他）。

池田・森軍の犬山城攻略により、織田・徳川方は、北伊勢への軍事行動を延期し、美濃から尾張に向けて南下してくる秀吉方への対応に奔走することとなる。

二、熾烈な外交戦

羽柴秀吉の外交戦略

小牧・長久手合戦が、天下をめぐる「織田体制」と秀吉との抗争であったという事情から、それまで「織田体制」の枠内（和睦《わぼく》、従属、同盟）にいたか、もしくはその枠外（敵対関係）にあった戦国大名や国衆、一揆などは、各自の利害にもとづき、双方に味方して地域での戦いを繰り広げた。その範囲は、東北と九州を除く、本州・四国に及んだ。

それらは、秀吉と織田・徳川氏双方ともに、相手の同盟国や友好勢力の内部や背後に盟約者を獲得し、その動きを牽制《けんせい》してもらおうとした結果であった。

まず、秀吉についてみていこう。秀吉は、本能寺の変直後に、中国地方の毛利輝元と和睦していた。その後輝元は、賤ヶ岳合戦でほぼ覇権を確立した秀吉に接近し、小早川秀包《こばやかわひでかね》（毛利元就《もとなり》の九男）を人質として大坂城に出していた。小牧・長久手合戦では、秀包が毛利援軍とともに出陣している。また、秀吉と毛利領国の境界画定作業も、この合戦時まで続けられ、合意をみている。このことから、毛利氏は秀吉の「目下の同盟者」であったと考えられる。

次に、越後上杉景勝は、第一章で述べたように、天正十一年二月、織田信雄・羽柴秀吉の「織田体制」と盟約を結んでおり、小牧・長久手合戦では、人質を秀吉のもとに送り、秀吉方となった。景勝は、越後新発田重家の叛乱に対処しつつも、越中佐々成政と対決している。また、景勝が秀吉に従属したのは、新発田の叛乱、佐々への対処の他にも、宿敵北条氏政・氏直父子と対抗するという意味も強く、それゆえに北条と同盟を結ぶ家康とは、北信濃で対立が続いていた。実は景勝は、会津蘆名盛隆とも連携し、佐竹義重を支援するなど、北条氏と戦う佐竹氏らを援助していた。

秀吉が、家康を牽制するために重視したのは、同盟国北条氏の支援を受けられぬようにすることであった。そのため秀吉は、北条氏と対立する「東方之衆」を味方に取り込むことにした。その盟主は佐竹義重である。佐竹氏は、結城晴朝《ゆうきはるとも》、宇都宮国綱《うつのみやくにつな》、佐野宗綱《さののむねつな》らとともに、北条氏に対抗しており、小牧・長久手合戦当時は、下野国藤岡・沼尻で対峙していた（沼尻合戦、天正十二年五月～七月、詳細は齋藤慎一・二〇〇五年による）。

秀吉と佐竹氏の関係は、天正十一年から始まり、小牧・長久手合戦開戦と同時に、両者は連絡を取り合い、戦局の報告をしている。両者は、それぞれが敵の背後を牽制する役割を担っていることを明確に自覚していた。なお、この時期、安房里見《さとみ》氏も佐竹氏らと連携して北条氏を攻めている。秀吉と里見氏との連携は確認できないが、佐竹方太田《おおた》道誉《どうよ》が、里見重臣岡本氏元に宛てた書状には、沼尻合戦、小牧・長久手合戦、里見と北条の合戦を「三方弓矢」と表現しており、彼ら自身も、沼尻合戦と小牧・長久手合戦が連動していたことを明確に認識していたのである（戦房一九三八号）。

秀吉の外交戦略はかなり効果を上げており、家康は頼みの北条氏からの支援を受けられぬまま、小牧・長久手合戦の終結を迎えたばかりか、越中佐々成政を釘付けにすることにも成功したのである。

織田・徳川氏の外交戦略①——手を結んだ戦国大名

小牧・長久手合戦に際して、織田・徳川氏が手を結び、頼みとした戦国大名として、北条氏政・氏直父子と四国長宗我部元親がいる。

北条氏は、既述のように、天正八年、織田信長に従属し、織田と同盟を結んだ。同十年三月、武田氏が滅亡すると、北条氏は織田政権に事実上包摂された。ところが、本能寺の変が勃発すると、それからの離脱を図り、織田・徳川との同盟を一方的に破棄して戦った（天正壬午の乱）。同年十月、北条氏は、徳川氏（同時に「織田体制」）と和睦を結び、家康とは同盟の約束を交わした。この約束は、天正十一年に家康息女督姫が、北条氏直に嫁ぎ実現をみた。そのため、小牧・長久手合戦開戦時、北条氏は徳川氏の味方となることで、織田・徳川氏に加担し、秀吉と対決する道を選択したことになる。天正十二年三月七日、三家老成敗直後の織田氏は、家康について「即徳川三河守関東表悉被相堅、御供申候」（家康は関東方面のことをすべて固めたうえで、織田信雄の御供をすることになった）と認識していることから（長三号）、北条氏と事前の協議と調整が行われ、尾張出陣の準備を進めていたことが窺われる。

だが北条氏は、この直後、秀吉と結んだ佐竹氏ら「東方之衆」と沼尻合戦で対峙しており、織田・徳川方に援軍を派遣することがなかなか出来なかった。家康は、三月末ごろ、北条氏に援軍の要請をしたらしい。四月六日付の北条氏規《うじのり》書状によると、家康の要請があり次第、氏政か氏直かのどちらかを出立させる準備があると伝え、徳川との連絡を円滑化すべく、氏規が沼尻の戦場から、伊豆韮山《にらやま》城に戻り、待機することになったと述べている（戦北二六六四号）。なお氏規は、北条父子のどちらかが加勢におもむき、「上方御本意」（上方で織田・徳川氏が勝利すれば）、関東までの覚となるので、加勢は確実に派遣すると記している。これは、小牧・長久手合戦に北条氏が参戦し、大きな成果が得られれば、関東において北条氏は優位に立てると考えていたことを示している。

北条氏規は、今川《いまがわ》氏に庇護《ひご》され、駿府に滞在していた経緯があり、家康とは古くからの知己であったばかりか、家康正室築山殿《つきやまどの》の妹を娶《めと》っていた可能性が指摘されており、二人は相婿でもあったらしい（黒田基樹・二〇二二年）。そのため、北条氏の徳川氏取次役は、氏規が北条氏滅亡まで担うこととなった。また、徳川氏が北条氏のもとへ派遣する使者は、朝比奈《あさひな》泰勝《やすかつ》が担当している。朝比奈が、対北条外交を担うのは、天正七年九月五日の徳川・北条同盟締結以来のことである（『家忠日記』）。北条氏直は、九月七日、太田氏房《うじふさ》に朱印状を与え、場合によっては家康の加勢として派遣するので、準備をしておくように命じており（長三八四号）、参戦する意図は確かにあったようだ。

しかし結局、北条氏の援軍は来ることなく、家康は織田軍との連携のみで、秀吉の大軍と戦わねばならなかった。

次に、織田・徳川氏と協力関係を構築したのは、土佐国の戦国大名長宗我部元親である（以下の記述は、津野倫明・二〇〇六年上による）。長宗我部氏と織田信長は、天正十年の段階で対立関係にあり、信長は六月、織田信孝・丹羽長秀らの軍勢を四国に派遣し、長宗我部を討つことを指示していた。これは、本能寺の変で中止となっている。実は信長は、天正九年六月までは、重臣明智光秀を取次役として長宗我部氏と友好関係を結び、元親が求めた阿波・讃岐二ヶ国における三好勢力への攻撃を容認していた。ところが、羽柴秀吉の工作により、一転してそれは禁止され、長宗我部氏の勢力拡大を織田は抑止し、遂には征討を決定するに至った。この路線の転換が、面子《メンツ》を失った光秀による信長襲撃の原因の一つになったともいわれている。

その後、「織田体制」における主導権を握った秀吉は、引き続き三好康長《やすなが》らを支援し、讃岐に仙石秀久《せんごくひでひさ》らを配置するなど、長宗我部氏との戦いを指揮していたのである。そのため、小牧・長久手合戦が始まると、元親は反秀吉の立場から、信雄・家康と結んだのであった。

信雄と元親の同盟を示す史料は、早くも三家老粛清の翌三月七日が初見である（長二・三号）。実際に、これが元親の手元に届き、同盟が成立するのはもう少し後になるが、信雄がいち早く、長宗我部氏に接近したことは重要である。

ただ、注意すべきは、当時、長宗我部元親が必ずしも四国で圧倒的優位に立っていたわけではないことである。従来の通説では、元親は、天正十年九月に阿波を、同十二年六月に讃岐を制覇し、同十三年春に伊予河野《こうの》氏を降伏させ、四国統一を達成したといわれてきた。だが、史料の精査と基礎研究の進展により、これらは否定され、天正十二年三月の段階で、これらの地域はすべて未制圧であったことが明確となっている。

元親は、織田・徳川氏と結び、水軍などを使って淡路国、和泉国、摂津大坂などを攻撃する意図はあったものの、当時、阿波、讃岐で十河《そごう》氏ら三好方と激突しており、また伊予でも、金子《かねこ》城主金子備後守元宅《もといえ》と結んで戦っていたため、その余裕がなかった。それでも、淡路国を追われた菅達長《かんみちなが》を支援し、岸和田合戦に参戦させるなど、秀吉打倒に協力していたようである。

だが、秀吉方の毛利氏が、河野氏と結んで、伊予国を窺い、長宗我部方の金子氏を掣肘《せいちゅう》し、さらに秀吉の加勢が讃岐などに展開するなど、次第に元親にとって状況は不利となり、信雄や家康が求める大坂城攻撃にはとても応じられない状況であった。しかし、元親は、紀州雑賀衆と協議を行っており、長宗我部軍による淡路侵攻は、実際には実現困難であったとはいえ、確実に実施される作戦であると宣伝されていた。元親は、信雄と家康には、淡路だけでなく、播磨国、摂津国も攻撃目標に定めており、様子を見極めたうえで、そのどこかに攻め込むと言明していた。実際に、失敗はしたが、岸和田合戦の効果もあって、長宗我部氏が渡海して攻め込んでくるという宣伝は現実味を帯びていたらしく、秀吉は神経を尖《とが》らせていた。

秀吉は、長宗我部対策として、加勢を四国に派遣しており、また毛利輝元らの軍勢を、小牧・長久手合戦に投入させなかったという意味において、織田・徳川氏にとって成果を挙げたということができるだろう。

織田・徳川氏の外交戦略②――雑賀・根来衆ら紀州の勢力

織田・徳川氏と協調し、秀吉に最も脅威を与えたのは、紀州の雑賀・根来衆であろう。雑賀衆は、紀ノ川流域にあった雑賀五郷（雑賀庄、中郷《なかごう》、十カ郷、三上〈南〉郷、社家郷《しやけごう》）の土豪らを中心に、名草《なくさ》郡、海部《あま》郡一帯の人々によって構成される集団で、その多くは一向宗《いっこうしゅう》門徒であったが、非門徒をも多く含む「惣国《そうこく》」一揆の性格を色濃く持っていたといわれる（石田晴男・二〇一〇年）。

いっぽうの根来衆は、真言宗の根来寺の僧徒らによって構成された集団であったといわれ、雑賀衆と行動をともにすることも多かったが、必ずしもそうであったわけではない。根来衆が、信長に接近し、雑賀衆とは別行動を取ることもあったことはよく知られている。

だが、天正十二年三月、小牧・長久手合戦が勃発すると、雑賀・根来衆は、織田・徳川方に味方し、反秀吉の先鋒となった。既述のように、秀吉は、天正十二年二月に紀州攻めを企図しており、雑賀・根来衆とは合戦寸前まで進んでいたのである。織田信雄が、秀吉と断交したことで、羽柴軍は尾張・美濃・伊勢方面へと展開したが、雑賀・根来衆らは、「この次は自分たちが攻められる」（「羽柴が全軍を率いて（大坂を）出発した後、根来と称する仏僧たちは羽柴が彼らを憎悪しており、勝利を得て帰ったならば、彼らを攻めることがわかっていた」『一五八四年八月三一日付日本〈長崎〉発信、ルイス・フロイスのイエズス会総長宛書簡の写し』）と認識しており、織田・徳川連合軍が秀吉の大軍を引きつけている間に、大坂を攻略し、貝塚にいた顕如《けんにょ》を再びここに戻すことを悲願としていた。

それゆえに、彼らが織田・徳川方と連携するのもまた、早かったのである。しかし、残念なことに、相互の交渉の詳細を窺わせる史料は乏しい。ただ、九月三十日付で、信雄が雑賀衆の中心人物である土橋平丞《つちはしへいのじょう》に書状を送り、秀吉との和睦の噂について説明するとともに、和泉・紀州方面での作戦を油断なく実施するよう求めているので、連携があったことが確かめられる（長四一五号）。

また、この後紹介するが、信雄重臣佐久間正勝が紀州に赴き、この地域の反秀吉方を調略していることが窺われ、さらに、五月九日付の信雄書状によると、織田家臣保田《やすだ》久右衛門尉安政《やすまさ》は、紀州に在国し、雑賀・根来衆らと行動をともにしており、信雄と互いの戦局の情報を共有しあっていることが確認できる（長二〇六号）。保田安政は、佐久間盛次《もりつぐ》の次男で、紀伊国保田氏の養子になっており、当時は河内国見山《くにみやま》城に在城し、岸和田城の中村一氏としばしば対戦していたといわれる（『織田信長家臣人名辞典』）。つまり、保田安政と佐久間正勝は一族なのであり、その縁もあって、紀州への調略は、彼が担うことになったのだろう。その後信雄と家康は、九月には、保田に対し、雑賀・根来衆らとともに、和泉表へ攻め込むよう要請している（長三九九・四一二号）。信雄の軍事指揮が、保田を通じて、雑賀・根来衆に及んでいたことが確認出来るだろう。

この他に、三月二十一日付で、信雄と家康は連署で書状を送っている。宛先は、紀伊国保《やす》田《だ》花《け》王院《おういん》と寒川行兼《そうがわゆきかね》である（長四一一号）。この保田花王院は、高野山花王院にいた紀伊国保田（和歌山県有田市）の領主保田繁宗の、また寒川行兼は、紀伊国日高《ひだか》郡枡形《ますがた》城（和歌山県日高川町寒川）主の国衆のことを指す。この書状で、信雄と家康は、織田重臣佐久間正勝の口上をよく聞き、こちらの味方となり、紀伊国亀山城（和歌山県御坊市）主湯《ゆ》川直春《かわなおはる》とともに、和泉・河内方面に攻め込むよう求め、成功すれば処遇は望み通りにすると約束している（長四一号）。

家康は、高野山金剛峯寺《こんごうぶじ》にも働きかけをしており、織田・徳川方の味方として活動すれば、大和国で二万石を与え、さらに織田・徳川領国における高野聖《こうやひじり》の廻国《かいこく》を許可する用意があるとの判物《はんもつ》を、九月十三日付で発給している（家康六四三）。

このように、織田・徳川方は、雑賀・根来衆を始めとする紀州惣国一揆を味方に付け、秀吉の本拠である大坂城や、和泉国岸和田城を攻略させ、秀吉を撤退させようと目論《もくろ》んでいたのである。

ここで、もう一人、これらの調略に関与した人物を紹介しておこう。それは、織田氏によって伊勢を追放された北畠朝親《ともちか》である。彼は、北畠具教《とものり》の弟で、南都東門院、長野御所と呼ばれた人物である。北畠一族は、天正四年十一月、織田信長・信雄父子による粛清により、当主具教以下ほとんどが討たれた。この惨劇をわずかに逃れた人物は、具教の息子具房《ともふさ》のみで、彼は滝川一益に預けられた後に、京で隠棲《いんせい》したといわれる（『勢州軍記』他）。ところが、もう一人生き延びた人物がいた。それが、北畠朝親である。『北畠家系図』などには「具親」とあるが（大日⑥四四三）、書状の自署には「朝親」と明記されている。

北畠朝親は、毛利氏に庇護されていた将軍足利義昭のもとに行って仕え、天正十年六月、本能寺の変直後に、伊賀に潜入して再起を図ったが果たせず、またもや落ち延びたらしい。その後、理由は定かでないが、家臣渡藤左衛門を使者として、家康の元に派遣し、交流を始めたようだ。恐らく、本能寺の変の混乱に伴い、伊勢回復の協力を得ようとしたのだろう。

小牧・長久手合戦が始まると、家康と朝親は連絡を再開した。朝親が、家康重臣本多重次に宛てた書状によると、①朝親は、家康から、紀州の雑賀・根来衆らに協力を取り付けるべく交渉を依頼されており、②同じく、四国長宗我部氏にも同様の働きかけをしていたこと、③朝親は、土佐や淡路に海路、家臣渡藤を派遣したこと、④もし成功すれば、伊勢五郡を北畠家に返還すると認定する家康の御墨付をいただきたい、などと述べている（長九〇号）。

朝親と紀州、土佐との関係は、恐らく足利義昭を通じて、交流があったからだと推察される。家康と信雄は、複数の外交ルートを通じて、紀州や四国に働きかけていたのだろう。

その後、朝親は不自然な動きを示す。小牧・長久手合戦の後半にあたる天正十二年八月には、伊賀国に在国していたといい、羽柴軍に追い込まれた伊勢国奥佐田城の開城交渉の仲介を行っている（『勢州軍記』他）。当時、伊賀は秀吉方に制圧されているので、この頃には、織田・徳川方から秀吉方に転じていたのであろうか。

なお、北畠朝親の望みは実現することはなく、彼は後に伊勢松ヶ島城主となった蒲生氏郷《うじさと》に仕え、天正十四年に死去したと伝わる（『戦国人名辞典』）。

織田・徳川氏の外交戦略③――甲賀・伊賀

徳川家康と伊賀、甲賀の関係は、忍びを召し抱えたことや、本能寺の変直後の伊賀越えなどでよく知られている。家康が、伊賀・甲賀衆を利用して合戦に投入した記録はかなり早く、永禄《えいろく》五年、三河国上之郷《かみのごう》城を攻略した時で、城主鵜殿長照《うどのながてる》を討ち取ったのは、甲賀衆伴《ばん》与七郎である（愛⑪一八九号、なお本文書の原本が二〇二三年に発見された）。この時、伊賀衆も城攻めで活躍している。その後、伊賀越えの際に、家康は、甲賀の和田定教、多羅尾光俊《たらおみつとし》らの協力を得て、伊勢国に到着できたといわれる（家康二八七、『石川忠総留書』他）。また、天正伊賀の乱（信長による伊賀侵攻）により国を脱出した伊賀衆を庇護したことから、家康に協力する者が多かったと伝えられている（『三河物語』他）。

近江国甲賀も、伊賀国も、当時は秀吉がいち早く押さえていた。特に甲賀衆は、秀吉方として小牧陣に参加しており、「小牧・長久手陣立書」にも「かうか衆」「甲賀衆」として登録され（秀吉一二八五・九三・九四号他）、「尾州小牧陣図」にも記述があり、彼らは青塚砦《あおつかとりで》付近に配置されていた（第三章参照）。

いっぽうで、小牧・長久手合戦が始まると、秘かに家康に味方する者もいた。家康は、三月二十二日には、甲賀の多羅尾光俊に知行宛行《ちぎょうあてがい》を約束して味方につけ（長五〇号）、光俊の子山口藤左衛門尉光弘には四月二十六日付で、同じく多羅尾作兵衛尉光雅《みつのり》には八月二十四日付で、それぞれ本領安堵状を与えている（同一七三・三七三号）。

つまり、甲賀衆は、表面上はともかく、二派に分裂していたらしい。甲賀は、畿内から伊勢へ抜ける交通と物流の要所であった。そのため、秀吉は、物資輸送の安全を保障するために、甲賀の掌握に腐心していた。合戦が始まって早々に秀吉は、甲賀に三つの城を建設し、加藤光泰・木村隼人佐・堀尾吉晴の三人を、甲賀の真ん中に在陣させている。果たして秀吉の不安は的中した。織田・徳川方に味方する甲賀衆は、山々に上がり（砦に籠《こ》もったのだろう）、通路の封鎖を図ったのである（愛⑫三〇八号）。家康は三月十七日にこの情報を受け取った。恐らくこれは、多羅尾父子が実施したものと推定され、家康は前述のように、三月二十二日に「此度依忠節、為其賞所宛行」（この度の忠節により、その褒美として所領を宛行《あてが》う）とあるのは、路次封鎖の活動を褒賞したものだろう（長五〇号）。

この他に、甲賀の武士で、信雄・家康に協力することを伝えてきた人物として、土山右近大夫がいるが、具体的な活動は判明していない（長一六七・八号）。

また、甲賀の人々と所縁が深い人物の動向もわずかながら認められる。それは、家康と石《いし》部《べ》右《う》馬允《まのじょう》の往来である。近江国石部の一揆は、三月二十三日までに、家康に提携を持ちかけ、了承されている（長五二号）。この中心人物が、石部右馬允であり、彼は五月にも家康に使者を送り、甲賀での戦局の報告を行い、激励されている（長二〇七号）。石部右馬允は、父下野守とともに、石部一揆を組織し、かつては六角承禎《ろつかくじようてい》・義治《よしはる》父子を支援、庇護し、甲賀衆と結んで、織田信長に抵抗したことで知られる。

この六角氏との関係でいえば、六角旧臣三《み》雲《くも》成持《しげもち》は信雄方となり、信雄から近江の本領を安堵するとの約束を受け、伊勢松ヶ島城に甲賀衆とともに入り、同城開城後もなお、彼は信雄方として活動している（長一四五・一六九・四七四号他）。

次に伊賀国であるが、ここは信雄の領国であった。だが、天正伊賀の乱鎮圧後も、反織田の気風が強く、本能寺の変時には、反信雄勢力が蜂起し、それゆえに信雄は明智光秀を討つことができなかったといわれる。天正十一年の賤ヶ岳合戦では、柴田勝家に加担し、伊賀は筒井順慶の侵攻を受けているものの、伊賀衆は筒井を撃退したという。天正十二年の段階で、伊賀国は信雄の領国に編入されていたものの、完全に押さえているとは言いがたかった。伊賀衆のなかには、信雄に従った杉原仙千代（『多聞院日記』天正十一年八月十九日条）や、伊勢松ヶ島城に滝川雄利らとともに籠城した人々もいた。

だが、伊賀における反織田の動きは収まらず、小牧・長久手合戦直前の天正十二年二月、伊賀の滝川雄利の城が、伊賀衆によって攻め取られている（『多聞院日記』天正十二年二月二日条）。こうした経緯もあり、小牧・長久手合戦が始まると、伊賀国はあっという間に、秀吉方によって制圧された（秀吉九九三号）。伊賀には、脇坂安治《わきさかやすはる》が配置された。

しかし、反織田の伊賀衆も、秀吉による統制強化には隠然たる抵抗を示したらしい。秀吉は、脇坂に伊賀衆からの人質提出と破城を命じたが、人質の確保はなんとかなったものの、破城は遅々として進まなかった。苛立《いらだ》った秀吉は、小牧・長久手合戦の終盤に、伊勢の戦局の目途がついたら、自ら伊賀に行き、それらを主導すると述べている（秀吉一二四七・四九・五三・六一号）。

甲賀と伊賀では、温度差はあるが、甲賀では秀吉方の物資輸送を路次遮断で妨害する動きがあり、伊賀では秀吉の統治に従わぬ動きが存在した。これらが、戦局に大きく影響した形跡は認められないが、秀吉に一定数の武将と兵力を割かせたことは確かである。

織田・徳川氏の外交戦略④――その他の勢力

これらの他に、織田・徳川方が手を結んだ、反秀吉勢力について概観しよう。まずは、丹波国で一揆を蜂起させた、蘆田《あしだ》弥平兵衛尉（丹波国衆赤井《あかい》〈荻野《おぎの》〉直正《なおまさ》の弟）である。赤井（荻野）氏は、天正七年、明智光秀の侵攻を受け、赤井悪七郎直信が本拠黒井《くろい》城を攻略され敗死した。赤井氏は、この時、波多野氏らとともに没落したものの、なおも、丹波国氷上《ひかみ》郡で勢力を保持していたといい、それが赤井直正の弟蘆田弥平兵衛尉であるという。

蘆田弥平兵衛尉は、天正十二年四月、赤井氏の本拠黒井城のほかに、余田《よでん》城を奪回し、反秀吉の旗幟《きし》を鮮明にすると、家康に書状を送り、連携を呼びかけた。家康は、これを賞し、信雄とともに秀吉打倒のために尽くすよう依頼している（長一一六号）。蘆田は、兄直正の子息の取り立てと、赤井氏の再興を宿願にしており、織田・徳川方はこれを了承していたという。

家康は、五月十四日に蘆田に書状を送り、本領安堵を約束したほか、彼が実力次第で確保した地域は新地として与えることを認め、詳細は使者に申し含めてあると伝え、今後の作戦を指示していたようだ（長二一八号）。

ここに登場する使者とは、蘆田弥平兵衛尉が、家康のもとへ派遣した兵頭平七という人物で、彼は家康の意を受けた本多忠勝からの詳細な指示を記した、五月十六日付の書状を持ち帰っている（長二二二号）。それによると、①蘆田は、黒井城を奪回し、余田城をも占領して、この二城を拠点に丹波回復を目論んでいたこと、②蘆田の知行は手柄次第であることに、家康は同意していること、③他の丹波衆が知行のことで家康に望みを言ってきても、蘆田に約束した土地はすべて除外し、他の場所を与えるようにすること、④兵糧の欠乏に悩んでいるとのことなので、何とか送るよう配慮すること、⑤蘆田が、悪右衛門（赤井直正）の子息を取り立てたいとの願い出は、必ず実現すること、⑥秀吉方から様々な申し入れがあるようだが、すべては謀りごとなので無視してよい、こちらの言うことだけを信じてくれればよい、などと記されている。

蘆田に続き、これに呼応して蜂起した人物に、大槻久太郎がいる。彼は、丹波国高津《たかつ》城（京都府綾部市）を本拠としていた国衆で、本領回復をめざし、蘆田と合流した。徳川氏は、蘆田と大槻が連携して秀吉方と戦うことを期待していた。

しかし、五月の遣《や》り取りを最後に、蘆田、大槻ともに音信が途絶える。詳細は明らかでないが、大槻久太郎は秀吉方の攻撃により没落し、牢人《ろうにん》になったといい（『譜牒余録』巻三六）、蘆田弥平兵衛尉もまた丹波を脱出して、遠江国浜松に辿《たど》り着き、徳川氏に仕えたという

（『譜牒余録後編』巻二六）。丹波の反秀吉の動きが、羽柴方の動向をどのように掣肘したかは定かでない。

最後に、大和国の反秀吉勢力について述べよう。天正十二年五月早々、家康は大和国衆越智修理亮家政からの書状を受け取った。そこには、信雄からの誘いの書状を受け、同心することを決意したと記されていたようだ。家康は、味方として調略活動することを求めている（長一八八号）。これは、没落した大和国衆らを味方に誘うことを求めたものであろうか。越智氏は、同じ大和国衆筒井氏とは宿怨《しゅくえん》の間柄であったが、天正十一年に越智玄蕃頭が殺害されてからは、完全に没落していたらしい。この修理亮家政は、玄蕃頭の息子といわれ、本領回復と筒井氏打倒を宿願にしていたようだ。

家康が没落していた大和国衆に触手を伸ばしていたことは、七月一日付の清浄心院《しょうじょうしんいん》宛の書状からも窺われる（長三〇七号）。高野山清浄心院は、高野山における越智氏らの菩提寺であり、その寺を通じて、信雄・家康のもとに様々な情報がもたらされていたらしい。家康は、清浄心院より、米田隠岐守と越智又太郎を取り立てて欲しいと要請され、これを了承するとともに、上洛を果たしたら必ず実現するので、彼らに秀吉との戦いに協力するよう求めている（長三〇七号）。ここにみえる米田は、大和国曾羽《そわ》城（奈良県高取町）を拠点としてた越智一族であり、彼もまた本領を失っていた。また、越智又太郎は、越智修理亮の一族であるらしい。

大和国の人物が、高野山の調略に携わったことを示す文書が、もう一点ある。前記の九月十三日付の高野山惣分中《そうぶん》（金剛峯寺）に、家康が与えた判物によると、両者の仲介となり、交渉を担ったのは鷹山鵜左衛門尉という人物であった。鷹山鵜左衛門尉なる人物の事績は判然としないが、鷹山氏は大和国添下郡《そえしも》鷹山を本拠とした武家で、古市氏に従属していたが、筒井氏に滅ぼされている。ここにみえる鷹山といい、前記の越智氏といい、秀吉方に属していた筒井氏に恨みを持つ大和の武士たちを糾合し、織田・徳川方は紀州の人々に働きかけていたのである。

このように、織田・徳川方は、没落した大和国衆にも触手を伸ばしたが、彼らの活動が戦局に大きく寄与することはなかった。

三、尾張・伊勢一向宗門徒の動向

尾張平野の一向宗

織田・徳川方は、秀吉と対決するにあたって、伊勢・尾張の一向宗門徒への働きかけを行い、これを味方に組み込むことに成功していた。その態様を追ってみよう。

小牧・長久手合戦の舞台となった尾張平野における一向宗といえば、聖徳寺《しょうとくじ》門徒、河野《かわの》門徒、五坊《ごぼ》野門徒、瀬部《せべ》（瀬辺）門徒があげられる。これらを順を追って紹介していこう（以下は、笠原一男・一九六二年、井上鋭夫・一九六八年、北西弘・一九八一年・金龍静・二〇〇四年などによる）。

聖徳寺門徒

まず聖徳寺門徒は、富田《とみだ》聖徳寺（一宮市）が所在する中島郡を中心に葉栗郡などに教線を張る、尾張最大の一向宗勢力であった。富田聖徳寺は、天文《てんぶん》二十二年（一五五三）四月、美濃斎藤道三《さいとうどうさん》と織田信長が会見を行った寺院として著名である。『信長公記』首巻には「富田の寺内正徳寺」とあり、「（信長は）木曾川・飛驒川、大河舟渡し打越し御出で候、富田と申所は在家七百間これあり、富貴の所なり、大坂より代坊主を入置き、美濃・尾張の判形を取り候て免許の地なり」と記されている。信長が、当時の居城那古野《なごや》城より木曾川、飛驒川（古木曾川）を舟で渡り、富田に辿り着いたことや、富田の寺内が在家七百間に及ぶ豊かな場所であったとある。また、他の部分では、聖徳寺御堂《みどう》が広大であったこと、寺内には「町」があったことも記されている。まさに、一向宗の寺内町が、聖徳寺に展開しており、それは河川交通を軸としたことが窺われる。

聖徳寺の寺内は、小牧・長久手合戦時の天正十二年六月の段階で、南北八町、東西三町、御堂屋敷五〇間四方、田畠二四町七反余に及ぶもので（長三〇五号）、これは、尾張では最大規模に属する。道三と信長の会見場所に選ばれたのも、その規模や、守護不入の特権を認定された聖徳寺寺内が双方にとって中立地であったことなどが理由であったのだろう。

河野門徒

次に河野門徒衆とは、河野九門徒と呼ばれる安楽寺（小佐野《こざの》）、西入坊（中屋、以上岐阜県各務原《かかみがはら》市）、栄泉寺（大毛《おおけ》）、善竜寺（黒田、以上愛知県一宮市）、西徳寺（円城寺）、称名寺（中野、以上岐阜県笠松町）、妙性坊（美濃国北方、岐阜県北方町）、専光寺（印食《じき》、岐阜県岐南町）、専福寺（竹ケ鼻《たけがはな》、岐阜県羽島市）の総称である。なお、佐渡の赤泊《あかどまり》筵場《むしろば》本立寺（新潟県佐渡市）は、もと河野門徒であったが、移住したとの説があり、かつては河野十門徒ではなかったかとも指摘されるが確定できない（井上鋭夫・一九六八年）。

河野門徒は、その呼称が示すように、古木曾川中流域（境川）沿いの自然堤防や扇状地上「河野」（古木曾川の中洲《なかす》）にある村落に建立された寺院や道場を基盤に結成されたものである。これらは、いずれも河川水運の船着場、渡し場に存在する点に特徴がある。また個々の門徒衆は、本願寺の直参《じきさん》衆として対等の関係にあり、それゆえ独立性が強く、「河野」において地域結合を遂げたものである。そのため、門徒衆を統括する中核寺院は存在せず、信仰の要《かなめ》である蓮如《れんにょ》を始め本願寺法主《ほっす》より下付された什宝《じゅうほう》は、河野門徒衆の総意によって建立された惣道場に安置された。その後、天正四年に、専福寺が中洲の伏屋から東の正木《まさき》に移転して「正木御坊」となり、河野門徒の中心寺院に位置づけられた（専福寺は、天正九年には円城寺、慶長元年に領下、同五年に新加納、同九年に竹ヶ鼻へと移転を繰り返し、現在に至っている）。

河野門徒は、本願寺直参であり、かつそれが蓮如以来であったことから、一向宗門徒内では「河野」の呼称は権威を持っていたといわれ、戦国期には美濃の九門徒が加わり、河野十八門徒へと勢力が拡大している。河野門徒衆は、本拠地である尾張葉栗郡を中心に、中島郡のほか、美濃国方県《かたがた》郡、厚見《あつみ》郡に教線を展開していた（細川道夫・一九八四年、青木忠夫・一九八七年）。

その他の尾張一向宗門徒衆

五坊野門徒は、法林坊（浮野）、瑞仁寺（法光坊、加茂）、徳法寺（勝栗）、浄蓮寺（穂積塚本）、円光寺（開明、以上一宮市）の五ヶ寺を、瀬部門徒は運善寺（大日比野）、勝宝寺（河端）、了泉寺（奥）、西宝寺（同、以上一宮市）、西源寺（小牧、愛知県小牧市）、西方寺（下小田井、同清須市）、阿弥陀寺（下津、同稲沢市）の七ヶ寺を指す。

また、野田正琳寺《しょうりんじ》は、所在地の冑新田《かぶとしんでん》（現在は甲新田）と呼ばれることもある寺院である。この「冑新田」は、もとはこの付近を流れていた大河（川太）が由来であるといわれる（『尾張地名考』）。その門徒は丹羽・中島郡にわずかに存在するに過ぎないが、蓮如の時代に五坊野門徒五ヶ寺を本願寺に取り次ぎ門徒としたとされ、戦国期になって野田門徒からの自立を図り、紛争になったことが知られている（『証如上人日記』天文六年七月十九日条）。

尾張北部の一向宗門徒の動向は、戦国期の史料が乏しく、不明確な点が多いが、国内の一向宗寺院や門徒を統括するような中核となる有力寺院と、それを頂点とする門徒の編成が希薄であることが特徴ともいえる。それを証明するように、尾張の一向宗の教線は、三河三ヶ寺（佐々木上宮寺《ささきじょうぐうじ》、野寺本證寺《のでらほんしょうじ》、針崎勝鬘寺《はりさきしょうまんじ》）や、伊勢長島願証寺《がんしょうじ》などの教線が尾張にも食い込んでいる状況だったのである。

石山合戦、長島一揆と尾張

尾張平野の一向宗門徒の状況を説明してきたのには、理由がある。それは、この地域の一向宗門徒は、元亀《げんき》元年（一五七〇）から始まった織田信長と大坂本願寺との石山《いしやま》合戦、そして本願寺の指示のもと、伊勢長島願証寺を中核とする長島一揆への参加の状況が、他の地域とは一線を画すからである。

戦国期尾張の一向宗門徒は、尾張の領主間の抗争に巻き込まれ、しばしば敵味方に分裂することが多かった。とりわけ著名なのは、永禄三年の桶狭間《おけはざま》合戦の時である。尾張の荷之上《にのうえ》の坊主（興善寺）と鯏浦《うぐいら》（以上弥富市）の服部左京助らが今川義元《よしもと》に通じ、織田信長に反抗したことである。服部は、今川氏敗退後、伊勢に逃れ、伊勢の戦国大名北畠氏の家臣となり、長島願証寺に入って信長との対決を継続したといい、彼は長島一揆の中核にもなっている。

尾張の一向宗門徒と尾張守護代織田氏や、織田信秀《のぶひで》・信長父子とは、提携や抗争を繰り返していたが、信長の代になって、一向宗寺院の寺内への特権（不入権）を規制する方向で施策を進めるようになっていた。室町末期から戦国期を通じて、一向宗寺院は、段銭《たんせん》などの課税を拒否し、果ては年貢の納入すら拒否する事態を引き起こしていた。これに対し、信長は、一向宗寺院に段銭、夫銭《ぶせん》などの諸役や、年貢半納などを命じていった。

信長は原則として、一向宗寺院による布教や商業活動などは許可し、末寺・道場なども安堵する方向で尾張・美濃の統治を進めていたが、元亀元年の石山合戦勃発以後は、それへの参加、不参加などで存続を認めるかどうかを判断し、存続を認めても、寺内特権の解体に着手している（金龍静・二〇〇四年）。

この動きは、元亀二年十一月十三日の、富田聖徳寺宛の信長書状によって知ることが出来る。この書状で信長は、本願寺の蜂起に聖徳寺が賛同しなかったことを賞し、その存続を許可した（信長二五七号）。

こうした尾張における一向宗の多様な教線は、石山合戦や伊勢長島一向一揆の際に、門徒衆の去就に影響を与えていた。最大規模を誇る聖徳寺とその門徒衆や、それに次ぐ河野門徒衆は、これに参加せず、織田信長への恭順の姿勢を取っていたといわれる。その結果、伊勢長島一向一揆の壊滅とともに、伊勢の門徒衆の多くが戦死もしくは逃亡を余儀なくされるが、彼らは存続し続けることが出来たのである。

これに対し、三河一向一揆の中核であった三河三ヶ寺の系列下にあった尾張の一向宗寺院と門徒は、これに積極的に参加し、壊滅的な打撃を蒙《こうむ》っている。また、五坊野門徒や瀬部門徒の中には、石山合戦や長島一揆に参加したとの伝承を持つ寺院がいくつか存在している。それらは、徳法寺（勝栗）、瑞仁寺（法光坊、加茂）、浄蓮寺（穂積塚本）、専正寺（高木）、善徳寺（林野）、西福寺（南小淵）、浄流寺（奥）、了泉寺（同）、長誓寺（東浅井）、来徳寺（河田）、正福寺（専称坊、苅安賀、以上一宮市）などに過ぎず、有力寺院が門徒衆を挙げて参戦した形跡はなく、個々の寺院や門徒が、散発的に参加したことが窺われるのみである。

その結果、尾張平野では、聖徳寺門徒、河野門徒らがほぼ無傷で生き延びていたのであり、その勢力は油断できぬものであった。いうまでもなく、彼らは村々だけでなく、武士にも信者がおり、木曾三川の水上交通や尾張の陸路をも掌握していたとみられるからである。さらには、商人、職人はもとより、漁師、筏師《いかだし》、船頭、鵜飼《うかい》、船大工など、交通に関わる人々を門徒衆としていたがゆえに、大名領主層も一向宗を無視しえなかったのである。天文七年に、本願寺は近江六角氏より依頼を受け、使者を尾張に派遣するにあたって、渡し場などのことも事情をよく知らないので、一向宗門徒の助力を得たいとの申し入れを受け、長島願証寺や柳堂《やなぎどう》（桑名阿弥陀《あみだ》寺）に協力するよう指示を出している（『証如上人日記』天文七年正月二十二日条）。

こうした事例が示すように、一向宗門徒は、多様な生業に従事する民衆によって構成されており、大名領主層にとっては、交通、運輸の鍵を握る、恐るべき存在だったといえる。

また、国衆や土豪にも、一向宗門徒は多数存在した。例えば、美濃の駒野《こまの》城主高木《たかぎ》氏、尾張加賀野井《かがのい》城主加賀野井氏、大浦城主豊嶋氏などが一向宗門徒であったし、その配下の家臣にも多数の門徒がいたと推定される。また、斎藤・織田氏臣従後は、門徒からは離脱したようだが、小牧・長久手合戦で秀吉方として活躍した堀秀政（近江佐和山城主、美濃国茜部《あかなべ》出身）、奥田直政《なおまさ》（堀直政、堀秀政の従兄弟）は、ともに一向宗門徒で、河野門徒出身と伝えられる。身分の上下を問わず、尾張の武士は、複雑な姻戚《いんせき》関係を取り結んでおり、そこには一向宗寺院や門徒との結びつきが網の目のように絡み合っていたことが指摘されている（井上鋭夫・一九六八年、金龍静・二〇〇四年など）。

小牧・長久手合戦は、こうした一向宗門徒の武士や民衆の存在を無視しては語れぬ戦いだといえるだろう。

尾張一向宗門徒と織田信雄

そして、小牧・長久手合戦が勃発すると、聖徳寺門徒衆と河野門徒衆は、それぞれ独自の道を歩むこととなった。当初、両者ともに織田信雄に与する姿勢を取っていたようだが、大垣城主池田恒興、岐阜城主池田元助が秀吉方になると、河野門徒衆は秀吉方に帰属した。境川を挟んで、池田父子の勢力とまともに正対する立場になった河野門徒衆にとっては、自らの存立を維持するためにも、やむを得ぬ選択だったといえるだろう。秀吉は、伏屋の伏屋市兵衛に対し、伏屋城での留守居役を命じるとともに、城普請などを指示した。また、彼を池田氏の配下に置いている（秀吉一一〇九号）。

いっぽうの聖徳寺門徒衆は、信雄方となった。信雄は、三月十七日付で聖徳寺と寺内町に判物を与え、寺内町中はもちろん、寺内町の外で所持する土地について「年貢等諸役以下、何もこれを免許せしめおわんぬ」とし、寺や寺内町に出入りする者たちを保護すると約束している（長二九号）。これは、父信長の政策とは真逆のものであり、聖徳寺と寺内町の特権安堵をしただけでなく、諸役ばかりか、年貢まで免除するというのはかなり踏み込んだ特権承認といえるだろう。信雄は、それほどまでの優遇を約束することで、聖徳寺門徒衆を味方に引き入れようとしたのだろう。実際に、聖徳寺門徒衆のうち、有力な門徒である大浦城（戸嶋東蔵坊）の豊嶋氏は、信雄方として秀吉方と戦い、攻め落とされている。

このように、尾張の国衆や土豪層は一向宗門徒が多く、織田も秀吉もともに彼らを如何《いか》にして味方に引き入れるかに腐心していたのであり、その結果、河野門徒衆は秀吉方に、聖徳寺門徒衆は織田・徳川方に帰属することで、対応が分かれたのであった。

伊勢一向宗門徒の動向

伊勢の一向宗は、天正二年九月、長島一揆が織田信長によって壊滅させられたことで、大打撃を受けた。中核であった長島願証寺は滅ぼされ、残された本願寺勢力は、所領などのすべてを没収されたといわれる。この結果、伊勢を追放された僧侶《そうりょ》はもちろん、残ることが許された一向宗寺院の多くは、逼塞《ひっそく》と困窮を余儀なくされていた。長島に籠城せず、村に残った門徒らも、信仰そのものを否定されることはなかったが、寺院、道場との結びつきを断たれており、それは徳川家康によって圧伏された三河門徒と同様であったと考えられる。

伊勢門徒衆のうち、長島一揆を生き延びた僧侶や門徒は、大坂に逃れ、石山合戦に身を投じた人々も少なくなかった。また、逼塞を余儀なくされた伊勢門徒らも、秘かに懇志（軍資金）を本願寺に送っていたが、天正八年の石山合戦終結により、こうした動きはなくなった。信長との和睦後、本願寺顕如は、信長、秀吉との協調を志向し、教団の生き残りと織田政権に没収された土地の返還を目指していた。信長の死後、政権樹立を目指していた秀吉は、その過程において、本願寺勢力に対する「還住」（もとの寺地への帰還）と、土地の返還を始めていた。それにより、一向宗門徒への影響力を強化し、自らへの支持を集めようとしたのだろう。

いっぽう、織田信雄もまた、小牧・長久手合戦に際して、尾張門徒衆だけでなく、父信長によって圧伏させられた伊勢の一向宗門徒をも味方に取り込むべく、精力的に動いていたことが確認できる（以下の記述は、太田光俊・二〇〇六年下による）。

信雄は、三家老を粛清した直後の三月十五日、伊勢石榑《いしぐれ》照光寺に判物を与え、石榑における本知行を安堵し、忠節次第では加増することを約束した（『三国地誌』下）。照光寺は、本願寺の直参寺院であったばかりか、近江から伊勢に抜ける石榑越を抑える位置にあった。照光寺と門徒らが、どのような動きをしたかは明らかでないが、戦後、信雄から所領を安堵されたと伝わる。

はっきりと軍事行動に踏み切ったことが確認できるのは、香取《かとり》（三重県桑名市多度町）の法泉寺《ほうせんじ》（安田空明）である。法泉寺空明は、八月十九日、信雄の命により、美濃駒野城を守る高木権右衛門尉貞利《さだとし》、同彦之助貞友《さだとも》兄弟のもとへ、同じく一向宗門徒と推定される太田金七郎とともに援軍として派遣されている（愛⑪八八八号）。また、秀吉が北伊勢に本格的な攻勢を仕掛けてきた十月二十三日には、信雄より法泉寺空明と高木一族は、城の備えを万全にするよう要請されている（同九一七号）。

残念ながら、伊勢一向宗門徒の動向は、これ以上明らかにならないが、伊勢の村々に居住していた門徒たちは、参陣や懇志など様々な形で信雄方に協力していたことは確実である。その実力は、長島一揆壊滅によって衰退したかに思われた、伊勢一向宗門徒の潜在力を強烈に示し、秀吉の心胆を寒からしめたからである。

驚愕する秀吉、焦る本願寺

秀吉は、開戦早々の天正十二年四月、「北伊勢一揆蜂起」「一揆事、伊勢・美濃辺ニ蜂起ノ沙汰アリ」との知らせを聞いて驚愕《きょうがく》した（以下、『貝塚御座所日記』による）。いっぽう、貝塚にいた顕如ら本願寺の指導者らも、三月下旬にはその情報を察知し、驚いていたようだ。

三月二十七日、顕如は下間頼廉《しもつまらいれん》に命じて、北伊勢員弁《いなべ》郡の坊主衆に書状を送り、一揆蜂起を詰問した（太田・二〇〇六年下）。それには「北伊勢員弁郡で一揆が蜂起したとの知らせを聞き、顕如は不審に思っている。もしそれが事実ならば、はなはだ問題であり、あってはならぬことだ、御門徒中に対し一揆を中止するよう（顕如が）仰せであるので、そのようにせよ」と記されている。

この直後の四月十四日、本願寺は家康からの調略を受けた。家康は「今度、信雄が上洛を果たしたならば、大坂を返還し、加賀も信長がかつて約束した二郡を渡す」と持ちかけていた（家康五九二）。顕如の反応は定かではないが、断ったのだろう。

秀吉は、北伊勢や美濃における一向一揆の蜂起が、信雄・家康に本願寺顕如が通じ、彼の指示によって発生したことを疑った。ただちに秀吉は、鵜飼八蔵を使者として貝塚の顕如のもとに送り、事実関係を問い合わせた。鵜飼は、四月二十日、貝塚に到着し、秀吉の書状を下間頼廉、下間仲之《ちゅうし》に手渡した。残念ながら、この時の秀吉書状は現存しないが、一向一揆の蜂起が、顕如の指示によるものかどうかを厳しく質《ただ》すものだったことは想像に難くない。

本願寺側の焦りは、秀吉書状への対応に見て取れる。事態を重くみた顕如は、門跡《もんぜき》という地位であったにもかかわらず、下間らの書状ではなく、自らの直札を送ったのであった。それればかりか、この顕如書状に、秀吉一族浅野長政の添状《そえじょう》を付け、さらに既述の三月二十七日付の北伊勢坊主衆中への書状写と、下間頼廉・仲之の副状《そえじょう》もあわせて秀吉の陣中に送り、「本願寺は一揆の蜂起については、一切関与していない、まったく身に覚えのないことである」と陳弁した。北伊勢坊主衆中への本願寺側の書状は、員弁郡のものしか知られていないが、『貝塚御座所日記』によると、この他に朝明《あさけ》郡の坊主衆中にも送られていたようだ。

秀吉のもとへは、河野越中が使者として赴いた。この時、本願寺側は、秀吉はもちろん、浅野長政、石田三成、増田長盛《ましたながもり》への贈答品を準備し、河野に対し「本願寺は一揆の蜂起については何も知らないし、関与していないことを、よくよく秀吉に弁明するように」と申し含め、四月二十三日付の顕如書状などを彼に託した。河野は、四月二十四日に貝塚を出発している。

顕如らの陳弁により、秀吉の誤解は解けたようだ。その後、秀吉方から本願寺に、北伊勢や美濃の一向一揆についての問い合わせなどはなくなる。しかし、天正十二年十一月、小牧・長久手合戦の和睦成立の情報に接した本願寺側は、秀吉方からの情報を書き留めている。

そこには、北伊勢の一向一揆が放棄した兵糧を、秀吉が和睦後、信雄に引き渡したとある。重要なのは、その規模である。『貝塚御座所日記』には「則三介《(信雄)》殿ト秀吉参会アリテ、秀吉ヨリ紙子二ツ、金廿枚、北伊勢一揆ノ兵粮捨タルヲ取置分二□《(万)》五千俵ソノマ、三介殿へ被遣之」と記されていた。秀吉方が逃げ散った一揆勢の兵糧の残り分が、二万五千俵もあったというのだ。これは、合戦の最終段階のものであり、一向一揆が蜂起開始前に集めた兵糧は、これを遥《はる》かに上回るものであったろう。

これは、長島一揆鎮圧後、衰えたかに見えた一向宗勢力の潜在的な力量を示してあまりある事例といえよう。だからこそ、秀吉は一向一揆蜂起に驚愕したのであり、いっぽうの信雄は彼らの力を取り込もうとしたのである。

四、小牧山・楽田間の対陣と伊勢の戦局

羽黒合戦

家康に小牧山を奪取されてしまった池田恒興・元助父子と森長可は、憤懣《ふんまん》やるかたなかった。そこで森長可は、三月十六日の早朝、犬山を出陣して五郎丸《ごろうまる》、羽黒《はぐろ》、楽田《がくでん》の近辺に放火し、羽黒の八幡林《はちまんばやし》に布陣したという(『太閤記』他)。

この時森長可は、「森武蔵守羽黒古キ屋敷ニ柵ヲ付、三千余令居陣」とあるように、羽黒にある古屋敷に柵を結い布陣していたとされる(『当代記』)。これは事実であったらしく、『家忠日記』にも「三月十七日甲午、犬山表へ働候、森武蔵守もち候屋敷押破、敵敗北、三百余討捕候、家中へも十五人うち候」とあり、また「去十七日、濃州口に到り働き候ところに、境目羽黒の地に池田紀伊守・森武蔵守出構えを持たれ候間、先勢をもって即刻乗り破り、敵千余これを討ち捕られ候、右の両将の敗北、比興前代未聞に候」(長五八号)とあるように、森長可が布陣した屋敷は「出構」として急遽《きゅうきょ》修築されたものであったようだ。だが、森長可

と池田元助の軍勢は、犬山城の池田恒興の軍勢と離れ、突出した状況にあった。

徳川方は、森軍の突出を見逃さなかった。先手の酒井忠次、奥平信昌《おくだいらのぶまさ》らの軍勢は、信雄家臣天野雄光の案内を受け（『寛永伝』）、三月十七日未明、羽黒に進出した。奥平軍は、森軍が古屋敷に布陣していることに気づかなかったといい、少人数で羽黒周辺を焼き払うべく前進したところ、これに気づいた森軍が続々と屋敷から出てきて、川を隔て奥平軍と対峙したという（『当代記』他）。なおこの「川」とは五条川（幼川《おさな》）のことと推定されており、当時は、羽黒合戦の戦場となった八幡林の南側を流れていたようだ（内貴健太・二〇二三年）。両軍は、川を挟んで激しい鉄砲戦を行った。奥平軍の鉄砲衆は腕利きが多かったといい、やがて森軍を圧倒し始めた。奥平軍は、わずか一千人ほどであったが、森軍の真ん中に突入し、これを翻弄した。

　これをみた酒井忠次の軍勢が、横合いから森軍に突きかかり、森軍をさらに混乱させた。『長久手合戦記』などの軍記物によると、この時、酒井軍と奥平軍は、協力して「轆轤引《ろくろびき》」と呼ばれる戦法で森軍を壊乱に追い込んだとされる（内貴健太氏のご教示による）。この「轆轤引」とは、酒井軍と奥平軍が、それぞれ左右から突撃と撤収を交互に繰り返すことで、敵を混乱させる方法であったといわれる。これが事実かどうかは定かでないが、徳川方は酒井・奥平の軍勢に加えて、形原《かたのはら》松平家信《いえのぶ》、大須賀康高《おおすがやすたか》、丹羽氏次《にわうじつぐ》らが参戦し、森軍を総崩れに追い込んだ。

逃げる森軍を徳川方は厳しく追撃し、三百余人を討ち取った。森長可は、辛くも戦死を免れたが、彼を逃がすために戦場に踏みとどまり、野呂助左衛門・孫次郎（助三郎とも）父子、梶尾大膳・平八郎父子、並河源十郎、遠山源内、河合孫四郎、一柳五郎四郎、薬師寺権内らの侍大将が多く戦死した（『森家系譜』他）。とりわけ、剛の者として名高かった野呂助左衛門は、形原松平家信自身が、家臣らの助力を得て討ち取ったという（『形原松平記』他、なお、野呂の名乗りについては、野呂孫一郎、孫十郎、孫七、孫二郎など軍記物や系譜類には混乱があるが、『森家系譜』に従っておく）。

この時、池田恒興は、稲葉《いなば》一鉄《いってつ》、遠藤慶隆《えんどうよしたか》・胤基《たねもと》（美濃郡上《ぐじょう》郡の「両遠藤」）とともに犬山に在陣していた。ところが、羽黒合戦で森長可が敗退し、逃げこんできた森軍をみた池田恒興は、追撃してくる徳川軍を迎撃しようとした。だが、敵の勢いをみた稲葉一鉄や池田家臣らが不利だと懸命に押しとどめたという。いっぽうの徳川方も、家康が急遽使者を派遣し、酒井、奥平らに深追いを戒めたので、追撃を中止し、小牧山に引き揚げた。

こうして徳川方は、二度にわたる池田・森軍の南下を阻止することに成功し、その出鼻を大きく挫《くじ》いた。いっぽうの森長可は、敗戦の屈辱に切歯扼腕《やくわん》し、後に遺言状を書いて家族に残し、決死の覚悟で汚名をそそぐ悲壮な決意を固めることとなる。

秀吉方、北伊勢で攻勢

既述のように、北伊勢では、秀吉方の亀山城の関一政に対する信雄方の攻撃が始まっていた。信雄方は、佐久間正勝、山口重政《やまぐちしげまさ》ら五千人ほどが亀山城下などを焼き払い、城を攻め立てたが、陥落しなかった。これに対し、秀吉は蒲生賦秀、長谷川秀一、滝川一益、日爾野兄弟らの援軍を派遣したため、佐久間らは、峯城に撤退した。

すると、三月十四日、蒲生らの軍勢は、佐久間らの守る峯城に攻撃を仕掛けたのである。折しも、佐久間らは信雄の命により、峯城の修築を行っていたさなかであったが、合戦には間に合わなかった（『武徳編年集成』他）。そこで、佐久間らは峯城での籠城戦を諦め、城外での合戦を決断したという。しかし、巳刻《みのこく》（午前十時頃）の合戦で、佐久間ら五千余は、蒲生らの秀吉方に撃破され、総崩れとなった。この合戦で、信雄方は関甚五兵衛《せきじんごびょうえ》（武田遺臣）ら三百余人が戦死し、峯城に逃げ込んだが、抵抗敵《かな》わずとみて、夜半に城を放棄して撤退したという（長二〇号、『家忠日記』『顕如上人貝塚御座所日記』『勢州軍記』『家忠日記増補』『南紀徳川史』他）。

その後の詳細は判然としないが、峯城には滝川一益が入城したといい（『多聞院日記』他）、さらに周辺の信雄方の神戸城、楠城、千種城、浜田城、国府城なども開城してしまったという。佐久間正勝、山口重政らは、信雄のもとへ撤退したが、神戸正武（林与五郎）を始めとする、峯・千種・浜田・楠の人々は、加賀野井城に入り抗戦を続けることとなった。だが、沢城の神戸具盛は、安濃津城の織田信包を頼って落ち延び、信雄方から脱落したといわれ、また国府城の国府盛種は逃亡し、行方知れずとなった。ここに国府氏は滅亡したという（『勢州軍記』他）。なお、中川定成も峯城から脱出し、信雄に合流したらしい。前記のように、中川が犬山に落ち延びようとして横死したというのは事実ではない。

松ヶ島城攻防戦

峯城を始め、神戸城、浜田城など北伊勢の諸城を攻略した蒲生賦秀らの軍勢は、勢いに乗って南伊勢に侵攻し、滝川雄利、服部半蔵らの守る松ヶ島城に向かった。蒲生らの秀吉方は、三月十五日に松ヶ島に到着し、城を包囲した（『氏郷記』他）。

松ヶ島城は、伊勢湾に張り出した台地に築かれた城郭で、三渡川《みわたり》の河口と伊勢湾を押さえる要衝であった。そのため、城は伊勢湾水運と密接な繋がりを持つ「海の城」でもあった。

そこで秀吉方は、三月十七日には柵や塀を構築して城を包囲し、また九鬼嘉隆率いる九鬼水軍は、海上封鎖を実施するとともに、田丸直息とともに海岸線に船を寄せ、柵や虎落《もがり》を敷設して城兵を逃がさぬようにつとめた（秀吉九七四号）。こうしてさしもの「海の城」も、海上封鎖をされてしまったために、味方との連携や補給を断たれることとなった。

なお、松ヶ島城攻撃のため着陣した蒲生賦秀・長谷川秀一・堀秀政・日禰野兄弟・甲賀衆らの軍勢は、秀吉の命により尾張に向けて転進していった（『氏郷記』他）。代わって、松ヶ島城攻撃を担ったのは、羽柴秀長率いる大和・伊賀の軍勢のほか、織田信包、九鬼嘉隆、田丸直息らであった（秀吉一〇三一号、『多聞院日記』他）。

同じ頃、秀吉方は、北伊勢の仕置を着々と進めていた。まず、三月二十日までには神戸城には滝川一益父子を配置し（兵力は二、三千人）、峯城には浅野長政・岡本太郎右衛門尉に千六、七百人を預け、城の修築を急がせている（長三八号）。

三月二十日、松ヶ島城は惣構を破られ、天守周辺を維持するのみとなったとあるが、これは秀吉の宣伝であろう（秀吉九七九号）。実際には、このころ松ヶ島城は意気軒昂《けんこう》であったらしく、城内に突入されてはいなかったようだ。しかし四月三日、大和筒井順慶の軍勢が二の丸に突入しこれを確保することに成功した。この戦闘で筒井衆の被害は甚大であったといい、家臣らが戦死し、手負い数多《あまた》という有様だったという（『多聞院日記』）。二の丸を奪われた城方は、信雄・家康の後詰めもなく追い詰められた。

四月七日、城主滝川雄利は、秀吉方に助命と引き換えに開城を打診したらしい。これを知った秀吉は、松ヶ島城包囲陣にいた八重羽《やえば》左衛門尉、富田知信らに書状を送り、もし開城が実現したら、八重羽と富田が城の留守居役をつとめ、その維持・管理を担うよう指示している（秀吉一〇一七号）。そして、滝川雄利の要請どおり、松ヶ島開城と引き換えに雄利らの助命を了承した。秀吉は、家康を討ち果たすことこそが目的であるので、雄利を殺す必要はないと包囲陣の味方に伝達している（秀吉一〇二〇号）。

こうして滝川雄利は、助命嘆願が認められたので、四月八日、松ヶ島城を明け渡した（長一一一号、軍記物に松ヶ島開城を三月二十八日もしくは四月二十八日と記す物が多いが誤りである）。滝川雄利は、尾張に退去し信雄と合流すると、まもなく四日市西城に在城したという（『木造記』『勢州兵乱記』他）。また、多くの犠牲者を出した服部半蔵ら伊賀衆も、家康本隊と合流すべく尾張に向かった（『譜牒余録後編』三十四、『伊賀者由緒』他）。後に松ヶ島城は、蒲生賦秀に与えられた。

松ヶ島城の陥落により、南伊勢で健在であったのは、木造城と戸木城を守る木造具政・長政と、口佐田城、奥佐田城などその周辺の諸城だけとなった。この情勢をみて、木造具政は、兵力を木造城と戸木城に分散させるのは得策ではないと考え、要害堅固な戸木城に兵力を集中させ、籠城することとした（『木造記』）。戸木城の攻防戦が始まるのは、五月に入ってからである。

家康、小牧山城の大改造を実施す

家康と信雄が本陣とした小牧山城は、小牧山（標高八五・九メートル）に築かれた城である。織田信長は、濃尾平野を一望できる小牧山に、永禄六年（一五六三）、城を築き、居城を清須からここに移転させ、美濃攻略に邁進《まいしん》した。信長は、永禄十年に美濃斎藤氏を滅ぼし、岐阜城に居城を移すまでの四年間、小牧山城の普請と、城下町の整備を実施している。小牧山の山頂には、中世寺院などがあった可能性が高いが、城普請がなされた時期に、まだ存在していたかどうかは判然とせず、移転させた可能性も否定できない（以下は、小野友記子・二〇二一年による）。

信長時代の小牧山城は、当時としては画期的な城郭だったことが明らかにされている。まず、山の裾野には、信長屋敷（東南隅）を始め、家臣の屋敷地が囲繞《いじょう》しており、その屋敷地は堀と土塁で区画されていたことが判明している。城は、南側に大手口があり、そこから小牧山の中腹までほぼ一直線で大手道が敷設され、中腹から山頂に向けて道は九十九折《つづら》りになり、主郭に至る。特筆すべきは、山頂の主郭を巡る二から三段の石垣が積まれていることである。石垣の石材は、岩崎山《いわさき》（小牧・長久手合戦では、秀吉方の岩崎山砦があった）から切り出された花崗岩《かこうがん》であり、安土城のような高石垣ではないが、信長初期の石垣遺構として重要である。

また信長は、小牧山城の南部に、東西一キロ、南北一・三キロに及ぶ城下町を建設し、それは長方形街区で整然と区画され、さらにその内部は短冊形地割に整備されていた。こうした区画のなかに、家臣（武士）、町人（商人・職人）が住まい、寺社が配置されたのである。これは、近世城下町の先駆けといえる、計画都市だったと指摘されている（千田嘉博・一九八九年）。

小牧山城下町は、付近を流れる巾下川《はばした》に港湾施設（柏瀬、船津）があったと推定され、河川交通による物資搬入が実施されていた（『信長公記』首巻）。巾下川は、やがて五条川と合流すると、下流で庄内川《しようない》となり伊勢湾に注いでおり、まさに伊勢湾の海上交通ともリンクしていたと推定されている。

信長が、岐阜に本拠を移した後は廃城になったと推定される。家康は、秀吉方よりも早く、この城跡を押さえ、家臣榊原康政《さかきばらやすまさ》に命じて、大改修を実施したという。『家忠日記』によると、三月から十月まで徳川方による断続的な普請の記述がある。

家康による大改修の特徴は、①山麓《さんろく》に二重の土塁と堀を巡らし、城全体を囲い込んだこと、②小牧山の東西に延びる尾根筋（主郭から西曲輪《くるわ》）の鞍部《あんぶ》を、南北に切断する大堀切を配置したこと、③この大堀切により、小牧山城は、主郭と西曲輪が完全に分離したこと、④山の中腹に、主郭を取り巻く空堀（横堀）を配置したこと、⑤中腹の横堀と、山麓の堀との間に

図3　小牧山城山頂（小牧市教育委員会提供）

図4　小牧山城の石垣（第5工区）（小牧市教育委員会提供）

図５　小牧山城の復元土塁

は、大手道を両方から横矢がかけられるよう付設された大型の曲輪（大手曲輪）が設けられたこと、⑥山麓の堀と山の斜面との間に、旧信長屋敷、家臣屋敷を埋め立てるなどして、多数の兵が駐留できる帯曲輪《おびくるわ》を設けたこと、⑦信長時代の大手道は、中腹までまっすぐに登る道筋であったが、家康は山麓の周囲を二重の堀と土塁を巡らせた際に、大手口に東西から堀と土塁を食い違いのように配置することで、大手道をクランクさせる虎口《こぐち》を設けたこと、⑧城の出入口として、山麓には大手、搦手《からめて》を始めとする五ヶ所の虎口が、城内には主郭地区に東西南北に四ヶ所の虎口が、それぞれ設けられたこと、などである。

　徳川・織田軍が、小牧山城に在城しえたのも、要害堅固な拡張工事の賜物といえ、とりわけ帯

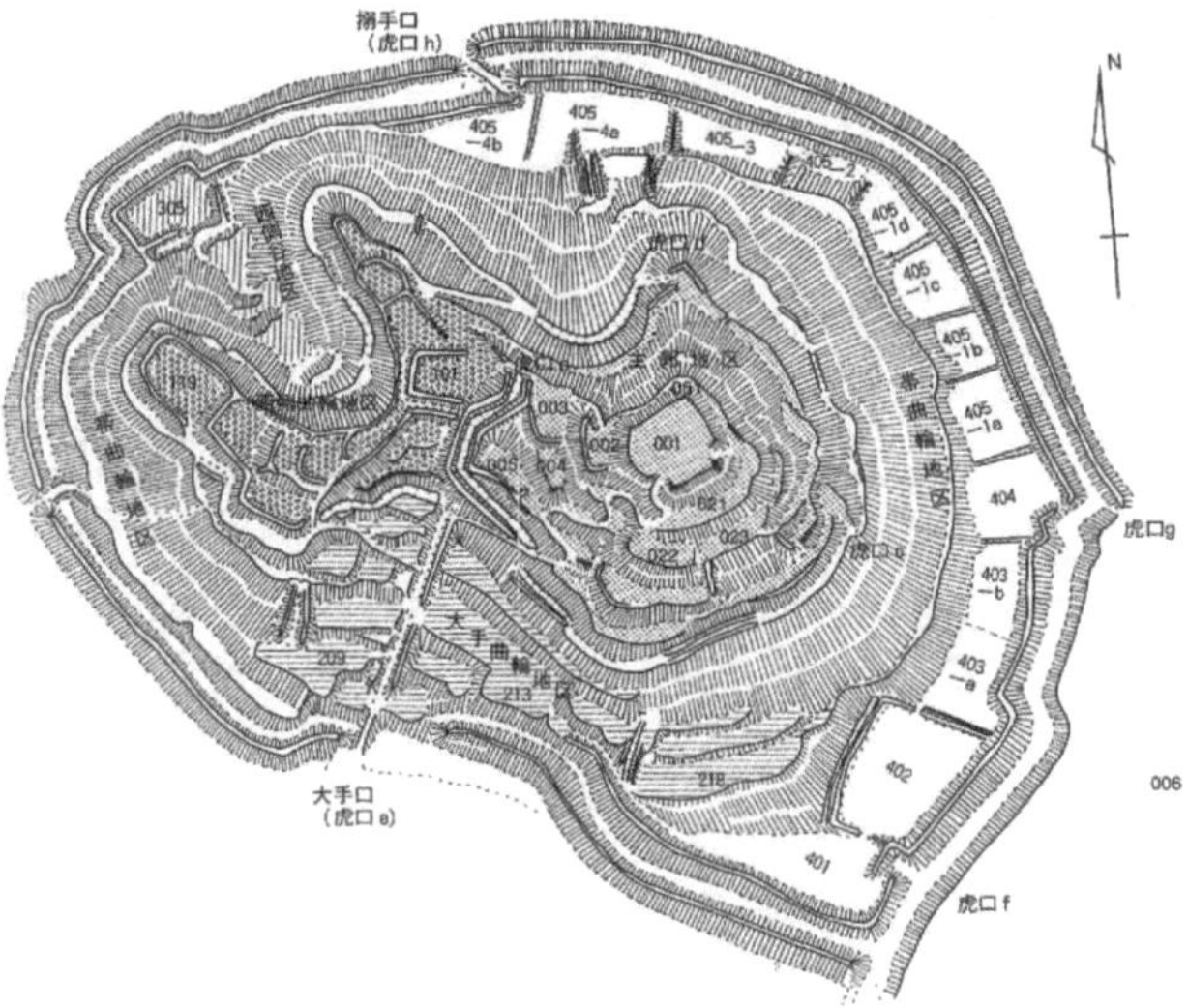

図6　小牧山城の縄張り図（小牧市教育委員会提供）

曲輪は、大量の兵と兵糧などの物資備蓄の空間として機能的な改良が施されていた。

ただ一つ、気になる部分がある。山麓に設けられた五つの虎口のうち、南東隅と東の虎口は、大空堀の底に向けて開口しているのだ。これは、架橋して空堀を渡るというものではないらしく、目的がよくわからない。一説に、長久手合戦の時に、徳川・織田軍は、この虎口から堀底を通って移動したため、楽田方面の秀吉方は気づかなかったとの説がある（千田嘉博氏のご教示による）。このことについては、今後も慎重な検証が必要だろう。

次に、小牧山城周辺の地形について、検討しておこう。図7は、香川元太郎氏作画、小野友記子氏監修の「小牧山城推定復元図」である。城の南側から東南方面には、城下町が展開しているのだが、本図には描かれていない。注目すべきは、城の北側、すなわち秀吉方の陣所の方向についてである。復元図では、いくつもの池が描かれ、湿地帯だったと想定されている。

この復元の手がかりとなったのは、地名である（以下は、小牧市教育委員会・二〇〇一年による）。小牧山城の北西の大字《おおあざ》「村中」には、「籠池」「天神池」「葭池《よしいけ》」「池之面」「大嶋」、小牧山城の西には「天池」という小字《こあざ》が残されている。次に、小牧山城の真北の大字「間々《まま》原新田《はらしんでん》」には、「今池」「上芳池」「下芳池」「間々池」「下新池」「牡若池《かきついけ》」「上新池」の他、「渡場」や「西狭間」「古天王」の小字が残されている。これを地図上に落としてみると、小牧山城の西から北西、真北にかけて、天池、籠池、天神池、葭池、今池、芳池、間々池、新池、牡若池が密集して存在しており、楽田方面に対して、あたかも水堀のような役割を果たしていたと想定される。この池や湿地帯は、舟で渡るか、それを縫うように存在した細道を利用して往来が可能だったとみられ、それが「渡場」や「西狭間」という字名として残ったのだろう。

これが、同時代史料で検証できるか調査したところ、これを証明する可能性がある史料が二点見いだされた。詳細は、第三章に譲るが、山口県文書館所蔵の「尾州小牧陣図」（一六八～一六九頁図9）には、小牧山城の北側一帯は「ふかた足入」と記されており、湿地帯であることが証明できる。また、山口県文書館には、もう一点の「尾州小牧陣図」（一六六～一六七頁図8）が残されており、それは羽柴軍と徳川・織田軍の対陣の様子を、かなりラフな線で描いた略図である。この絵図をみると、「こまき山」の北に、山麓から北側にかけて家鴨《あひる》の足のようなものが描かれている。これが何を指すのか、よくわからないが、小牧山城の北側に存在した池を描いたものではなかろうか。

いずれにせよ、今も伝わる小字や、「尾州小牧陣図」などをもとに考証すると、小牧山城の北側、すなわち羽柴軍の展開する方向に、いくつもの池が固まるように点在し、湿地帯を形成していたため、敵は小牧山城には容易に近づけなかったであろう。

小野友記子氏は、秀吉軍が小牧山城に殺到しなかったのは、信長時代の小牧山城とその周辺が要害堅固で、これを攻略することは容易ではないことを、秀吉を始め、配下の部将たちがよく記憶していたからではないかと推定している（小野・二〇二三年）。これは、実に興味深い想定といえるだろう。

このように、家康は、信長の築いた小牧山城の大改修を、短期間で実現し、羽柴軍に付け入る隙を与えなかったのである。

『歴史群像 180 号』〈ワン・パブリッシング刊〉より）

図7　小牧山城推定復元図（イラスト：香川元太郎、監修：小野友記子

徳川方、城砦を築く

徳川方は、秀吉の大軍に対抗すべく、小牧山城周辺で築城を開始した。『武徳編年集成』によると、三月二十三日に、家康は「春日井郡蟹清水・外山村・宇田津村ノ砦ヲ修セラル」とあり、翌二十四日には「春日井郡小幡ノ旧城ヲ修シ本多豊後守広孝・新見勘三郎正勝及ビ甲州穴山ガ旧臣ヲシテ守ラシメ玉フ、是参州へ通路自由ナラン為也、是日春日井郡比良ノ城ヲ築キ安部弥一郎信盛、森川金右衛門氏俊、同弟新左衛門、真野五左衛門重信ヲ以テ守シメ玉フ」とある。

これらのうち、蟹清水砦《かにしみずとりで》、北外山砦《きたとやま》、宇田津砦《うたづ》は、三月十九日までには築城が行われていたらしく（長三五号）、『武徳編年集成』の記事は不正確といえるだろう。このことから、これらの城砦の築城開始は、もっと早い段階とみられ、恐らく池田恒興父子・森長可が犬山城を攻略した直後から実施したとみてよかろう。家康としては、秀吉方の南下を一刻も早く食い止めるとともに、敵の侵攻路を塞《ふさ》ぐ必要があったからである。蟹清水砦などの築城は、三月十四日頃から始まったと考えられる。

次に、三月二十四日に築城が行われたという比良城《ひら》については、『家忠日記』に記録されている。それによると、松平家忠は、三月二十四日に比良城普請に赴いていることがわかる。

比良城は、後述するように、小牧山城と清須城のほぼ中間に位置し、さらに小幡《おばた》城にも近く、織田・徳川方にとっては繋ぎの城として重視されたのであろう。

同日に築城されたと『武徳編年集成』が記す小幡城については、記述を裏づける史料に恵まれていない。ただ、本多広孝《ひろたか》と穴山《あなやま》衆穂《ほ》坂常陸介君吉《さかひたちのすけただよし》に家康から城の守備を厳重にするよう命じる書状を、三月十九日付で出しているので、蟹清水砦などの築城とほぼ同時期に彼らに修築と守備を命じたのだろう。

この他に、確実な史料で築城、修築が確認できるものとして、岩倉城、田楽《たらが》砦、八幡《はちまん》砦などがある。

『家忠日記』には「岩くら」（岩倉城、五月二十三日、八月二十八日条）、「たうか、八幡、岩くら」（七月十五日条）などと記載されている。まず岩倉城は、かつての岩倉織田氏の居城であり、清須・小牧山間を押さえる要所であった。次に、七月十五日条にみえる「たうか」は田楽砦、八幡は八幡塚（田中砦）、「岩くら」は岩倉城をそれぞれ指すものと推定される。このうち興味深いのは、八幡である。八幡という地名は、小牧山城周辺では、東田中周辺にあったといい、八幡塚は三ッ山古墳のことを指すと伝えられる。そしてこの古墳に築かれたのが、田中砦である。ここは秀吉方の城砦であるが、実は徳川方の土塁が、小牧山城から八幡塚まで築かれたという記録がある（『小牧陣始末記』他）。このことから、徳川方の土塁の東端にある八幡塚にも、秀吉方の田中砦に正対する八幡砦が築かれていた可能性があるだろう。

この他の徳川方の城砦については、後でまとめて紹介するが、小牧山城の大改修と並行して、犬山城を占拠する秀吉方の南下を食い止めるための城砦の建設が、三月十四日以降、急ピッチで進められていたとみて間違いなかろう。

秀吉、姿を現す

大坂城を出陣し、近江坂本で美濃と伊勢の軍勢に指示を与えていた秀吉は、三月十七日には近江国土山《つちやま》（滋賀県甲賀市）に着陣していた（大日⑥三）。秀吉は、伊勢の戦局が優位に進んでいることから、自身も本隊を率いて進み、伊勢を完全に制圧して、信雄の本拠長島城を攻略しようと考えていたのだろう。既述のように、織田・徳川方もまた、秀吉の本隊は伊勢にやってくることを予想していたようだ。

ところが、秀吉は突如進路を変更して、美濃へと転進したのである。これは、三月十七日の羽黒合戦で森長可が敗退した報告を受けたからであろう。秀吉が移動している情報は、徳川方も察知していたらしく、『家忠日記』三月十九日条には、「羽柴［（塗消）］出候由候」と記録されている。残念ながら、徳川方が摑《つか》んだ秀吉本隊の位置情報は判然としないが、美濃に向けて近江を移動中ということを知ったのだろう。

こうした情勢下で、八神城《やがみ》（岐阜県羽島市）主毛利広盛《ひろもり》が、一族で秀吉方であった毛利河内守長秀の調略に応じ、人質を提出して、長秀を城内に引き入れたのである（秀吉九七八号）。このことから、木曾川と境川・長良川に挟まれた、川西地域における信雄方の一角が崩れることとなった。

秀吉は、美濃・尾張の戦局が思わしくないことを憂慮し、自らテコ入れを図ったとみられる。三月二十日、移動途中の近江から、犬山城に在城する池田恒興に書状を送り、池田が犬山を奪取したことに満足しており、秀吉自身が尽力して尾張を奪取したら、犬山とともに、尾張を恒興に進上するつもりだと述べた。いっぽうで、自身が五畿内、近江、越前、西国の軍勢を率いて、天気次第だが、明日二十一日には美濃池尻（大垣市）に着陣する予定だと知らせている。

また、秀吉は恒興に対し、①秀吉が池尻に着陣したら、犬山城は留守居に預け、森長可とともに少人数で来て欲しい、今後の相談をしたい、②大水が出たら、歩行で木曾川を渡河するのは困難となるので、犬山の渡《わたし》に船を集めておくよう指示して欲しい、③犬山・金山間の船は、木曾川での上下運用などのためにすべて確保しておいて欲しい、④佐藤主計《かずえ》（秀吉の馬廻衆《うままわり》）を通じて、置目《おきめ》や諸城への留守居の選任などは、秀吉から指示することにしてあるので、このことを稲葉一鉄にも申し入れておいて欲しい、などと述べている（秀吉九七九号)。この文面は、秀吉の池田恒興に対する気遣いがみられるものの、軍事指揮権を始めとする命令系統を、秀吉自身に一元化することで、かつて織田家中では同僚であった池田恒興を統制下に置こうとしていたことがわかるだろう。

秀吉と池田恒興、森長可の協議がどのようなものであったかは判然としないが、秀吉は味方の軍勢が、長良川や揖斐《いび》川を円滑に渡河できるようにすべく、三月二十二日に、河渡《ごうど》(郷戸、岐阜県岐阜市)、呂久《ろく》、尻毛《しっけ》、木田《きだ》の村々に朱印状を出し、川渡を昼夜油断なくつとめるよう命じ、対価として兵糧米を支給すると伝えた(秀吉九八一号)。こうした努力もあってか、秀吉は池尻からさらに前進し、三月二十四日までには岐阜城に入った。徳川方がこれを確認したのは、三月二十六日のことである(『家忠日記』)。

秀吉の進出を知った家康は、三月二十七日、小牧山城の守りを固めるべく、徳川の諸勢に、明日二十八日に小牧へ陣替えするよう下知した(『家忠日記』)。

秀吉、楽田城に入る

秀吉は、軍勢を率いて清須城を窺う作戦を立て、木曾川渡河の手配りを行った。敵前での軍勢の迅速な木曾川渡河を果たすためには、歩行は無理だと判断し、船を大量に集めて、舟橋を架橋するように命じている。しかし予想外に、その作業は手間取ったらしい。秀吉は、犬山城に近い「宇留間」（鵜沼《うぬま》、各務原市、ここに鵜沼の渡〈内田の渡ともいう〉があった）を渡河地点と定め、日取りを二十七日とした（秀吉九九二・九九三号）。そして予定通り、三月二十七日、鵜沼（宇留間、各務原市）に移動し、二十八日には宇留間に押し出し、清須城を窺うこととした。これは、小牧山城に布陣する家康を誘い出すためであったらしい（秀吉九九三号）。

これに対し、織田・徳川方も無策だったわけではなかったようだ。竹ヶ鼻城主不破広綱《ふわひろつな》は、小牧山城の家康に、秀吉方の動向を逐一報告するとともに、渡し場の両方に構え（防禦《ぼうぎょ》施設）を作ったといい、秀吉方の渡河を懸命に防ごうと努力していた（長六七号）。この時、不破広綱が「構」を構築して、敵の渡河を阻もうとした二ヶ所の渡し場とは、竹鼻道で長良川を越える「本郷《ほんごう》の渡」と、木曾川を越える「駒塚《こまづか》の渡」か、もしくは美濃路の要所として名高い「起《おこし》の渡」のどちらかであろう。竹鼻道は、美濃大垣から、信雄方の苅安賀城や小牧山城方面に繋がる古道であった。

また、松ノ木城主吉村氏吉は、三月下旬、尾張・美濃国境の侍たち（「堺目者共」）への調略に従事しており、好感触を得ていたらしい。そこで、信雄にそのことを報告したところ、氏吉を通じて味方となり、忠節を尽くせば、知行は望み通りに与えると約束し、彼らを引きつけるよう指示した（長六四号）。その上で、境目の人々に圧力をかけるべく、三月二十八日、氏吉は軍勢を率いて今尾《いまお》に乱入し、町などを焼き払った（長六九号）。今尾は、揖斐川の渡河地点にあたり、秀吉方の軍勢が、大垣方面から進出してくることを拒んだのだろう。少し後のことではあるが、今尾城には羽柴方の森寺忠勝《もりでらただかつ》が在城しており（四月十二日付秀吉書状、秀吉一三四号）、この地域に羽柴勢が進出してきていたのは間違いない。

三月二十八日、秀吉は軍勢を率いて、小牧山城に接近し、小牧原まで進出した（『家忠日記』、「羽柴小牧原へ押出候」）。これを知った織田信雄も、二十九日には急ぎ長島城から小牧山城に移り、家康と合流して秀吉に備えた（同前）。そして、秀吉は二十九日に楽田城に入り、ここを本陣としたのである（秀吉九九八号）。

なお、このころ、家康重臣榊原康政が、秀吉方を挑発する檄文《げきぶん》を流布させた逸話は有名だ。そこには、意訳すると「秀吉は身分卑しい出身の軽輩に過ぎなかったのに、信長に寵愛《ちょうあい》され遂に武将になった。そこまでの恩義を受けていながら、信長が亡くなると、たちまち君恩を忘れ、非業の企《くわだ》てを謀《はか》り、主家筋を滅ぼし、いまやすべてを奪い取ろうとしている。そのため、わが主君家康は、信長との旧交を思い、その子信雄を救うべく兵を挙げたのだ。兵の多寡は問題とせず、当然の大義により悪を討とうとするのみである。かの暴悪な秀吉に味方して、祖先の名を汚すようなことがあってはならない。義軍であるわれらに味方し、すみやかに逆賊秀吉を討つべきである」とあったという。これを見た秀吉は激怒し、康政の首に懸賞金をかけたとされる（『榊原家譜』他）。だが、こうした事実があったことは確認できず、残念ながらこの逸話は後世の作り話のようだ。

秀吉方、城砦の建設に着手す

秀吉方も、小牧山城などの織田・徳川方の城砦に対抗すべく、城砦の築城を実施した。史料で最も早く確認できるのは、岩崎山砦である。三月二十三日付で、秀吉は森長可に対し「岩手城のことは油断なく（以下欠損）」と指示している（長四七号）。この「岩手城」とは、岩崎城（岩崎山砦）の誤写と推定される。

その後、三月二十九日の秀吉書状写（木曾義昌宛）には、「先手として森武は岩渓、山窪は稲葉伊予、青塚そのほか諸勢拾町、拾五町に陣を持たせ申し候」とあり（秀吉九九八号）、「岩渓」は岩崎山砦の誤記で、ここには森長可が、「山窪」は内久保砦の誤記で、ここには稲葉伊予守良通《よしみち》がそれぞれ配備されたことがみえる。また「青塚」も記されており、これは青塚砦を指している。

さらに、この書状には、「我等は楽田城に着き申し候」とあり、秀吉が楽田城に入ったことが明記されている。秀吉本陣となった楽田城は「我等儀は、楽田古城に居陣致し候」（秀吉一〇一〇号）とあるように、古城跡を改修したものであった。

そして、四月四日までには、上記の諸城砦に続けて、「その後、田中郷、二重堀まで取り寄せ候」と秀吉自身が述べているように、田中砦、二重堀砦が構築されている（秀吉一〇一〇号）。この他に、大草《おおくさ》城の普請と守備には、堀尾吉晴・一柳直末《なおすえ》が任じられた（四月五日、秀吉一〇一一号）。

このような、土木工事の急造に対応すべく、秀吉は近江長浜の町人らに、坂本より鍬《くわ》二百挺を尾張針床（比定地未詳）まで運ぶよう指示した（秀吉一〇〇七号）。また、材木の確保を、脇坂安治に命じている（秀吉九八八号）。

こうしたなか、四月二日に、秀吉方の軍勢千人ほどが小牧山城の東に接近し、姥ケ懐《うばがふところ》（小牧市小牧一丁目）で徳川勢と衝突したという。小競り合いは、翌三日も行われたとされる（『小牧陣始末記』他）。ただ、『家忠日記』などには記載がないので、この戦闘が事実かどうかは定かでない。

このように、小牧山城に向けて、秀吉方も三月下旬までには、秀吉が本陣を置くに十分な楽田城の修築を始め、主要な城砦の建設を進めていたことがわかるだろう。その後、秀吉は、後述のように春日井方面にまで城砦建設の範囲を拡げていく。これらは、小牧山城の織田・徳川連合軍の側面を牽制することを目的としたものと思われる。

第三章　濃尾平野の地形と両軍の布陣

一、戦国期濃尾平野の景観復元

濃尾平野の地形復元の課題

ここで、本戦へと話を進める前に、小牧・長久手合戦の舞台になった、濃尾平野の地形について見ておきたい。これらの復元検討なくして、秀吉方と織田・徳川方の城砦《じようさい》がなぜそこに築かれたのか、そして両軍の軍勢配置がなぜそのように行われたのか、さらに合戦の経過に与えた地形的な制約がどれほどであったかを推論することができないからである。

しかしながら、どの地域でも戦国期の地形復元は困難さを伴う。濃尾平野の場合は、小牧・長久手合戦終了後の天正十三年十一月、天正地震が発生し、濃尾平野にも地形の変動があったと想定され、また天正十四年には大洪水があったとされる。

さらに、近世以降の治水事業によって、河道や地形が整備、変更された。それでも、戦後の治水事業に伴う地形、地質調査によって木曾三川の河道変遷の考察や、発掘調査にもとづく分析が進められ、ある程度の復元推定が可能になっている。

こうした研究成果を踏まえ、濃尾平野の旧河道と古道、段丘崖などの復元的検討を行い、両軍の城砦配置と軍勢配備の特徴を検討する手がかりとしたいと思う。

木曾三川と派川

木曾三川とは、木曾川、長良川、揖斐川の総称であり、濃尾平野に、木曾川は犬山から、長良川は岐阜から、揖斐川は大垣からそれぞれ流れ込み、平野を貫流しつつ入り組みながら伊勢湾に注ぎ込んでいる。この状況から、往古より三河川は、あたかも一本の大河のように認識され、木曾三川と呼び習わされてきた。

このうち、戦場となった一帯に大きな影響を与えていたのが、木曾川である。木曾川は、犬山付近で美濃の山岳部から平野部に流れ込む。犬山を扇頂部に濃尾平野で半径一二〜三キロにも及ぶ扇状地（犬山扇状地）を形成し、その下流域を沖積平野としながら、伊勢湾に到達する。そして、河口部にはデルタ地帯を形成した。織田信雄の居城長島城がある、伊勢長島もデルタ地帯の一角なのである。

古代・中世における木曾川の幹流は、前渡《まえど》から三井山麓《みいさんろく》を経て、幾筋もの派川を分出しながら小佐野《こざの》、大野、平島《へいじま》、芋島《いもじま》、中島、三宅、印食《じき》などを通り、小熊で長良川に合流する流路であった。この流路が、尾張・美濃の国境であったことから、境川、尾張川などと呼称されていた。

いっぽうで、木曾川は、俗に「木曾七流」と呼ばれる派川を分出し、それらが濃尾平野に複雑に入り組みながら南に流下していた。「木曾七流」とは、石枕川《いしまくら》（一《いち》の枝《え》）、般若川（二の枝）、浅井川（三の枝）、黒田川（四の枝）、領内川《りようない》、足近川《あぢか》であり、これに境川を加えた呼称であるという。この他にも、逆川《ぎやく》、小信川《このぶ》（五城川）を始め、いくつかの派川が存在していた。これらの多くは、近世に入って尾張藩が実施した治水事業（いわゆる「御囲堤」）により閉鎖され、廃河川もしくは小河川となったため、現在ではその痕跡《こんせき》をみることは難しい。

ところで、木曾川は、天正十四年六月以前と以後とでは、流路がまったく相違するといわれる。天正十四年六月二十四日、木曾川が大洪水を引き起こし、多数の村々を巻き込みながら大きく流路を変え、逆川などの新たな派川を分出しながら、ほぼ現在の木曾川の流路が形成されたという。この天正十四年の木曾川大洪水とそれによる流路変動は定説化され、木曾川の歴史を分析する際には、不動の前提とされてきた。

天正十四年の木曾川大洪水説

しかし、現在この定説は、安藤萬壽男《ますお》・榎原雅治・山本浩樹氏と、それを受けた『愛知県史』通史編によってほぼ否定されている（安藤・一九九五年、榎原・二〇〇八年、山本・二〇〇八・二〇一一年、愛知県・二〇一八年）。実のところ、『愛知県史』が指摘するように、天正十四年の木曾川大洪水については、確実な記録がまったく存在しないのである。『往古以来木曽川流域河状之変換』などには、天正十四年六月としか記されていないが、『往昔以来木曽川流域洪水年月被害形況』において、天正十四年六月二十四日と日付が特定されて記録されている（いずれも岐阜県立図書館所蔵、岐阜県郷土資料研究協議会・一九七九・八〇年）。だが、これらはいずれも後世（一部は近代）のもので、伝承をもとにしたと推定される。

第一章で、天正十年の清須会議後、織田信雄と信孝は、濃尾国境をどこに設定するかで「国切」と「大河切」とで対立したことを紹介した。このうち、「国切」は、古代以来の国境＝境川（木曾川、本書では古木曾川と表記）をもとに主張したことは明確である。これに対して、「大河切」とは、境川（古木曾川）とは別に、すでにこれが本流と見紛《みまが》うほどの河川が当時存在していたことを示している。

こうした事実により、現在の木曾川流路に相当するところに「大河」が存在し、それを当時から「木曾川」と呼称していたことは、『信長公記』のほかに、後掲の「尾州小牧陣図」

からみても間違いない。ただ、地域によっては独自の呼称があったらしく、「及川《およびかわ》」が天正十四年以降に本流となり、木曽川となったとの伝承を伝えるものもある（『一宮市浅井町史』二四頁）。

ただ、注意したいのは、天正十四年に何らかの事態がまったくなかったわけではなさそうなことだ。すでに、天正十年には、間違いなく現在の木曽川流路は存在していたが、天正十四年にこれほど根強い洪水伝承が残されていることにも、留意する必要があるだろう。飯田《いいだ》汲事《くみじ》氏は、天正十四年の大洪水は、前年の天正十三年十一月に発生した天正地震による、濃尾平野の隆起を背景にしていると推定し、それゆえに大雨が流路変動をもたらす洪水を招来したと指摘している（飯田汲事・一九八四年）。天正十四年六月に、大洪水を引き起こすほどの大雨が美濃、尾張に降った形跡は見当たらないが、梅雨がもたらす通常の大雨や長雨程度であっても、地震による地形の変動の影響で、洪水に発展した可能性は否定できない。すでに、現在の木曽川流路は形成されてはいたが、この時の出水で固定化されたと考えることも可能かも知れない。記して後考をまちたいと思う。

戦国期木曽三川と濃尾平野の復元

天正十四年以前の木曽川流路の復元は、古くは『岐阜県治水史』が概要を示し、それを図示したものが『岐阜市稲葉郡用排水組合と其関係事業概要 付録 岐阜県河川変遷図』（岐阜市稲葉郡用排水普通水利組合・一九三三年）である。また、天正十四年以前の、木曾三川流路を図示したものとして、『一宮市浅井町史』付録の「天正十四年以前木曾川流路図」も挙げられるが、いずれも何をもとにして作成されたものかは判然としない。

その後、この流路問題を本格的に検討したのが、安藤萬壽男氏である。安藤氏は、『信長公記』と『武功夜話《ぶこうやわ》』をもとに、検証を行っている。このうち、『武功夜話』をもとにした部分を除き、『信長公記』に登場する木曾川の記述を検証した論述は、非常に興味深い。それによると、①『信長公記』には、尾張・美濃の軍事行動に関する記述において「木曾川」「飛驒川」が登場する、②その記述には若干の混乱はあるが、二つの河川は明確に区別されている、③「飛驒川」とは前渡《まえど》付近から墨俣《すのまた》方面に流れ、長良川に合流する河川を指すものであり、これは境川（古代以来の木曾川）を示す、④これに対し、「木曾川」は、前渡、笠松、大良（大浦）に通ずる「大河」のことで、これはまさに現在の木曾川流路と一致している、と指摘した。さらに、近世の地誌などを踏まえ、⑤天正十四年の大洪水による木曾川流路変遷の結果、成立したといわれる「逆川」も、すでに戦国期には存在していた、⑥その根拠として、秀吉の水攻めを受けた竹ヶ鼻城は、「洲俣川《すのまた》」（長良川）や「おこし川」と舟で連絡しえたとする記録（『竹鼻守城録』）があることや、水攻めの際に築造された「一夜堤」は、東側には存在せず、ここから水を取水したことなどを考えると、「逆川」が当時から存在したことを想定しなければ理解できないこと、などを示された。

安藤氏の研究を受けて、榎原雅治氏は、①室町期の記録『なぐさめ草』において、筆者正徹《しょうてつ》（連歌師）が尾張を旅した時に、中世東海道（鎌倉街道）を利用した際、「墨股川」を越え、さらに「あしか、をよひ」を越えていること、②足近川は、鎌倉期の記録にも大河として登場する河川であり、足近の渡が存在していたこと、③この足近川は、印食（食渡《じきのわたし》があった）から竹ヶ鼻付近で墨俣川（長良川）と合流していたこと、④天正十年の濃尾国境問題に登場する「大河」とは、「及川」に相当し、これが現在の木曾川と流路がほぼ一致すること、⑤この「及川」は、鎌倉・南北朝期の記録には登場しないが、室町期の旅日記には登場し、豊富な水量を堯孝《ぎようこう》が和歌に詠んでいることなどから、室町中期には存在感を増した流れとなっていたこと、⑥それゆえに、境川（古木曾川）よりもこちらのほうが国の境界線に相応《ふさわ》しいと認識されていたこと、などを指摘した。また、流路の変動の背景には、地震による地殻変動、地形の隆起などが想定されるとも述べている。

さらに、山本浩樹氏は、安藤・榎原氏の成果を受け、①及川は、小信中島《このぶなかじま》・起《おこし》間に痕跡が残る幅二〇〇～三〇〇メートルの旧河道（小信川・五城川《いつしろ》）を南東方向に流れ、板倉・北今《きたいま》の間で日光川に繋がっていた、②日光川に合流した河道は、萩原《はぎわら》の西を南流するが、その一部は萩原の南で西向きに分流し、領内川を経て佐屋《さや》川に流れ下った、③萩原から南流する河道は、津島の北で三宅《みやけ》川と合流し、天王《てんのう》川となって津島の南で佐屋川と合流していた、④なお、この佐屋川は、洲俣川の水の一部もながれこんでいたらしいこと、などを指摘し（山本・二〇〇八年）、氏自身の木曾三川流路想定図を提示した（同・二〇一一年）。

こうした研究を踏まえたうえで、各市町村誌史のほか、木曾川に関する諸研究を参考にしながら、国土地理院の二万五千分の一地図（大正九年〈一九二〇〉測量）、Ｗｅｂ等高線メーカー（埼玉大学教育学部谷謙二〈人文地理学研究室〉）、カシミール３Ｄなどを利用し、相互に比較検討しながら、作成したのが、巻頭図「小牧・長久手合戦関係地図」である。ただし、注意していただきたいのは、この復元図は、近世・近代による河川改修の経緯を峻別《しゅんべつ》することが困難であるため、後の様子も含み込んでしまっている。そのため、あくまで目安として参照して欲しいと思う。

さらに、この地図に、小牧・長久手合戦に登場する地名と城砦を記載し、古道も重ね合わせてみた。城砦は、『日本城郭体系』九巻、『岐阜県中世城館跡総合調査報告書』第一・二集、『愛知県中世城館跡調査報告』Ⅰ尾張地区を、古道は『愛知県歴史の道調査報告書』『岐阜県歴史の道調査報告書』『木曽川の渡し船』（中山雅麗・一九八九年）などを参考にした。

また、今回の地形復元にあたって注意したのは、かつての濃尾国境である。それらは河川によって区切られていたであろうが、現状でその手がかりが少ない。そこで、旧河道を推定するにあたって参考にしたのが、かつて尾張国海西《かいさい》郡、中島郡、葉栗郡に所在したが、後に美濃国に編入された村落の分布である。これらの位置から、かつての尾張・美濃の国境や郡境が推定できるのではないか。そして、国境となっていた河川の痕跡が見いだせるのではないかと考える。

このような予察のもと、とりわけ濃尾国境が判定しづらい海西郡について検討してみた。このうち、『正保郷帳』によると、海西郡では二十二ヶ村が尾張国から分離され、美濃国に編入されていることがわかる。

これらのうち、海西郡における西端の村は、松木（松ノ木）、鹿野《かの》、瀬古などである。松木には、松ノ木城があり、隣接して支城の脇田城が存在していた。ところが、脇田は美濃国安八《あんぱち》郡に所属している。子細に検討してみると、松木、鹿野（海西郡）に隣接する西島、内野、成田も美濃国安八郡であることから、これらの村々の間が、当時の濃尾国境であったと推察される。そして地図で確認すると、これらの村々の間に、旧河道の痕跡が明瞭《めいりょう》に残されているのだ。現在では陸地となっており、まったく河道の痕跡は認められないが、地図からはそれが充分に読み取れる。これがかつての長良川の旧河道であり、濃尾国境の目安となっていたことは間違いなかろう。今回は、この旧河道を図示し、この地域の濃尾国境を明確にしてみた。

それにしても、作成してみて気づかされたのは、この復元想定図に、城砦跡、古道を重ねていくと、それらが河道を天然の堀として利用していたり、古道や渡し場を押さえるように配置されていることが明瞭で、両軍の攻撃と防禦《ぼうぎょ》の態様を推測することが可能になってくることである。本書の叙述にあたっては、本図を参考にして欲しい。

二、二つの「尾州小牧陣図」を読み解く

「尾州小牧陣図」にみる羽柴軍の布陣

秀吉軍の布陣を調査するにあたって、重要な史料がある。それは、「毛利文書」に含まれている二点の「尾州小牧陣図」である（山口県文書館所蔵、請求番号58絵図862）。これらには、表題は付けられておらず、「尾州小牧陣図」は便宜上付けられたものであるが、内容からして小牧合戦の様子を描いたものであることは間違いない。ここには、秀吉方の城砦と布陣の様子が簡略ながらも書き込まれている。まずは、この二つの史料から検討していこう。本書では、便宜上、二点の「尾州小牧陣図」を図A、図Bとし、内容を精査していきたいと思う。

まず、毛利氏の文書群のなかに、なぜ「尾州小牧陣図」が残されているかといえば、それ

はこの合戦に、毛利氏は援軍を派遣しており、当時、小早川秀包《ひでかね》率いる毛利勢は秀吉と同陣していたからである。つまり、毛利方は、小牧の対陣の様子を見ており、それを絵図として残した可能性がある。

問題は、この二つの「尾州小牧陣図」の信憑《しんぴょう》性である。そこで、この二点の絵図を検討してみよう。

まず図Aを検討しよう。この絵図は、簡略な線によって山や城などが描写され、そこに秀吉方と徳川方の武将名が記されている。図Aは、犬山を下（北側）に、小牧を上（南側）に配し、それぞれの武将名を記述しており、秀吉方の視点で描かれていることがわかる（この構図は図Bも同様）。

まず、徳川家康本陣のある「こまき山」（小牧山城）に正対するのは、「岩崎」（岩崎山砦《とりで》）の森武蔵（長可）、池田紀州（元助）である。図Aによると、岩崎山砦には西に向かって「とて」（土手）が築かれたと記されており、その背後には「いなは与州親子三人、同勘右衛門尉」とある。これは、稲葉伊予守良通（一鉄）、貞通《さだみち》、方通、勘右衛門尉重通《しげみち》のことである。稲葉一鉄・貞通・方通父子三人に対し、同じく一鉄の息子重通が別記されているのは、彼が長子ながらも庶子であったため、家督継承者として扱われず、別家を立てていたことを反映しているのだろう。岩崎山砦に附属するように西に延びる土手の存在は、他の史料では確認

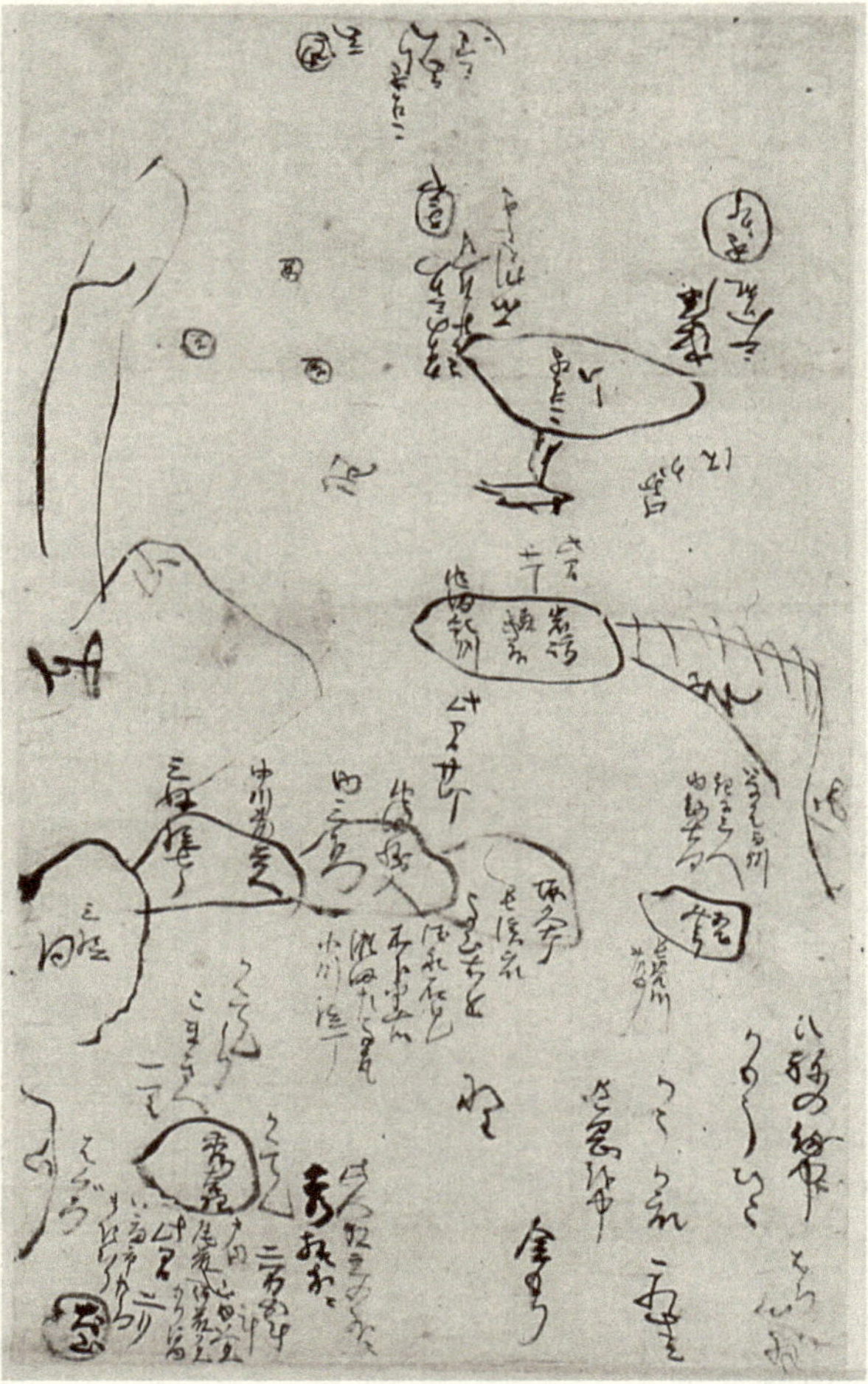

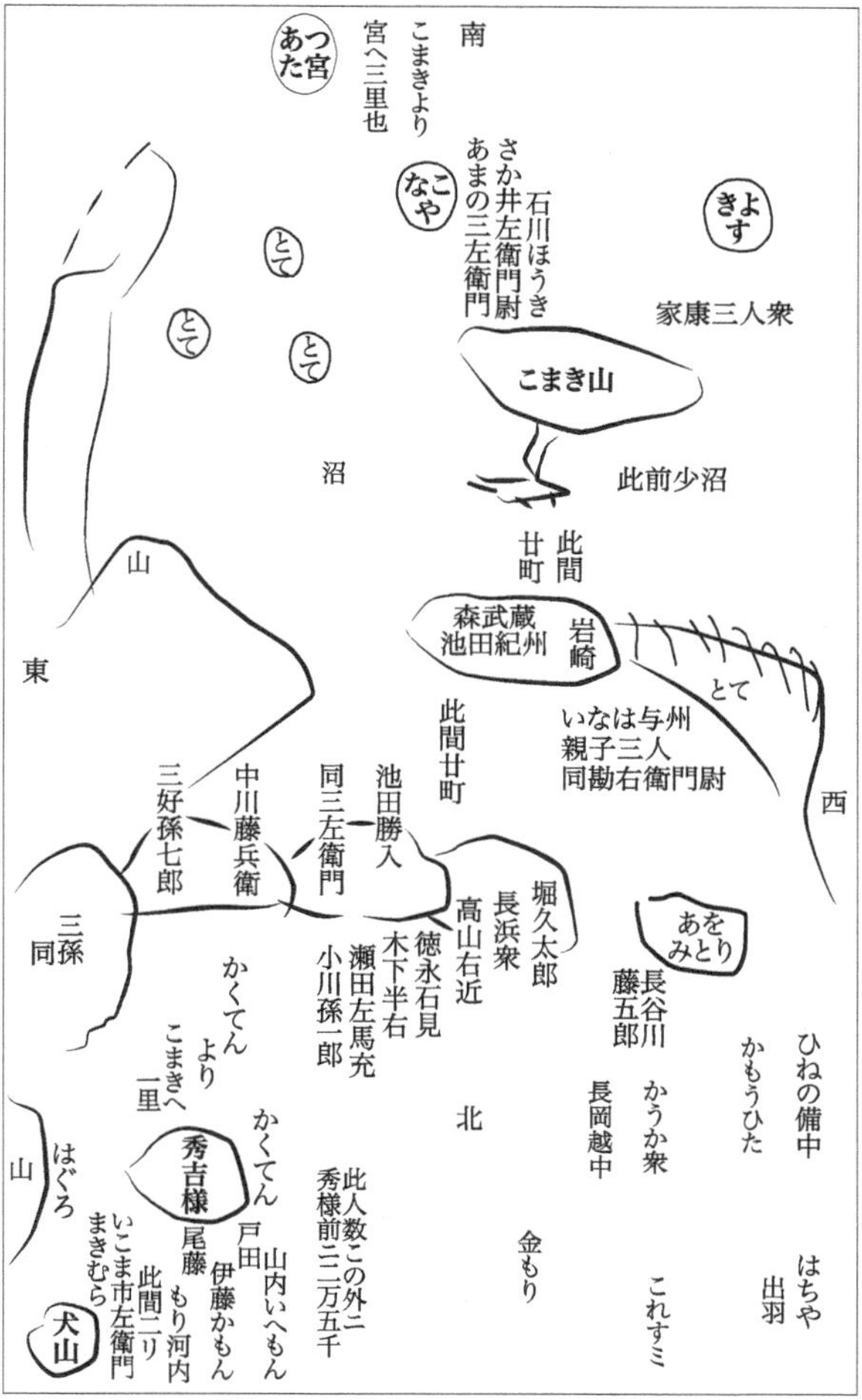

図８　「尾州小牧陣図」原図（山口県文書館所蔵）とトレース図（図Ａ）

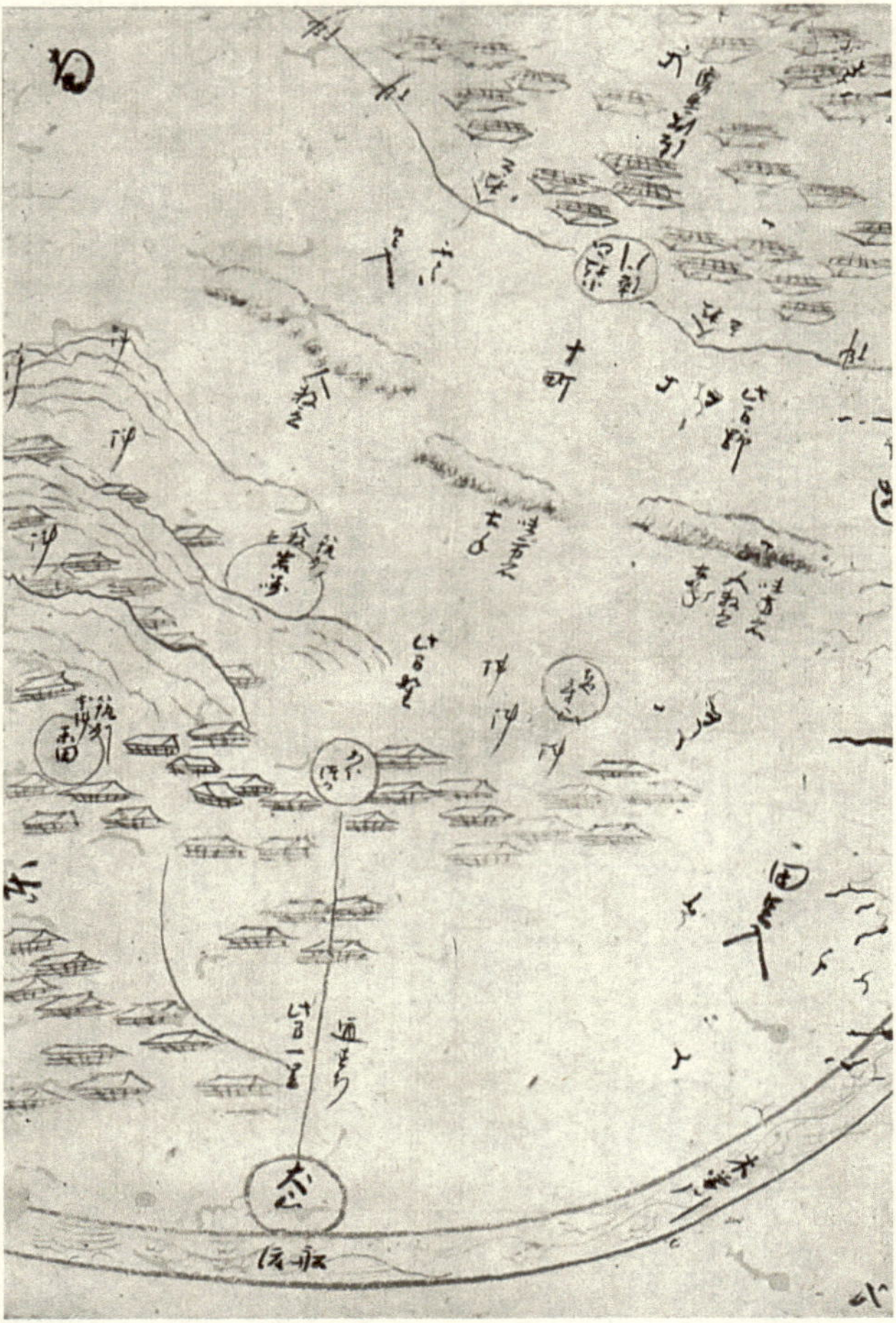

図９　「尾州小牧陣図」原図（山口県文書館所蔵）とトレース図（図Ｂ）

できないことである。稲葉父子は、この土手を警固していたとみられる。

その岩崎山砦の北には、「あをみとり」という地名が記されているが、これは青塚の誤記と思われ、青塚砦を指すのだろう。ここには、長谷川秀一が在陣し、その背後を固めるように、日禰野弘就、蒲生賦秀《やすひで》（氏郷）、甲賀衆、長岡（細川）忠興が配置されていた。さらに彼らの後陣に、蜂屋頼隆、惟住《これすみ》、金森長近が記されている。このうち、惟住は丹羽長秀ではなく、息子五郎左衛門尉長重のことであろう。長重、蜂屋、金森らの越前衆は、越中佐々成政の動向が緊迫してきたことから七月十日頃に帰国を指示されており（秀吉一一三二号）、それまで小牧陣にいたことは間違いない。

次に、秀吉本陣の楽田城の前面（南側）には、これを守るように小高い山が四ヶ所描かれ、西から、一つ目の山に堀秀政、長浜衆、高山右近、徳永寿昌、木下半右衛門尉一元、瀬田（勢田）左馬允、小川祐忠《おがわすけただ》、二つ目の山に池田恒興・照政父子、三つ目の山に中川秀政《ひでまさ》、三好孫七郎（後の豊臣秀次）、四つ目の山に三好孫七郎の軍勢がそれぞれ記されている。

これらの山は、楽田城の前面に位置する山であることから、それぞれ西から、小松寺《こまつじ》山砦（堀秀政ら）、外久保《そとくぼ》砦（池田父子ら）、内久保砦（中川秀政、三好秀次ら）に比定することができるだろう。

また秀吉本陣の背後は、戸田半右衛門尉（秀吉一三〇二・三号には軍勢千とある）、山内一《やまうちかず》豊《とよ》、尾藤（不明、新藤山城守の誤記か）、伊藤掃部助（秀吉一三〇三号には、軍勢千三百とある）、毛利長秀、生駒市左衛門（近清《ちかきよ》か）、牧村長兵衛尉が固めていたことが記されている。

続いて、図Bをみてみよう。この絵図は、両軍の対陣の模様をかなりていねいに描いており、羽柴軍が築いた土手や、徳川軍が小牧山城を起点に、東西に延びる柵のような防御施設、両軍の城砦、「ふかた」（深田）などの土地の様子などが書き込まれているが、武将の配置については「陣」と書かれているのみで、具体的な名前などは秀吉本陣と小牧山城の徳川本陣を除き、明示されていない。

ただ、図Bには誤記と思われる記述がある。犬山から南に「あほつか」（青塚）があり、その西に「ちやうす山」（茶臼山）が描かれている。地理的にみて、この茶臼山は、小口《おぐち》城を指すとみられるが、同城が築かれた小山が茶臼山と呼ばれた事実はない。実は、茶臼山とは、青塚古墳（青塚砦）の異称であり（明治二十七年の地図にも、青塚古墳は「茶臼山」と記載されている）、混同したのであろう。

このように、図Aは羽柴軍の布陣の様子を、図Bは羽柴方の城砦や地理を詳細に描き出しており、相互に情報を補完するような関係にある。ただ、二つの絵図を比較すると、図Aは筆遣いといい、簡略なスケッチのような仕様といい、同時代に描かれたのではないかと思わせる。これに対し、図Bは少し情報を整理したうえで、かなりていねいに描かれた印象を受ける。ただ、文字の筆遣いは当時のものでも違和感はないので、図Aとほぼ同時期の成立ながら、少し時間を置いて描かれた絵図だと推定する。このように、図A・Bはともに小牧・長久手合戦の資料として充分利用できると考えられるが、もう少し検討を加えてみたい。

陣立書と「尾州小牧陣図」

小牧・長久手合戦における羽柴軍の編成を考える際に、貴重な情報を与えてくれるのが陣立書の存在である。秀吉が、軍勢の配置や編成を指示すべく作成させたのが陣立書であるが、それがまとまって残されているのも、小牧・長久手合戦の特徴といえる。

このうち、図Aとの比較検討のうえで重要なのが、「小牧陣立書」（前田利同氏所蔵文書、以下前田本、秀吉一一八五号）と「小牧・長久手合戦陣立書」（慶應義塾図書館所蔵文書、以下慶應本、秀吉一一八六号）である。

前田本は、大きく分けて、西備と東備とにわけて記され、西備の先頭が稲葉父子、東備の先頭が森長可である。以下、西備と東備の布陣の様子をみると、前掲の図Aとほぼ一致することがわかるだろう。

また慶應本は、前田本のうち東備だけを抜き出したもので、これは前田本にはない軍勢の兵力が書き込まれており、森長可以下三好孫七郎まで総勢一万九千五十人であると明記され

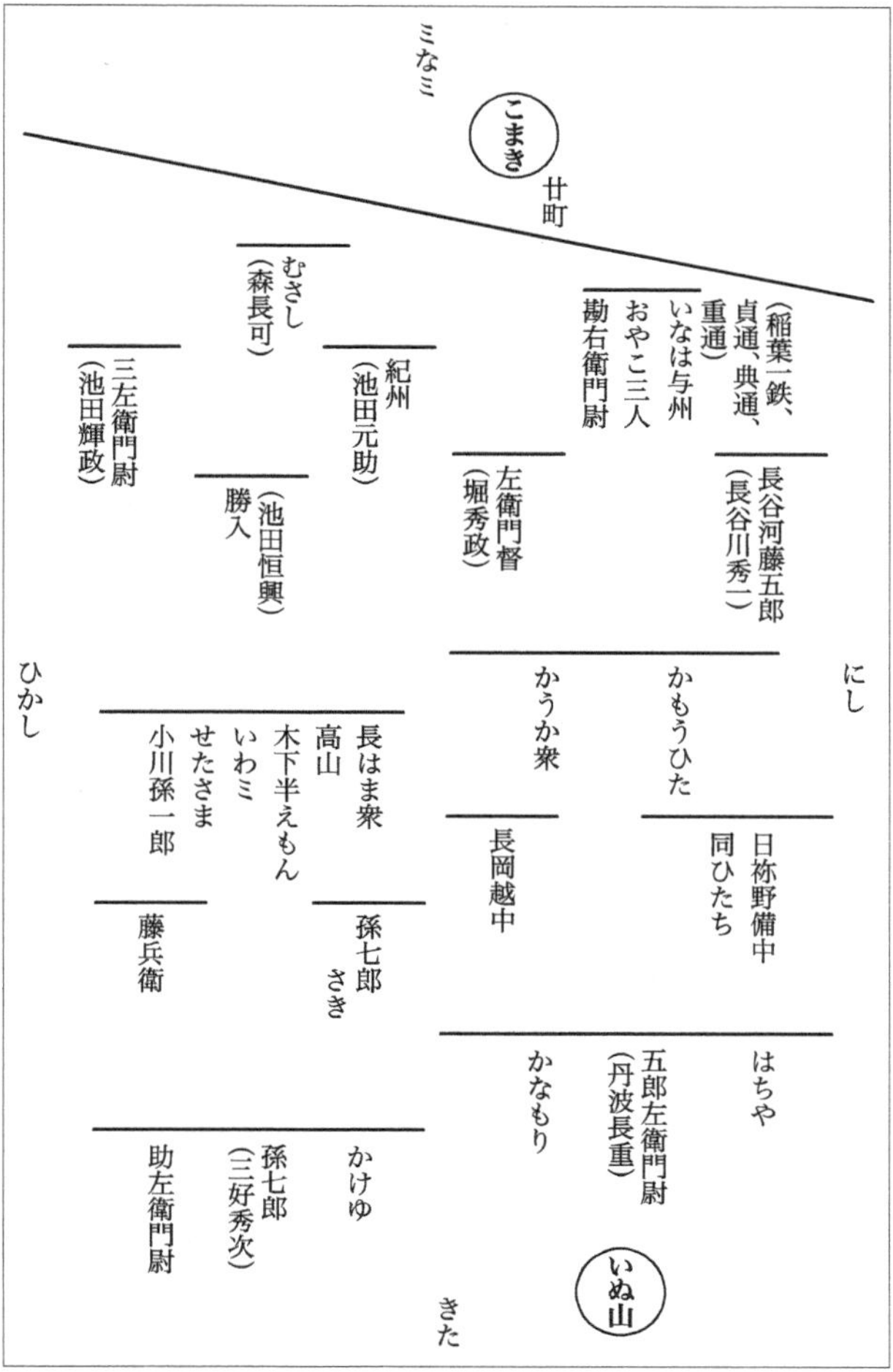

図 10 「小牧陣立書」（前田利同氏所蔵文書）

ている。そして、慶應本の布陣の様子と、図Aの布陣の状況もほぼ一致する。

このことから、毛利家が所蔵していた「尾州小牧陣図」は、信憑性の高い史料と考えられるだろう。では、図Aおよび前田本、慶應本に描かれた羽柴軍の布陣は、いつの時期のものなのだろうか。はっきり言えることは、天正十二年四月九日の長久手合戦で戦死した、森長可、池田恒興・元助父子が存在しているので、それ以前のものであることだ。

そして、先の図Aの内容紹介をみると、岩崎山砦に森長可、池田元助、稲葉父子ら、青塚砦に長谷川秀一ら、そして楽田城の秀吉本陣前面に、堀秀政らが展開していることがわかる。そして、堀秀政らの在陣地は、既述のように小松寺山砦、外久保砦、内久保砦と推定される。

このようにみると、陣立書や図A、Bに描かれる羽柴軍の配置には、ある特徴があることに気づかされる。それは、小牧山城に向けて羽柴軍が追加で築いた田中砦、二重堀砦がここには存在していないことである。

二重堀砦は、日禰野弘就・盛就兄弟が（『豊臣秀吉譜』『武家事紀』他）、田中砦には長谷川秀一、加藤光泰、蒲生賦秀、堀秀政、長岡忠興、神子田《みこだ》半右衛門尉らが（『東照軍鑑』）、それぞれ配置されたといわれている。ところが、彼らはいずれも、青塚砦、小松寺山砦や秀吉本陣（楽田城）などにそれぞれ配置されていたことが、陣立書や図Aなどから明らかである。

つまり、図Aや陣立書は、二重堀砦、田中砦など、小牧山城に向けて構築された羽柴方の最前線の城砦が成立する以前の様子を描いていると考えられるのである。

二重堀砦、田中砦がいつ成立したかは確定しがたいが、既述のように四月四日までに軍勢が配置できるだけの普請が完了しているので、三月下旬に着手したのだろう。また、図Aを注意してみると、小牧山城には酒井忠次、石川数正、天野三左衛門（康景《やすかげ》か）が「家康三人衆」として書き込まれているが、織田信雄はまったく記述されていない。このことから、図A成立時には、信雄はまだ小牧山城に着陣していない可能性が高い。それを基準にすれば、図Aの成立は秀吉が楽田城に入った天正十二年三月二十九日（織田信雄の小牧山城着陣も同じ日）ごろに絞られるだろう。

このように、「尾州小牧陣図」（図A）と陣立書（前田本、慶應本）は、ともに最初期の羽柴軍の配置を示す貴重な史料と考えられる。また、これらの史料には、濃尾平野の西部に展開した羽柴方の城砦下奈良《しもなら》砦、河田《こうだ》砦、小口城などのほか、最前線の二重堀砦、田中砦は描かれていない（図Bには、小口城と推定される「ちやうす山」が描かれているが、既述のように成立時期は少し下がる可能性が高い）。すなわち、まだ羽柴軍は、この地域への対応に着手していなかったと考えられる。このことは同時に、羽柴軍の主力が小牧山城に向けて配置されていたことを改めて証明するものであり、尾張西部に対する防御や攻勢に向けた動きが緩慢であったことを予想させる。

まもなく秀吉は、犬山織田氏の属城であった小口城を再興し、ここを楽田城、羽黒城と並ぶ要所と定め、稲葉一鉄らに差配を命じることになるが、最初期には未着手であったのだろう。羽柴軍は、尾張西部の防禦が遅れたことに、不安はなかったであろうか。織田・徳川連合軍に尾張西部を回りこまれ、犬山など背後を衝《つ》かれる懸念を想定しなかったのだろうか。

これらの疑問については、すでに検討した木曾三川の旧流路と濃尾平野の地形をみれば諒《りょう》解《かい》されることだろう。当時の尾張西部は、木曾川の乱流により、地形が分断され、軍勢が東西に移動するのは極めて困難であった。羽柴、織田・徳川ともに、濃尾平野において比較的移動が容易な地域は、犬山・小牧間のほかに、東海道など極めて限られたルートでしかなかったと考えられる。このことは、小牧・長久手合戦の経過を追っていくことで、よりはっきりするであろう。

「尾州小牧陣図」にみる織田・徳川方の様子

次に、織田・徳川方の様子をみてみよう。この「尾州小牧陣図」は、秀吉方に属していた毛利方の人物がもたらした情報であることから、敵軍である織田・徳川方に関する情報は、極めて少ない。

まず、人名表記については、図Aは「石川ほうき」(石川伯耆守数正)、「さか井左衛門尉」

（酒井忠次）、「あまの三左衛門」（天野三郎兵衛尉康景か）の三人のみを記し、少し離れたところに「家康三人衆」と書いている。この「家康三人衆」は、石川・酒井・天野の三人を指すものであろうか。そして、図Aには、織田信雄の姿はもちろん、織田軍が在陣していた様子が窺《うかが》われない。織田信雄が、伊勢長島城（「川内」）より小牧山城に移ったのは、天正十二年三月二十九日のことであるので（『家忠日記』）、図Aはそれ以前の様子を描いている可能性がある。

次に興味深いのは、小牧山城周辺の様子である。小牧山城の北側に、山麓から北側にかけて家鴨《あひる》の足のようなものが描かれている。これが何を指すのか、定かでないが、すぐ脇に「此前少沼」と記されていることから、沼地を指すのではないかと考えられる。これは、小牧山と比べてもかなり大きく描かれており、大きい沼があった可能性がある。

このことについては、前記のように、小牧山城の北側に、今も残る小字が参考になるだろう。小牧山城の北西の大字「村中」には、「籠池」「天神池」「葭池」「池之面」「大嶋」、西には「天池」、真北の大字「間々原新田」には、「今池」「上芳池」「下芳池」「間々池」「下新池」「牡若池」「上新池」がそれぞれ残されている。また、間々原新田には他にも、「渡場」や「西狭間」「古天王」の小字がある。これを地図上に落としてみると、小牧山城の西から北西、真北にかけて、天池、籠池、天神池、葭池、今池、芳池、間々池、新池、牡若池が密集しており、城の北側は、水堀のような巨大な沼地を形成していたと想定される。そして、これらの池や湿地帯は、舟で渡るか（「渡場」）、それを縫うように存在した細道（「西狭間」）を利用して往来が可能だったとみられるのである。

そして、図Aで小牧山城の東側に丸い円のなかに「とて」と表記されるところは、その位置関係からみて、蟹清水砦、北外山砦、宇田津砦の三ヶ所ではないかと推定される。ただ、私は円内に記されている文字を「とて」と解読したが、自信がない。大方のご教示を得たいと思う。

そして、図Aにおける徳川軍と羽柴軍双方の間には、「沼」「此前少沼」とあるように、沼を始めとする湿地帯が広がっていたことがわかるだろう。

次に、図Bであるが、ここでも小牧山城には「徳川」とあるものの、織田信雄が在城している痕跡がみられない。そして、小牧山城を起点に、東西に黒く太い線が描かれており、柵ないし土塁が敷設されていた可能性を示唆している。

また、図Bでは、両軍の陣所に、数多くの建物が描かれており、これらは陣屋であったと考えられる。さらに、両軍の間には、図Aでも見られたように、「ふかた足入」などとあり湿地帯が広がっていたことが明記されている。

以上のように、二つの「尾州小牧陣図」を検討すると、両軍の間には、野原と沼地、湿地帯が広く展開しており、羽柴軍が北側から一挙に南下して、小牧山城を攻略することは極めて困難であった可能性を窺うことができる。秀吉が、大軍を擁しながら、小牧山城と長期にわたって対峙《たいじ》せざるを得なかったのは、こうした地理的な要因が大きいと考えられる。

三、両軍の城砦と布陣

羽柴軍の城砦と布陣

それでは次に、羽柴方の城砦と軍勢の配置について検討しておこう。「尾州小牧陣図」や陣立書の分析を通じて、ある程度の推測は行ったところであるが、ここでまとめておきたい。ただ、城砦と武将の配置については、確実な史料が少なく、後世の軍記物や地誌などによるところも多いことをお断りしておく。また、配置された武将については、交替で複数の城砦の警固につくことも多く、必ずしも固定化されたものではなかったことにも注意が必要である。例えば、小牧・長久手陣立書のうち、稲葉一鉄、勘右衛門尉重通と長谷川秀一を先手に配置したものが複数残されているのだが、その中には「尾口《小口》・楽田一日替先手勤也」「先手勤大久知《小口》・学田《楽田》一日替」「尾口・学殿一日替先手勤也」と注記しているものがある（秀吉一三〇二～四号）。これは、稲葉父子と長谷川が、先手（先陣）の担当とともに、在番すべき城として、小口城と楽田城が指定され、それぞれ一日交替で詰めることが定められていたことが窺われる。

これは後述するように、徳川方にも認められる事象であり、城砦への武将配置は必ずしも固定的なものではなく、一日から数日ごとの交替や配置転換などが頻繁に行われたとみてよいだろう。そのため、以下の城砦と武将の配備はあくまで目安であり、実態は情勢に応じて極めて流動的であったと想定している。

羽柴方の城砦――楽田城周辺

織田・徳川連合軍の本陣小牧山城と、それを守るべく構築された城砦に向き合う羽柴方の城砦として、二重堀砦、田中砦、岩崎山砦、青塚砦、小松寺山砦、外久保砦、内久保砦、羽黒城、楽田城などが整備された。

・二重《ふたえ》堀《ぼり》砦……日禰野弘就・盛就兄弟が守備(『豊臣秀吉譜』『武家事紀』他)。日禰野兄弟は、青塚砦からの配置転換と推測される(図A)。

・田中砦……長谷川秀一、加藤光泰、蒲生賦秀、堀秀政、長岡忠興、神子田半右衛門尉らが守備(『東照軍鑑』)。長谷川、蒲生、長岡は青塚砦、堀は小松寺山砦、加藤、神子田は楽田城からの配置転換と推測される(図A)。この砦は、三ッ山古墳群を利用して構築されたものである。かつては三基の古墳があったが、一基しか現存しない。また、縄張りの痕跡もみられず、どのような砦であったかは判然としない。

・岩崎山砦……稲葉一鉄を始めとする稲葉一族、森長可、池田元助が在城。山全体が花崗岩《かこうがん》によって構成されており、小牧山城や名古屋城の築城にあたって、石垣を切り出した石切場であった。そのため、当時と比べて山全体が低くなっており、縄張りも破壊されてしまっていて、どのような城砦であったかは不明。

・青塚砦……日禰野兄弟、蒲生、甲賀衆、長岡、蜂屋、惟住、金森が配置された（図A）。一時、森長可も在番したというが（『豊臣秀吉譜』）、確認できない。後に、日禰野らは二重堀砦、田中砦に配置転換となり、蜂屋、惟住、金森らが引き続き守備したと推測される。この砦は、青塚古墳を利用して構築されたもので、「茶臼山」との異称もあった。羽柴軍により、墳丘を削平して平地を拡大させたり、斜面を崖《がけ》状に改変したりといった、要害としての改造の痕跡が、発掘調査によって明らかにされた。

・小松寺山砦……堀秀政、長浜衆、高山、徳永、木下一元、勢田、小川らが当初在番したと考えられる。その後、丹羽長重が守備したらしい（『長久手戦話』）。小松寺山は、かつては小牧山と並ぶ比高を誇る山であったが、昭和四十年代の宅地造成に伴う大規模開発によって、往事の面影はなくなり、標高も当時よりもかなり低くなっているという。城の遺構はもちろん、絵図も残されておらず、城の縄張りや規模は不明である。

・外久保砦……在番についての記録は、軍記物にもみられないものの、図Aから池田恒興・照政父子が配置されていたと推定される。恒興戦死後は、照政が引き続き在城したのではないかと思われる。秀吉が楽田城から出て、一時本陣を置いたとの伝承があり「太閤山」との異称がある。

・内久保砦……中川、三好らが在陣し（図A）、その後金森長近、蜂屋頼隆らが守備したと伝わる（『豊臣秀吉譜』）。

・羽黒城……羽黒合戦で焼失したといわれ（『小牧陣始末記』）、まもなく山内一豊・堀尾吉晴・伊藤掃部助らによって再興されたという（『豊臣秀吉譜』）。図Aによると、確かに羽黒城には、山内、伊藤、毛利長秀、生駒らが在城していることがわかる。五月十五日付、山内一豊、伊藤掃部助宛の秀吉書状で、「其許普請番等不可有油断候」と指示したのも、羽黒城であろう（秀吉一〇八〇号）。この城も、羽黒城古墳を利用して構築されたものである。

・楽田城……秀吉本陣。もとは犬山織田氏の属城であったが、織田信長によって攻略され、その後は廃城となっていたらしい。天守があったとの伝承がある。

・犬山城……織田信雄家臣中川定成が在城していたが、小牧・長久手合戦の前哨戦《ぜんしょうせん》で、留守居の中川清蔵主が、池田恒興父子らに攻められ落城。その後は、羽柴方の後方の押さえとなった。秀吉も、しばしば本陣を犬山城に移している。

羽柴方が構築した土塁

巷間《こうかん》伝えるところによると、秀吉は岩崎山砦から二重堀砦に及ぶ長大な土塁を築いたとされる。この土塁については、『小牧陣始末記』によれば、四月四日に羽柴軍が総力を挙げて一夜で築いたといい、これは、三河中入《なかいり》軍の行動を秘匿する意味合いもあったという。「中入」とは、敵味方が対峙《たいじ》するなか、別働隊を使って不意打ちすることを意味する言葉である。同書によると、その規模は、根敷（下底幅）一五間（二七・三メートル）、高さ二間半（約四・六メートル）、馬踏（上底幅）八尺（約二・四メートル）であり、岩崎山砦の南にある茶屋前を起点に、二重堀砦に向けて築かれたといい、その全長は、約二キロに及んだと伝わる。この「茶屋前」という小字は、岩崎山砦跡の南に現存している。『小牧陣始末記』では、この土居は、筋違いの形で築かれ、所々に馬出《うまだし》が設けられていたという。これは、「尾州小牧陣図」（図B）に描かれている土手の形態にほぼ符合する。図Bによると、土手は一本の長い土塁ではなく、間隔が空けられているように描かれており、これが出入口（馬出）なのであろう。

なお、図Aには、岩崎山砦から西に向けても土手が描かれており、岩崎山砦を起点に東西に敵の侵攻をせき止めるような、馬防のために土居が築かれたのだと思われる。既述のように図Aは、三月二十九日頃の様子を描いていると推測されることから、当初は岩崎山砦の西方に土塁を築き、さらにその後は三ヶ所の土塁を作らせ、最終的にこれらを連結させたのだろう。

土塁の構築については、現在、その痕跡を示すものが残されていないため、実在を疑う向きもあるが、その実在を示唆する記述が秀吉文書に散見される。例えば、「敵小牧山取上候条、十五町斗ニ責詰、荒手を上堀構を申付候間、急度可討果候」（四月一日付〈羽柴秀勝宛〉、秀吉一〇〇四号）、「岩崎山・窪《(内脱カ)》・青塚・田中郷・二重堀まで押詰陣捕候て、悉要害ニ拵、陣捕候前ニ芝手を築、柵を付、少も無越度様ニ申付候事」（四月八日付〈丹羽長秀宛〉、秀吉一〇二〇号）などとみえる。このことから、土塁が四月四日に築かれたとする『小牧陣始末記』の記述も、あながち間違ってはいない可能性がある。

また家康も、羽柴方が大規模な土塁を築いたことを「構切所、築土手間、討洩候事無念候」（五月五日付、家康六〇七）と書状に明記しているので、土塁は実在したとみてよかろう。秀吉は、小牧方面から楽田、犬山に向かう道（犬山街道、木曾街道、清須道）を土塁で遮断し、敵襲への備えにしたと考えられる。

羽柴方の城砦――尾張西部・西美濃

次に、羽柴軍が、天正十二年四月以降に、尾張西部と美濃で築城、修築を実施した城砦については、以下の通りである（詳細は第五章参照）。

・小口城……秀吉が、楽田城と並ぶ羽柴方の根城と位置づけた城。羽柴方の尾藤甚右衛門尉知宣《とものぶ》が最初に守備し、後に稲葉一鉄が替わった。複数の堀と曲輪《くるわ》を持つ巨大な城郭で、古墳を利用して築城されたと想定されている（大口町教育委員会・二〇〇五・二〇一二年）。

・宮後城《みやうしろ》……もとは蜂須賀小六《ころく》（正勝）の居城と伝わる。天正十二年八月に、羽柴方が修築した城の一つ。

・下奈良城……羽柴方が、天正十二年八月に拠点として築城し、稲葉一鉄が守備した。

・河田城……羽柴方が天正十二年八月に拠点として築城し、秀吉が一時布陣した。堀秀政、多賀源介秀種（秀政の弟）らが在城している。

・大野《おおの》城（一宮市）……羽柴方が天正十二年八月に拠点として改修した。大野才兵衛が在城。

・大浦城……信雄方の城であったが、天正十二年四月、秀吉軍が攻略した後に、池田照政、伊藤牛介らが在番した。

・今尾城……池田恒興家臣森寺清右衛門尉忠勝が在城した。

・墨俣城……天正十二年四月、伊木《いぎ》長兵衛尉忠次《ただつぐ》が普請と在城を命じられたが、彼は秀吉の命を受けて留守がちであったため、留守居と秀吉の加勢が在番となった。

羽柴方の尾張西部の城砦と軍勢配置をみると、秀吉は主力を楽田城周辺の諸城に配置しているのに対し、この地域には小口城に稲葉一鉄らを置いて、防衛のかなめとしているに過ぎない。明らかに、手薄の感が否めないのである。ただそのように解釈するには、慎重でなければならないだろう。本書で、すでに紹介したように、尾張西部は、木曾川とその派川が複雑に入り組んでいたと推定され、軍勢の東西の移動は容易ではなかったと考えられる。

そこで、尾張西部の羽柴方諸城をみてみると、犬山方面に向かう道や美濃に繫がる渡しなどを押さえる場所に所在することがわかる。つまり、織田・徳川連合軍が容易には動けない地形であることから、交通の要所のみを押さえる城砦を築き、犬山方面に繫がる道（すなわち秀吉軍の背後にまわる道）や、織田・徳川連合軍の城砦の動きを封じることに専念したのであろう。実際に、この地域では、大規模な合戦は起きていない。両軍ともに、河川が入り組み、行動の自由が利かぬこの地域での軍事行動を自重したと考えられる。

織田・徳川方の城砦――小牧山城周辺

織田・徳川方の城砦については、以下の通りである。ただ、これらの城砦を誰が守備していたかは、確実な史料で確認することは困難な場合が多く、おもに軍記物や地誌に拠《よ》っている。なお、小牧山城周辺の城砦については、『家忠日記』をみると、交替で複数の城砦の城番を勤めていることがわかるので、一定ではなかったのだろう。

・小牧山城（織田信雄・徳川家康本陣）……織田信長の本拠小牧山城を大改修したもの。

・田楽《たらが》砦……土豪長江平左衛門屋敷を砦に改修したと伝わるものを改修したという。普請には篠木《しのき》・柏井《かしわい》村の百姓が動員されたといい、徳川方に味方した中川勘右衛門らが守備したという。

・宇田津砦……徳川軍の砦、かつては二方に大沼があったという。

・北外山《とやま》砦……もと織田信安《のぶやす》の属城で、織田与四郎の居城と伝わるものを改修したという。徳川軍の松平家忠らが守備。

・蟹清水砦……もと織田信安の属城で、その後は丹羽長秀の屋敷跡だったと伝わるところを改修したとされる。その名の通り湧水《ゆうすい》が豊富であったと伝えられ、徳川軍の本多広孝・穴山衆（穂坂君吉《ただよし》）らが一時守備していたと伝わる。

なお、秀吉方が、岩崎山砦から二重堀砦を結ぶ約二キロに及ぶ土塁を構築したことに対抗して、織田・徳川方も土塁を築いたといわれている。このことを示す史料に恵まれないが、後世の地誌に若干の記述がある。

例えば、『日本戦史　小牧役』には「小牧山ノ北麓ヨリ八幡塚ニ亘ル六七町ノ塁高サ一間四尺厚サ未詳ヲ起ス」とあり、『小牧町史』にも「小牧山北麓より八幡塚（田中村）に亘る六七町の土塁高さ十尺を築き」と記述されている。これによると、小牧山の北麓を起点に、八幡塚までの土塁が築かれたのだという。終点の八幡塚は、東田中にある地名で、八幡塚とは三ッ山古墳であるとの伝承がある（小牧市教育委員会・一九九八年①）。

もし、三ッ山古墳であるとすると、実は秀吉方の田中砦も、この三ッ山古墳を利用して造られており、両軍の距離が最も接近していたことになる。しかも、羽柴軍による土塁がここを通過しているので、織田・徳川方の土塁は、東田中の近くまで築かれたのであろう。その規模については、長さがおよそ六〜七町（約六五四〜七六三メートル）、高さ一間四尺（約三・〇三メートル）といわれる。

さらに、小牧山城と田楽砦、宇田津砦、北外山砦を結ぶ軍道を敷設して、連携を密にしたといい、これは大縄手道と呼称されている（小牧市教育委員会・一九九八年①）。

・小幡城……岡田氏（後に星崎城主）の古城跡を、徳川方が改修した。徳川家臣本多広孝、穴山衆穂坂常陸介君吉らが在城した。小牧山城と三河の繋ぎの城として重視され、長久手合戦では、中継基地となった。

・岩倉城……岩倉織田氏の居城だが、永禄二年、織田信長に攻略された後は、廃城となったとされている（愛知県埋蔵文化財センター・一九九二年）。しかし、家康が幾度かここに布陣し、松平家忠らも複数回派遣されているので、城が再興された可能性がある。

・比良城……佐々氏（成政）の古城とされ、清須と小牧山の繫城《つなぎじろ》として大改修が実施された。在番した武将は不明ながら、『家忠日記』にも普請の記事がみえ、徳川軍が在番したことは確実である。長久手合戦後、信雄と家康は、小幡城から比良を経由して小牧山城に撤退している。

・八剱砦《やつるぎ》……織田信雄が使用したとの伝承があるという（内貴健太・二〇二三年）。

織田・徳川方の城砦――尾張西部・南部

小牧山城周辺を除く、尾張の織田・徳川方の城砦とその城主・城将については、以下の通りである。これらの城砦の動向については、第五・六章で触れている。

・小折《こおり》城……もと生駒氏屋敷（織田信雄生母の実家）。織田・徳川軍による大改修が実施され、東西二三〇メートル、南北二七〇メートルの規模と、本丸・二の丸・三の丸を誇る城郭へと変貌《へんぼう》した。織田方生駒家長《いえなが》が在城した。

・重吉《しげよし》城……徳川軍が岩倉織田氏の家臣尾藤氏の屋敷を改修したという。「丹羽郡重吉村古城絵図」（蓬左文庫蔵）によると本丸・二の丸を始め、六個の曲輪によって構成されていた、巨大な城郭であったことが窺われる。

・黒田城《くろだ》……岩倉織田氏の家臣山内氏の旧城。織田信雄家臣沢井雄重《さわいかつしげ》、徳川家臣渡辺半蔵《わたなべはんぞう》らが在城。竹ヶ鼻城と同時期に、水攻めを受けたとの伝承がある。
・吉藤城《よしふじ》……織田信雄家臣遠藤三郎右衛門の居城。信雄援軍織田長益、滝川雄利、飯田半兵衛らが守備したという。
・大赤見城《おおあかみ》……徳川家臣西郷家員《さいごういえかず》が守備した。
・一宮城《いちのみや》……徳川家臣菅沼定盈《さだみつ》が守備していたと伝わる。
・小山城《おやま》……徳川家臣石川康通《やすみち》が守備していたと伝わる。
・苅安賀城……信雄重臣浅井新八郎の居城。浅井成敗後は、信雄家臣森久三郎が配置された。
・奥城《おく》……天正十二年五月、織田一門織田越中守信照《のぶてる》（信長の異母弟）が配置された。
・大浦城……信雄方の豊嶋氏の居城と伝わり、戸嶋東蔵坊と呼称される聖徳寺系の一向宗寺院でもあったという。天正十二年四月、秀吉方に攻略された。
・竹ヶ鼻城・氷取城《こりとり》……信雄家臣不破広綱が在城した。
・加賀野井城……加賀野井弥八郎重望《しげもち》の居城。後に信雄より伊勢衆らの援軍を得て籠城《ろうじょう》した。
・脇田・松ノ木城……信雄家臣吉村氏吉が在城した。
・高須城《たかす》……城将などは不詳。恐らく織田方であったとみられるが詳細は判然としない。
・長久保城《ながくぼ》……信雄家臣福田某が在城した。後に秀吉方に付いたため信雄軍に攻略され滅亡したという。

・赤目《あかめ》城……信雄家臣横井伊折助時泰が在城した。

・蟹江城・前田城・下市場《しもいちば》城……信雄重臣佐久間正勝が在城。留守居として前田《まえだ》種定《たねさだ》らが在番していたが、後に秀吉方に内通した。

・東起《ひがしおこし》城・下之一色《しものいっしき》城……前田種定一族が在城していたが、後に秀吉方に内通したという。

・大野《おおの》城（愛西市）……信雄家臣山口修理亮重政が在城した。

地形からみた両軍の城砦と布陣の特徴

両軍の城砦とその配置について瞥見《べっけん》してきたが、これらにはいくつかの特徴がある。それは、①小牧山城、比良城、岩倉城などのように、織田信長の尾張統一や美濃侵攻などに際し築かれた城跡を改修していること、②蟹清水砦、田楽砦、北外山砦を始めとする砦も、土豪の屋敷や屋敷跡を利用して修築された場合が多いこと、③青塚砦、田中砦、羽黒城、小口城などのように、古墳を利用して築かれたものが多いこと、などである。このことは、美濃から尾張に侵攻しようとする秀吉軍と、尾張から美濃を窺う織田・徳川連合軍の行動が、かつての美濃斎藤（一色《いっしき》）氏と信長の抗争の再現のような形をとったため、戦略的な重要性を持つ地域と城砦が重なったことに由来するのだろう。

次に、濃尾平野の地形が、小牧・長久手合戦に及ぼした影響について検討しよう。両軍が、小牧・楽田間で対陣を始めた三月中旬から四月上旬にかけての状況を概観すると、次のような特徴が認められる。

羽柴軍は、木曾川を背に、北端の犬山城と楽田城を秀吉本陣とし、羽黒城、内久保砦、外久保砦、小松寺山砦、二重堀砦、田中砦、岩崎山砦、青塚砦を構築していた。いっぽうの織田・徳川連合軍は、小牧山城を本陣に、蟹清水砦、北外山砦、宇田津砦、田楽砦を築き、対抗していた。

これをみると、織田・徳川連合軍は、小牧山城を起点に東に向かって城砦を建設していたことがはっきりわかる。そして、小牧山城が守りの西端に位置しているのである。これは、木曾街道など尾張を南北に往来する古道が、小牧山城の東側に集中していたことによるもので、家康はこれを封じようとしたのだろう。これに対し、小牧山城の西側には、清須道が通っているのみで、ここの守りは小牧山城で充分対処できるものだったのだろう。既述のように、小牧山城の北側一帯は沼地や湿地帯であり、しかもこれは蟹清水砦を始めとする織田・徳川方の砦の前面まで帯状に広がっていたことは、「尾州小牧陣図」で紹介した通りである。

いっぽうの、羽柴軍の城砦も、楽田城からみて、一番西端に所在するのは、青塚砦であり、それより西側には、初期の段階で城砦は築かれていない。

なぜ秀吉は敵の側面を衝かなかったのか

小牧・長久手合戦の布陣図を一見して、誰しもが疑問に思うのは、なぜ圧倒的な軍勢を誇っていた秀吉軍が、西側の濃尾平野を迂回《うかい》して織田・徳川連合軍の側面や背後を衝かなかったのかということだ。実際に、秀吉軍が実施したのは、東側の丘陵地帯を経由し、長久手方面から三河岡崎を衝く中入であった。同じ中入を採用するにしても、なぜ西側への軍勢展開を実施しなかったのか。

この疑問はまず、濃尾平野の地形復元をみるとはっきりするだろう。それは、木曾川の派川が入り組むように乱流しており、しかもこの一帯も「尾州小牧陣図」（図B）に西側は「田足入」とあり、水田が広く展開し足場の悪い湿地帯が至る所にあったからだ。これでは、大軍の移動は到底望めない。それを証明するかのように、秀吉の軍勢が、長久手敗戦後に選択した戦場は、大きく西に迂回して、竹ヶ鼻城、加賀野井城などを攻め、木曾三川によって形成されていた輪中《わじゅう》地域を、一つずつ制圧していくことであった。この作戦は、織田・徳川連合軍の在陣する小牧山城周辺からはかなり離れたところであり、敵城を攻撃しても側面や背後を衝かれる心配がなかったからである。

秀吉は、最後の段階まで、敵方の小折城、重吉城、一宮城付近に接近することを躊躇《ちゅうちょ》していたのであり、この地域に侵攻を開始した際には、下奈良城、河田城、大野城などの城砦を築き、木曾川や派川の渡し場をあらかじめ押さえてから実施しているのである。このことは、如何《いか》に小牧山城を西側から迂回して攻撃することが困難であったかを物語っている。

小牧山城の西側一帯が、木曾川の派川と湿地帯によって守られていることの他に、もう一つ、地形的に考慮しておかねばならぬことがある。それは、小牧山城や楽田城、犬山城までも含む、この地域の地形である。濃尾平野は、木曾川、長良川、揖斐川の三河川によって形成されたものだが、最大の扇状地は、犬山を扇頂部とする半径約一二キロに及ぶ「犬山扇状地」である。私が、木曾川とその派川が乱流する一帯には、大軍の展開が困難だったと推定したのは、この地域（沖積平野）のことだ。

ところが、小牧一帯の地形は、これとは様相を異にする。この地域は、「小牧台地」と呼ばれる沖積台地なのである。濃尾平野には、後世の浸食を受けて起伏の激しい丘陵状になることがなかった、平野（台地面）として残存している沖積台地が、四ヶ所ある。それは、岐阜県の各務原台地、田楽台地、熱田《あつた》神宮のある熱田台地、そして小牧台地である。

これらの台地の裾野《すその》を、河川が浸食しているわけだが、小牧台地には、木曾川とその派川の浸食による、長大な「段丘崖」が現存している。この「段丘崖」は、藤島（小牧市）から小牧山城の西側を通り、犬山へと続き、木曾川に至るもので、犬山城はこの「段丘崖」の北端の最も高い台地上に存在する。そして、この「段丘崖」は、小牧山城付近で、最も小牧山と距離が狭まり、隘路《あいろ》になっているのだ。

この「段丘崖」の存在に規定されて、秀吉軍の城砦の西端は青塚砦までなのであり、秀吉方からみると、「段丘崖」に阻害され、それより西へは展開できなかったのだろう。いっぽうの織田・徳川方は、小牧山城は西麓に柵や土塁などを構築することで、北側の沼地、湿地帯の存在とあわせて、充分に防禦できる状況にあった。

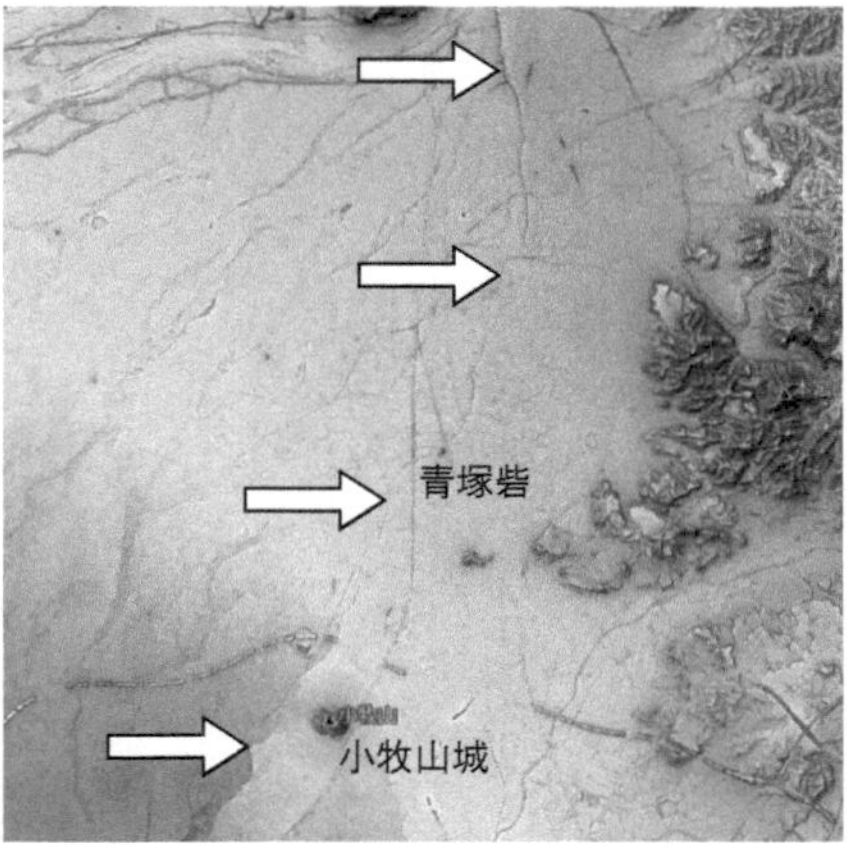

図11　小牧・犬山間の段丘崖（カシミール3D）

「段丘崖」の存在により、秀吉軍も織田・徳川連合軍も、楽田城から西側へ、小牧山城からは西側へ迅速な移動が困難な状況にあったわけである。そのため、尾張中部、西部に移動するためには、限られた古道を利用せざるを得なかったと思われる。このことが、秀吉をして、西側に迂回して小牧山城の側面や背後を衝くことを断念させた（そもそも想定できなかったというべきか）ものであったろう。

以上の地形を勘案すると、織田・徳川連合軍は、小牧山西側の「段丘崖」を防御の西端と位置づけ、小牧山城のほか、新規城砦と土塁の建設を東側に集中させることで、小牧山城防衛の弱点である東側の守りを固め、軍勢を集中配備したのだろう。これは同時に、犬山に繋がる清須道、木曾街道を封鎖する役割も果たしたのである。

また、小牧山城の西側にある諸城（大赤見城、重吉城など）は、小牧山と一宮を東西で結ぶ一宮道を防禦するとともに、清須方面への敵の南下を食い止める防衛ラインと位置づけられたのだろう。この地域は、乱流地帯と湿地帯であることに助けられ、最終盤まで敵襲を受けることはほぼなかったのである。

秀吉方は、地形の制約を受け、木曾川以東の織田・徳川連合軍の諸城をなかなか攻撃できず、戦線を加賀野井城、竹ヶ鼻城、松ノ木城、脇田城などの尾張西部に移し、さらに伊勢方面での戦線を拡大することで、織田信雄の本拠長島城を包囲する方向で、勝機を見いだすより他なかったのではないだろうか。

この後、小牧・長久手合戦は、焦る秀吉、動かぬ家康という構図で進むこととなる。だからこそ、秀吉はあれこれの策を用いて、家康を小牧山城から引きずり出そうとしたのであった。

物資輸送路としての木曾三川

これまで私は、木曾三川を、両軍の軍勢の円滑な移動を阻む阻害要因としてのみ見てきたが、忘れてはならない利点がある。それは、当時の木曾三川では河川交通が高度に発達していたことである。木曾三川の各地には、河湊《かわみなと》が存在していたことが確認されており、またその中には渡し場を兼ねていたところも少なくなかった。

かの織田信長が、小牧山に居城を築いたのも、巾下川などを利用した物資輸送の便がよいところに着目したからである（小野友記子・二〇二二年）。岐阜城主であった織田信忠も、津島の荷之上の服部氏に対し、天正二年閏十一月二十八日付で、津島から太田（岐阜県海津市）間の川船一艘《そう》分に対する課税免除を認めている（愛⑪九七八号）。この時、服部氏が川船で行っていたのは、質・酒の商売と俵物の運送であった。信忠が認定したのは、川船一艘分のみの課税免除であったが、それ以上の川船を用いて手広く商売を行っていたことは想像に難くない。この服部氏は、一向宗門徒で、桶狭間合戦や伊勢長島一向一揆において、信長に敵対した服部左京助の一族と考えられる。

また、小牧・長久手合戦時に、織田信雄が各城砦へ玉薬、兵糧支援、援軍派遣などを実施しえたのも、川船を利用したからであった。既述のように、松ノ木城主吉村氏吉の要請を受けた信雄は「兵粮事、其方より慥《たしか》なるものに船江のせ、長嶋へ可差越候、則兵粮可相下候」（兵糧のことは、そちらより身元の確かな者を船に乗せて、長島に派遣せよ、すぐに兵糧を渡すことにする）と述べていることでもわかるだろう（長一五号）。信雄は、徳川家臣高木九助にも、船一艘分に対する「国中於諸湊諸役」を免除している（愛⑫七〇二号）。高木九助が船を保持し、利用したのは、まちがいなく木曾三川を行き来するためであり、尾張国内の「諸湊」とは、津島、佐屋を始めとする、主に河川に点在する湊を意味するのであろう。

秀吉も、城砦の築城のために、大量の木材などを必要としていた。これらの資材の確保は、美濃を制圧していた秀吉にとっては、かなり有利だったと考えられる。というのも、中世の美濃は、信濃国木曾と飛驒国から伐《き》り出される木材が、管流《くだ》しや筏《いかだ》などで木曾川を流下してきたからである。これらの木材は、犬山で一度集積され、さらに境川（飛驒川、古木曾川）を通って、墨俣で陸揚げされ、陸路で京に向けて運ばれていた。ここから陸揚げされた木材で、南禅寺や足利義政《よしまさ》の東山山荘が建立された（所三男・一九八〇年）。秀吉が、墨俣城の修築を命じたのは、美濃の守備というだけでなく、木材などの集積地である墨俣警固という意味もあったであろう。

秀吉は、天正十二年四月十五日に、河村惣六に命じて、木曾川・飛驒川の材木の川下げについては、従前通り彼に申しつけることとし、尾張・美濃において馬五疋《ひき》の通行を許可している（愛⑭補遺四五七号）。

また羽柴軍は、軍勢が円滑に渡河するためにも大量の船を集めることに躍起になっていた

（秀吉九七九号）。これらは、船橋を架設するためのものであろう。小牧・長久手合戦で、羽柴軍は、揖斐川と木田の渡にそれぞれ船橋を架設している（秀吉一一七三・七六号）。

この他に、渡し場を押さえることにも、両軍は全力を挙げており、そこを押さえるために城砦が造られてもいる（河田の渡を押さえるために、河田城と大野城が造られた）。また、秀吉は船頭たちに扶持《ふち》や諸特権を与えて、丸抱えする方法を採用しており、木曽三川の渡河を円滑化させていた（秀吉九八一号、長二〇一号）。織田・徳川方は、渡し場を押さえようとする敵軍に神経を尖《とが》らせている（家康五八三）。

実は、濃尾平野では、陸路よりも河川交通を利用したほうが便利との認識があった可能性がある。著名な事例として、清須会議終了後、近江長浜城に戻ろうとした秀吉が選択した帰路が挙げられる（秀吉四四九号）。秀吉は、清須から津島に出て、夜には「石たて」（立石か、愛知県愛西市）、早尾（同）に陣を張り（居陣）、その後長浜に帰る予定を立てていた。このことから、秀吉はそれなりの軍勢を率いていたことになるだろう。このルートは、明らかに木曾川を遡上《そじょう》する河川交通を前提にしている。そこで秀吉は、船の支度を、織田家臣で駒野・今尾城主の高木貞利に命じていた。

木曾三川と派川が乱流し、湿地帯も多い濃尾平野では、軍勢の移動は陸路よりも河川交通を利用した方が早く、便利であったとの認識があった可能性を示す好例といえるだろう。

第四章　小牧・長久手合戦と周辺諸国

一、緊迫する信濃情勢

天正壬午の乱後の信濃

第一章で紹介したように、天正壬午の乱の結果、北信濃（川中島四郡〈高井・水内・更級・埴科郡〉）は上杉領国となり、徳川家康と北条氏直は和睦《わぼく》を成立させ、徳川氏は甲斐・信濃（北信濃の上杉領を除く）を領有することとなった。だが、同年末までに、信濃において徳川方が平定した地域は、わずかに伊那・小県《ちいさがた》・木曾郡のみで、諏方・佐久・筑摩・安曇郡は依然として反徳川（旧北条方）であり、家康はこれらの地域の平定を自力で達成しなければならなかった。家康は、天正十一年（一五八三）に、信濃平定戦を開始し、佐久郡を平定させると、まもなく小笠原貞慶、諏方頼忠を従属させることに成功した。かくて家康は、北信濃を除く信濃の制圧を実現したのである。

いっぽう、「織田体制」を運営する宿老の一人羽柴秀吉は、上杉景勝との交渉を開始した。それは、次第に対立が先鋭化していた柴田勝家、佐々成政を牽制《けんせい》するためでもあった。景勝もまた、宿怨《しゅくえん》の間柄である勝家、成政に対抗すべく、秀吉に接近したのである。天正十一年二月、秀吉は、織田信雄の了承を得て、上杉氏との提携を実現させた。信雄を戴《いただ》く「織田体制」は、信長以来戦闘状態にあった上杉氏と関係改善をしたばかりか、軍事提携にも踏み切ったわけである。だがそれは、同じ「織田体制」の仲間であるはずの、柴田勝家対策としての意味合いを強く持ち、分裂する危機の表面化でもあった。

いっぽうで家康と景勝は、徳川が北条氏と和睦し、さらに同盟締結を約束したことを契機に、対立する結果となった。天正十一年三月以降、上杉氏は、小県郡と埴科郡の境目にあたる上田（長野県上田市）周辺で徳川方の真田昌幸、筑摩郡麻績《おみ》・青柳《あおやぎ》（東筑摩郡筑北村）などで同じく小笠原貞慶と激突する。この時、徳川方の真田昌幸を支援し、上杉軍に備えるべく、家康が徳川軍に命じて築城させたのが上田城である。景勝と家康が合戦に及んだことで、上杉氏は、図らずも家康が帰属する「織田体制」と対立する結果となったのである。

さらに景勝は、信濃の徳川方（真田昌幸、小笠原貞慶）ばかりでなく、天正九年以来、景勝に叛乱《はんらん》を続ける新発田城主新発田重家との抗争、越中佐々成政との紛争に忙殺されることとなった。こうした経緯から、天正十一年四月の賤ヶ岳合戦に際し、景勝は秀吉の求めに応じて、柴田勝家攻めに参加する余裕を持たなかったのである。秀吉は、これを不実だとして景勝を難詰し、両者の間で不協和音が発生したが、まもなく関係改善がなされた。そして、景勝と家康も、七月には和睦が成立し、賤ヶ岳合戦後に再編された、信雄を頂点とする「織田体制」とも、正式に友好関係を樹立させた。ただ、信濃では、上杉方と松本城主小笠原貞慶、上田城主真田昌幸との抗争が燻《くすぶ》り続けていた。

信濃の徳川方と上杉方の激突

天正十二年二月、松本城主小笠原貞慶と上杉方の衝突が始まった（以下は、平山・二〇一一年②による）。そしてこの直後の三月、小牧・長久手合戦が勃発する。上杉方は、秀吉方であったため、信濃の徳川方は、これに対抗し動き始めた。小笠原貞慶の動きも、徳川方の意向による可能性もある。

越後上杉景勝は、小笠原貞慶の動きに連動して、小県郡上田の真田昌幸が川中島方面に侵攻してくることを恐れた。そこで、上杉方が庇護《ひご》していた羽尾《はねお》源六郎（真田昌幸に滅ぼされた上野国吾妻郡の羽尾氏の出身）を上野国吾妻郡に潜入させ、三月二十六日、岩櫃《いわびつ》城に近い丸《まる》岩《いわ》城で蜂起《ほうき》させた（上越二九〇六号）。景勝は、真田昌幸の動きを封じようとしたのであろう。

しかし、羽尾の蜂起に、同調する者は遂に現れず、また上杉の支援もないまま、彼は真田方の重囲のもと孤立し、やがて越後に再び逃亡せざるをえなくなる。上杉方が羽尾の支援に動かなかったのは、信濃情勢が急変したからである。

四月一日、上杉一門村上《むらかみ》（山浦《やまうら》）景国《かげくに》が在城していた川中島の海津《かいづ》城で異変が起こった。ここに在城していた国衆屋《や》代秀正《しろひでまさ》（屋代・荒砥《あらと》城主）、室賀満俊《むろがみつとし》（屋代秀正の実弟）が、一族や家来とともに、海津城二の丸から突如出奔《しゆつぽん》し、荒砥城と佐野山《さのやま》城に籠城《ろうじよう》、上杉氏から離叛したのである。屋代・室賀の離叛に、塩崎《しおざき》城主塩崎六郎次郎も同調した。屋代秀正は、天正壬午の乱が終結した直後から、秘《ひそ》かに徳川家康に通じており、天正十一年三月十四日には、家康から信濃更級郡を与えるとの密約を得ていたのである（家康四八七・上越二六九八号）。家康は、ただちに真田昌幸・依田康国《やすくに》に屋代・室賀の支援を命じた。

屋代らの離叛と、小笠原貞慶の上杉方攻撃は、恐らく連動していたと考えられる。徳川方は、秀吉方の上杉氏を牽制しようとしたのだろう。

景勝は、屋代らの離叛に北信濃の国衆が続々と同調するのではないかと危惧《きぐ》し、彼らに忠節を求める書状を相次いで送るとともに、蠢動《しゆんどう》する新発田重家への措置を擱《お》き、ただちに信濃に出陣した。

景勝軍の侵攻を受け、屋代・室賀・塩崎は荒砥城などを支えきれず、遂に小県郡へ逃亡した。すでに徳川方には、屋代秀正・室賀満俊の実兄で、室賀氏の当主兵部大夫正武《まさたけ》がいたので、室賀氏は徳川氏のもとで一本化されたのである。屋代秀正、室賀正武・満俊兄弟は、上杉方の拠点虚空蔵山《こくぞうさん》城を奪取し、真田昌幸らの支援をうけながら、上杉軍と対峙《たいじ》した。上杉軍は、四月から五月にかけて、虚空蔵山城に猛攻を仕掛けたが、屋代・室賀勢の抵抗にあい、遂に撃退された（「屋代秀正覚書」「室賀満俊覚書」）。

景勝が屋代らと交戦している間に、小笠原貞慶は、四月上旬、青柳城と麻績城攻撃に着手し、青柳源太左衛門、麻績左兵衛を降伏させた。青柳城には青柳頼長が入り、麻績左兵衛は小笠原方として引き続き麻績城に在城したらしい。青柳源太左衛門は、上杉のもとへ逃亡した。

景勝は、四月二十七日に麻績城奪回に動いたものの、すぐに川中島に戻り、村上景国を更迭し、新たな海津城代に上条宜順を配置すると、まもなく越後に帰国した。やはり、新発田重家の動向が気がかりだったのだろう。

このように、上杉景勝は、信濃の徳川方の攻勢を受け、北信濃支配は大きく動揺していた。こうした情勢を受け、景勝は秀吉との結びつきを強化する意向を固める。

天正十二年六月、秀吉は、小牧・長久手合戦のさなかにあって、上杉家臣大石元綱《おおいしもとつな》を通じて、景勝に人質を上方に進上するよう求めた。すでに前年以来、秀吉と景勝の間で、人質提出に向けた交渉が進められていた。景勝は、六月二十日、正室菊姫（武田夫人、信玄の息女）と上条宜順の息子（養子）弥五郎（義廣）を上洛させると返答したという（『覚上公御書集』）。実のところ、菊姫はこの時上洛せず、上条弥五郎だけが秀吉のもとにいったようである（同前）。景勝が、秀吉への人質提出を急遽決定したのは、やはり信濃情勢の悪化が背景にあり、徳川氏に対抗するためにも、秀吉の支援が必要となったからであろう。

木曾義昌、家康に叛く

小牧・長久手合戦のさなか、北信濃や筑摩・安曇・小県郡では、秀吉と結ぶ上杉景勝に対し、優位に立っていた徳川方であったが、木曾・伊那の情勢は暗雲が垂れこめていた。それは、この地域の国衆に対し、秀吉方から調略の手が伸びていたからである。

当時、木曾郡の木曾義昌は徳川方であり、後述するように、天正十二年二月ごろには、境を接する東美濃の遠山《とおやま》一族に調略の手を伸ばし、苗木《なえぎ》遠山友忠《ともただ》、明知《あけち》遠山一行《かずゆき》・利景《としかげ》、串原《くしはら》遠山佐渡守・半左衛門尉らを秘かに徳川方に内通させることに成功したと推察される。

そして、小牧・長久手合戦が勃発した直後の三月十五日、義昌は尾張在陣中の酒井忠次に書状を送り、「聞くところによると、家康が三河筋へ出陣したとのことですが、いかなる作戦のためでありますでしょうか。心許《こころもと》なく思っております。なにぶんにも遠方なので確かなことがわかりません。ご教示いただければ幸いです。私からは、御旗本へも書状を送っておりますので、ご承知おきいただければと存じます」と伝えていた（愛⑫三〇三号）。家康と秀吉が開戦したことは、すでに知っているはずなので、義昌もかなりとぼけている。

徳川方にこうした書状を送るいっぽうで、義昌は、重臣山村三郎左衛門尉良候《よしとき》を、秀吉方の毛利長秀のもとへ派遣し、接触を図っていた。三月二十六日、秀吉は山村良候に書状を送り、義昌が味方になったことを喜んでいる（秀吉九九五号）。

秀吉は、山村に書状を送ったのと同日に、常陸佐竹義重にも「信州木曾・越後景勝が秀吉に対し手を結ぶと言ってきたので、そちらも同様に協調されて行動することが重要です」と報じている（秀吉九九三号）。

秀吉と義昌の直接の連絡が確認されるのは、三月二十九日のことである。これは、義昌が二十七日に秀吉に送った書状（二十九日到着）への返答である。当時、尾張楽田城に布陣していた秀吉は、義昌から木曾谷に敵が攻め寄せてきたとしても、たいしたことはないと自信をみせていることに同意し、尾張の秀吉方は、各地に砦を築き、諸将を配置しており、敵はまもなく敗軍となるであろうと記し、自身の言葉に偽りがないことは、この使者が敵味方の陣備えをよくよく見聞しているので、手紙に詳しく書くことは省略すると述べ、自信のほどをのぞかせている（秀吉九九八号）。

かくて、信濃木曾郡の木曾義昌が、秀吉方に転じたことが明確となった。そのため、義昌の調略で徳川方に転じた東美濃の遠山方は、秀吉方のもとで孤立することとなり、苦境に立たされることとなる。なお、義昌が秀吉方に転じた理由は定かでないが、彼は、武田氏滅亡後、織田信長より与えられた筑摩・安曇郡の回復を宿願としており、松本の小笠原貞慶とは犬猿の仲であった。家康は、天正壬午の乱の際に、義昌に旧領を与える約束をしていた経緯があったが、それは小笠原貞慶が家康に従属したことで、実現される見込みのない空手形となってしまっていた。この不満を知った秀吉が、義昌に触手を伸ばしたのではなかろうか。

木曾義昌と徳川方の戦闘始まる

上杉景勝との戦塵《せんじん》がおさまったばかりの、松本城主小笠原貞慶は、木曾義昌の動きが怪しくなるや、ただちに木曾方への調略を開始したらしい。義昌が、秀吉方に転じてまもなくの四月一日、貞慶は、木曾家臣で贄川《にえかわ》の領主である贄川又兵衛を引き入れることに成功し、彼に「奈良井一跡」(奈良井《ならい》の領主奈良井氏の跡目)などを与えることを約束した(信⑯一四八)。

いっぽう、義昌は、徳川方からの攻撃を予想し、領内に通達を出して、軍勢の招集強化を図った。義昌は、四月二日、児野《ちごの》・田澤《たざわ》・矢白木(社木《やしらき》)・上塩淵(塩渕《しょうぶち》)・越畑《こいはた》・上平《うえひら》・板《いた》敷野《じきの》大屋(長野県木曽町福島)に朱印状を出し、百姓のなかで参陣した者には、本意(木曾谷の防衛）が果たされたならば、一人三十俵を与え、合戦で高名（戦功）をあげたら中間《ちゅうげん》（武家奉公人のうち、侍分の下で、小者《こもの》・荒子《あらしこ》よりも上位の者）として召し使うと約束した。また、同日付で黒沢郷に通達された平仮名書きの条目では、義昌の動員に応じ戦功をあげれば、①一人につき二十俵を扶持《ふち》する、②中間ならば悴者《かせもの》（若党・殿原《とのばら》とも、侍身分の最下層）とする、③百姓ならば中間とする、④高名をあげれば耕作や年貢上納を免除する、⑤戦場での功績に応じて褒美は望み次第とする、と大盤振る舞いの約束をしている（信⑯一四九・一五〇）。

小笠原貞慶による木曾攻めは、六月十三日に行われた。この時義昌は、小笠原軍の撃退に成功し、秀吉から讃《たた》えられている。義昌は、秀吉に加勢の依頼をしていたらしいが、小笠原軍との戦闘には間に合わなかったこともあり、再度書状で要請した。秀吉は、東美濃金山《かねやま》城主森仙蔵忠政《ただまさ》（長久手合戦で戦死した森長可の弟）に命じて、援軍を妻籠《つまご》あたりに派遣するようすでに指示していたと弁明している（愛⑯五八四号）。

菅沼定利の妻籠攻め

木曾義昌の離叛を知った家康は、信濃伊那の守りを固めるべく、天正十二年七月ごろ、奥三河の山家三方衆《やまがさんぽうしゅう》出身の菅沼小大膳定利《さだとし》を派遣した。定利は、伊那郡における徳川方の拠点として、知久平《ちくだいら》城の築城を開始するとともに、木曾攻めの準備に入った。定利は、伊那の国衆を、城普請を担当する者と、木曾攻めに帯同する者とに分けた。

ところが、知久平城普請は、思わぬ事態を生んだ。神之峯《かんのみね》城主知久《ちく》頼氏《よりうじ》が、浜松に召喚され、十一月十四日、家康の命により遠江龍潭寺《りょうたんじ》で自刃させられたのである（『清和源氏知久氏之伝記』他）。頼氏が、自刃に追い込まれたのは、秀吉への内通を疑われたからであろう。彼が、そのような動きを示したのは、木曾義昌のように、秀吉方からの執拗《しつよう》な調略が行われていたことはもちろんであるが、菅沼定利により本領の知久平郷が築城のため接収されたことが大きかったと考えられる。定利と頼氏の確執を裏づけるように、その後の知久旧臣と定利の不和が続き、家老知久右馬助らは暗殺され、頼氏正室木寺ノ宮《きでらのみや》と嫡男万亀《まんがめ》は、徳川重臣大久保《おおくぼ》忠世《ただよ》を頼って遠江に落ち延びたという（『知久神峯床山城記録』他）。こうして、下伊那の有力国衆知久氏は没落し、生き延びた知久衆の人々は、菅沼定利の麾下《きか》に編入された。

こうした不穏な情勢下で、家康は定利に木曾攻めを指示した。八月五日、家康は高遠《たかとお》城主保科正直《ほしなまさなお》に、菅沼定利の指図に従い、木曾に出陣するよう命じている（信⑯二〇〇）。定利を始めとする伊那の徳川軍が、木曾に出陣したのは、九月と推定される。攻撃目標は、木曾谷の関門である妻籠城であった。妻籠城を攻略すれば、徳川方は、木曾義昌と美濃の秀吉方との連携を遮断でき、さらに義昌を孤立させることが可能となる。

対する妻籠城には、木曾重臣山村良勝《やまむらよしかつ》ら三百騎が配備されていた（『木曾考』他）。妻籠城を小城と侮った徳川軍であったが、緒戦で城方の激しい抵抗にあうと、力攻めは不利と悟り、兵糧《ひょうろう》と水の手を封じる作戦に切り替える。徳川軍は、渡島、山口、田立の村々の協力を得て、兵糧や玉薬の搬入路を遮断し、城の水の手を破壊することに成功した。そのため、妻籠城では、飲用水や兵糧、玉薬の欠乏に悩まされ、次第に追い詰められていった。約束していたはずの、森忠政も援軍を派遣しては来ず、城将山村良勝は討って出ようとして、周囲に諫止《かんし》されたという。すると、竹中小左衛門が、夜中に城を脱出し、義昌に援軍を要請しようと申し出た。山村がこれを許可すると、竹中は夜間に城を抜け出し、木曾川の「牛が淵」を泳ぎ渡り、三留野《みどの》にたどりついた。竹中は、ここに在陣していた木曾衆に、妻籠城の窮状を説明したという。そこで木曾衆は、泳ぎの達者な者を三十人ほど選抜し、竹中の案内のもと、髻《もとどり》に玉薬を結びつけさせたうえで、木曾川を泳いで渡らせ、城に届けさせた。喜んだ山村は、玉薬を城兵に配分し、敵襲に備えさせたのである。

果たして、もはや籠城衆は抵抗できぬとみなしていた徳川軍が攻め寄せてくると、城兵は一斉射撃を行い、徳川方の兵二、三十人を撃ち倒した。菅沼定利は、城方が弱ったふりをしていたばかりか、味方となっていた村々も実は自分たちを騙《だま》しており、徳川軍を死地に誘い込もうとしていたのではないかと疑い、さらに、東美濃の森忠政が援軍を率いて駆けつけるとの情報に接したため、やむなく伊那に撤退することとした。

だが、徳川軍が撤退を始めると、木曾方の村々が妻籠城の山村勢に協力し、厳しい追撃戦を実施した。徳川軍は、甚大な被害を受けながらも、保科正直が殿軍《でんぐん》をつとめて奮戦し、ようやく伊那に引き揚げることに成功したという（『寛永伝』『譜牒余録』『木曾考』他）。

菅沼定利らは、東美濃の森忠政が援軍を率いてやってくるとの情報に接していたようだが、どうやらそれは噂に過ぎなかったようだ。既述のように、森軍は確かに加勢に来ることにはなっていたが、それはなかなか実現しなかったらしい。七月二十九日の段階で、秀吉は、義昌からの加勢催促に「先日兼山（金山）の軍勢に出陣を命じたのだが、今もって来ていないとのこと。仕方のないことだ。引き続き、加勢を命じよう」と返答していた。秀吉はすでに、金山城の森忠政には少人数でもいいので、義昌のもとへ援軍を派遣するように命じていたが、まだ来ないとのことなので、あらためて申しつけると約束している（秀吉五九九〇号）。当時の森忠政は、東美濃で徳川氏に通じた遠山一族の攻勢を受け、その対応に忙殺されており、とても加勢に赴く余裕はなかったと考えられる。この詳細は、後述としよう。

小笠原貞慶、木曾義昌を追い詰める

伊那の徳川軍が、妻籠城を攻めあぐね、撃退された直後の十月早々、松本城主小笠原貞慶が、再び木曾に攻め寄せた。小笠原軍の木曾攻めは、六月十三日に続いて、二度目である。

『木曾考』などによると、この時、小笠原貞慶に内通していた贄川又兵衛が、小笠原軍の案内者になったという。木曾谷では、小笠原軍が動きだしたら、贄川、奈良井の鳥居《とりい》峠、宮腰《みやのこし》の山吹の三ヶ所で順々に狼煙《のろし》を揚げて、木曾谷の味方に報じ、この狼煙を確認した福島の火《ひ》燃《ともし》山で鐘を撞《つ》く手筈《てはず》になっていたが、最初の贄川が離叛したため、小笠原軍の接近に気づくのが遅れたのだという。そのため、小笠原軍の二度目の木曾攻めは、完全なる奇襲攻撃となった。時期的にみて、伊那の徳川軍との連携作戦だったと思われるが、小笠原軍の侵攻が少し遅れてしまい、その直前に伊那の徳川軍は敗退してしまったのだろう。

小笠原軍は、難所の鳥居峠を突破し、ようやく出陣してきた義昌の軍勢を、宮腰で撃破した。義昌は、福島を目指して撤退を開始し、妻籠城から帰還したばかりの重臣山村良勝、上田縫殿、上田庄左衛門らが殿軍となって小笠原軍を食い止めたが、上田庄左衛門らが戦死し、殿軍は崩壊した。小笠原軍は、遂に木曾福島になだれ込み、木曾氏の居館を始め、城下に火を放ち、義昌らを福島城に追い込んだ。

貞慶は、木曾谷への乱入と、義昌を城に追い詰めたことを、ただちに徳川重臣石川数正を通じて、尾張在陣中の家康に報じた。家康は、十月五日付で返書を送り、貞慶の戦功を褒め、木曾義昌の城もまもなく陥落させられるとの見通しに喜び、油断なく実行するよう督励している（家康六四七）。

しかし、貞慶は義昌を攻略することができなかった。木曾谷では、続々と義昌を救援すべく、兵たちが福島に向けて集まり始めたといい、木曾軍に劣らず被害が大きかった小笠原軍は、これ以上敵地に在陣することは不利と考え、松本に向けて撤退を始めた。『木曾考』によると、木曾軍は、小笠原軍を追撃し、桔梗ヶ原《ききようがはら》で合戦に及んだというが、事実かどうかは確認できない。この戦闘が、小笠原貞慶の木曾攻めの詳細な日付などを明記した文書も発見されていない。また、十月五日以前にあったことだけが判明するのみである。

この合戦で、小笠原軍では二木六右衛門、古畑嘉介、征矢野大炊助、青木加賀右衛門、島田治左衛門、江原庄左衛門らが負傷しつつも高名を揚げたという（信⑯二一三）。

いっぽうの木曾義昌も、この合戦で活躍した和田村の百姓弥九郎と、某村の百姓孫次郎（彼は敵の首級《しるし》一つを挙げている）を、約束どおり中間《ちゆうげん》とし、弥九郎には「遠夫丸」（遠征での陣夫役）を免除し、孫次郎には召し使う（義昌の身の回りでという意味か）と明記した朱印状を与えている（信⑯二一三・四）。

二、東美濃の攻防戦

武田信玄・勝頼時代の東美濃

戦国期の東美濃情勢は、史料が乏しく、明確にならぬ事象ばかりであることは、研究者間の共通認識である。だが、小牧・長久手合戦時における東美濃情勢は、秀吉方となった森長可の支配領域であったことや、信濃の戦局との関連からしても、極めて重要であった。

小牧・長久手合戦時の東美濃情勢を知るためには、当該地域の勢力関係を押さえておく必要があるだろう。そこで、武田氏滅亡前後の東美濃情勢を概観することにしたい（以下の叙述は、特に断らない限り、横山住雄・二〇一七年、平山・二〇一七年、小笠原春香・二〇一九年による）。

戦国期の東美濃情勢は、武田氏と織田氏の境目であった関係から、両者の同盟の契機となり、後にその破綻《はたん》の震央となった場所である。この地域を支配していたのが、遠山一族であり、それらは当時から「遠山七頭」と呼ばれていた（上越一一三〇号）。「遠山七頭」とは、岩村《いわむら》遠山氏（岩村城主）、苗木遠山氏（苗木城主）、明知遠山氏（明知城主）、飯羽間《いいばま》遠山氏（飯羽間城主）、明照《あてら》遠山氏（明照〈阿寺、阿照、阿照羅とも〉城主）、串原遠山氏（串原城主）、安木《あぎ》遠山氏（安木〈阿木、安城〉城主）を指す。

このうち、惣領家《そうりようけ》は岩村遠山氏とされ、織田・武田開戦直前の元亀三年までは、遠山景任《かげとう》が城主であった（その夫人は、信長の叔母《おば》〈俗に「おつやの方」と呼ばれるが、名前などは未詳〉）。景任は、信長の四男御坊丸《ごぼうまる》（後の織田源三郎信房《のぶふさ》）を養子に迎えている。それに次ぐ地位にあったのは、苗木遠山氏であり、元亀三年の当主は、岩村遠山景前《かげさき》の子で、景任の弟直《なお》廉《かど》である。

遠山一族は、隣接する信濃を支配する武田信玄と、尾張から美濃へ勢力を拡大しつつあった織田信長の両者と友好関係を結び、両属の国衆として生き残りを図っていた。ところが、元亀三年五月十八日に苗木遠山直廉が、八月十四日には岩村遠山景任が相次いで死去してしまう。その原因は、武田氏の要請に応じ、飛騨に参陣した際の戦傷によるものと推定されている。

岩村遠山景任・苗木遠山直廉兄弟の相次ぐ死により、岩村・苗木の家中が、織田方と武田方に分裂したため、同年九月ごろ、織田信長は、織田信広《のぶひろ》・河尻秀隆の軍勢を岩村に派遣し、東美濃の遠山七頭を制圧したのである。この結果、遠山一族は、両属から織田へ完全に服属することとなった。そして信長は、岩村遠山氏の当主を息子御坊丸、苗木遠山氏の当主を遠山友勝（飯羽間遠山氏）としたのである。

だが、この動きは、武田信玄を刺激した。両属の立場にあった遠山一族を、織田氏に従属させ、東美濃を織田領国に編入したことは、信玄にとって信長の同盟違犯という認識を与えるのに十分であった。かくて、信玄は信長との同盟を破棄し、織田との開戦に踏み切る口実としたわけだ。

まもなく、岩村遠山家中では、武田方が優勢となり、同年十一月、城内から織田方を追放し、武田軍を引き入れ、御坊丸を武田氏に引き渡したのであった。そして、天正二年には、武田勝頼の大攻勢により、飯羽間遠山友信（飯羽間右衛門尉）を始め、明知城、阿寺（明照）城など、苗木城を除く東美濃の遠山一族の諸城は攻略された。この時、阿寺城主遠山友忠（友勝の子）は退去を余儀なくされ、苗木城に逃れたと考えられる（友忠は、父友勝の死後、苗木遠山氏を継いだ。また、友忠の子友重はこの時戦死したとされ、明知遠山氏は断絶）。また、串原遠山右馬助景男・五郎経景父子も本領を捨て、苗木遠山友忠の家臣になったという。さらに、明知遠山一行（父景玄は早世、祖父景行は元亀三年に戦死）は、叔父《おじ》遠山勘右衛門利景とともに織田方に付き、退去したという。この他に、安木遠山氏は、史料が乏しく、その動向は定かでないが、記録からまったく姿を消すので、武田氏の攻勢により滅亡した可能性が高い。

武田氏滅亡前後の東美濃

天正二年末の段階で、東美濃の遠山一族は、苗木遠山友勝・友忠父子、神篦城《こうの》（鶴ヶ城、岐阜県瑞浪市）主延友《のぶとも》佐渡守、小里《おり》城主小里助右衛門尉光明《みつあき》などが、織田方に属すのみで、岩村遠山氏を始めとする遠山一族は、武田氏に帰属した。そして、東美濃は織田・武田の最前線となり、激しい攻防戦が繰り広げられたのである。

転機となったのは、天正三年五月の長篠合戦である。この合戦で、武田勝頼は、織田信長・徳川家康連合軍に大敗を喫した。すかさず信長は、息子信忠や重臣佐久間信盛《のぶもり》らに、岩村城奪還を命じたのである。織田軍の猛攻を受け、岩村城代（武田氏の東美濃郡代）秋山《あきやま》伯耆守虎繁《とらしげ》らは、十一月二十一日に降伏、開城した。信長は、秋山を同二十六日、長良河原で磔《はりつけ》にかけて処刑した（愛⑪一一四〇号、『信長公記』）。そして、岩村城内で赦免を待っていた遠山二郎三郎・市之丞・内膳（大膳亮とあり）・藤蔵（「遠山家譜」などによると岩村遠山景任の甥であるという）、串原・馬木・馬坂・深淵・久保原・大船氏らの遠山衆は、織田軍により虐殺された。こうして、岩村城陥落とともに、東美濃の遠山一族のうち、武田方に属した人々がほぼ壊滅したといえるだろう。また、秋山虎繁の正室となっていた信長の叔母（いわゆる「おつやの方」）も、信長によって処刑されている。

武田氏の勢力を一掃した信長は、岩村城主に重臣河尻秀隆を据えた。そのため、東美濃の遠山一族は、秀隆の与力になったとみられる。天正十年三月、武田勝頼が滅亡すると、信長は、岩村城主河尻秀隆を、甲斐国主（但し穴山梅雪《あなやまばいせつ》の本領を除く）に、また美濃金山城主森長可を信濃国川中島の海津城主にそれぞれ任じた。はっきりしたことは判然としないが、東美濃の遠山一族のうち、明知遠山方景・利景らは、河尻の与力となり、甲斐に移った可能性がある。

信長は、新たな美濃金山城主に、側近森成利《なりとし》（乱・乱法師、いわゆる森蘭丸《らんまる》）を任じた。成利は、岩村城をも与えられ、森成利の支配領域は、金山から東美濃一帯に及んだ。岩村城には、城代として家臣各務兵庫助元正《かがみひょうごのすけもとまさ》が在城したといわれる。

ところが、天正十年六月二日、本能寺の変が勃発した。織田信長・信忠父子とともに、森成利・坊丸《ぼうまる》・力丸《りきまる》兄弟も戦死してしまったのである。海津城主となっていた森長可は、北信濃国衆の叛乱にあい、命からがら信濃を脱出し、美濃金山に帰還した。そして、弟成利にかわって再び金山城主となり、東美濃全域の制圧を目論《もくろ》んだらしい。このことは、確実な史料はないが、明知遠山一行と叔父利景の動向がそのことを示唆している。

『寛政譜』などの系譜類によると、遠山一行は、河尻秀隆に従い、甲斐に在国していたという、本能寺の変を知ると、一行はなおも甲斐に残り、叔父利景が美濃に戻った。彼らの甲斐在国は、河尻の与力としての活動とみて間違いなかろう。この時、一行や利景はともに、徳川家康に帰属すると約束をしたうえで、美濃明知城に帰還したという。まもなく、金山城主森長可より人質提出を求められ、やむなく利景は、養育していた甥一行の息女を金山に送った。天正十一年に、利景は明知城を出て、三河足助《あすけ》城に赴き、再び徳川氏への帰属を申し出て許されたが、これを知った森長可が激怒し、人質としていた一行の息女を処刑してしまったという。また、遠山一行は、甲斐で徳川氏に仕えていたが、天正十六年に美濃に帰還しようとしたところ、甲信国境平沢峠《ひらさわ》で大雪に巻き込まれ、凍死したと記されている。だが、これらの記述は不自然すぎて信頼できない。しかしながら、こうした記録の一部は、事実を伝えている可能性があると考える。そのことについて、項を変えて説明しよう。

小牧・長久手合戦前夜の東美濃

本能寺の変後、東美濃を領有したのは、美濃金山城に帰還し、その地位を織田氏（「清須体制」）に安堵《あんど》された森長可であったことは間違いない。そして、その与力となったのが、苗木城主遠山友忠（苗木久兵衛尉）、明知城主遠山利景、串原城主遠山佐渡守・半左衛門尉父子、小里城主小里光明などであったと推定される。このうち、遠山佐渡守は、武田氏に追放された延友佐渡守と同一人物であると推定されている。彼は、神篦城を任されていたが、故地の串原城に入っていたのではないかとされる。

そして、延友佐渡守は、六月二十五日までには、自身の人質を秀吉に差し出しており、織田に忠節を尽くしたことを激賞されている（秀吉四四三号）。

本能寺の変後の「織田体制」（清須体制）が成立し、さらに織田家督に織田信雄が就任すると、遠山佐渡守・半左衛門尉父子は、天正十年十二月二十一日付で織田家宿老羽柴秀吉・

丹羽長秀・池田恒興の連署状を受け、①織田信雄が家督を継いだので御礼に参上すること、②森長可を取次役とすること、を命じられた（秀吉五四四・五四五・五四八号、なお同様の事例として、小里光明がいる）。このことから、延友佐渡守父子は、このころまでに「遠山」に改姓していることがわかる。恐らく、本能寺の変後も一貫して織田方であったことから、それが認められたのだろう。

このころ、織田信雄と織田信孝兄弟の確執が頂点に達しており、信雄方は美濃に出陣し、岐阜城の信孝を攻め立てていた。この時、遠山佐渡守・半左衛門尉父子は、森長可に従って活動していることが判明している。長可は、当時、加治田城（城主斎藤利堯）を攻め、長沼藤次兵衛らを討ち取り、さらに岐阜城攻めに向かっていた。そこで長可は、遠山半左衛門尉に対し、十二月二十九日付で書状を送り、半左衛門尉自身は軍勢を率いて岐阜の長可のもとに参陣すること、父佐渡守は城（串原城か）に残留することなどを命じている（横山住雄・二〇一七年、一三四頁）。この争乱は、天正十一年二月から五月にかけての、賤ヶ岳合戦、織田信孝の自刃へと続く。

近世の系譜類などによると、苗木遠山友忠、明知遠山利景らは、天正十一年に没落し、徳川氏を頼ったとされている。もし事実であるならば、東美濃において、信雄・秀吉方と信孝・柴田勝家方の争乱が起こっていた可能性が想定される。実際に、小里城主小里光明は、信孝・勝家方に味方したために没落を余儀なくされ、徳川家康を頼って浜松に落ち延びたといわれる。小里光明は、まもなく「和田」と改姓し、三河国小原《おばら》を与えられ、徳川氏に仕えている（『譜牒余録』『寛政譜』他）。

いっぽうの遠山半左衛門尉は、確実な史料を追っていくと、賤ヶ岳合戦時に、信雄・秀吉方として活動しており、天正十一年三月の時点で、東美濃に在国する彼の周辺に異変が起こった様子は確認できない。しかも、父遠山佐渡守は、同年五月三日、柴田勝家を滅ぼした秀吉が越前北ノ庄に滞陣している際に、信雄・秀吉方として岐阜に在陣している（秀吉六九六号）。このように、天正十一年の時点で、苗木遠山氏、明知遠山氏を始め、串原遠山氏らが、反森長可の活動をしていたとは考えにくい。

小牧・長久手合戦勃発と東美濃

ところが、小牧・長久手合戦が勃発すると、串原遠山佐渡守・半左衛門尉父子は、反秀吉の立場を鮮明にする。そして、東美濃は争乱に見舞われるのである。このような事実から、苗木遠山氏、明知遠山氏らの没落は、天正十一年ではなく、小牧・長久手合戦の時期の出来事ではないかと思われる。

そこで、近世の記録を追っていくと、『新撰美濃志』に「遠山久兵衛尉、木曾義昌に与《くみ》し、森家に敵対ある事ありければ、武蔵守其遺恨により、天正十一年五月、金山より軍兵数千騎を発し、苗木を攻めければ、遠山禦《ふせ》ぎ得ず打負け、後が五月二十日累代の居城を退去し、上野の館林に至り蟄居《ちっきょ》せし」という記述に行き当たる。ここで重要なのは、苗木遠山友忠は、木曾義昌に味方したため、森長可に攻められたというくだりである。

木曾義昌は、徳川方の国衆であったが、小牧・長久手合戦開戦直後に、秀吉の調略を受け、羽柴方に転じたことは、既述の通りである。しかしながら、織田信雄・徳川家康と羽柴秀吉の対立が鮮明になるにつれて、両陣営による信濃・美濃・尾張・伊勢・近江の諸勢力への調略は激化しており、串原遠山佐渡守・半左衛門尉父子が反秀吉（反森長可）に転じたのも、これが原因だったのだろう。彼らが、信雄・家康方に味方したことが確認できるのは、天正十二年三月二十三日のことであり、すでにこの時は、明知城は森長可の手に落ちていたことが確認できる（後述）。

このことから、苗木遠山友忠・友政《ともまさ》父子、明知遠山一向・利景らが、森長可のもとから離叛したのは、天正十二年一月から二月にかけてのことで、その調略を担当したのは、まだ徳川方であった隣国の木曾義昌と考えられるだろう。しかし、苗木遠山氏と明知遠山氏は、森長可の軍勢に攻められ、彼らは徳川氏を頼って没落したらしい。

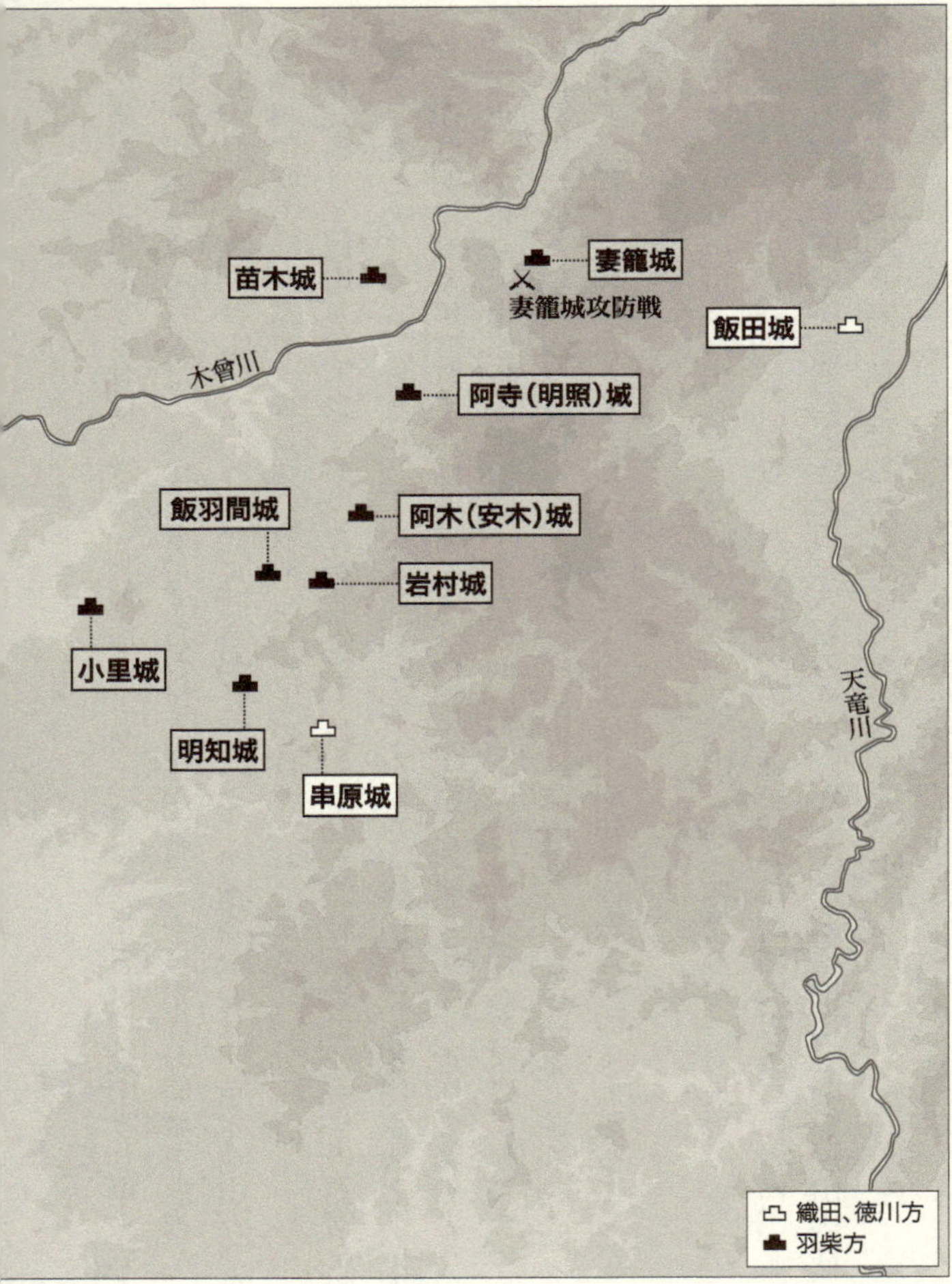
苗木城
妻籠城
妻籠城攻防戦
飯田城
木曽川
阿寺（明照）城
飯羽間城
阿木（安木）城
岩村城
小里城
天竜川
明知城
串原城
織田、徳川方
羽柴方

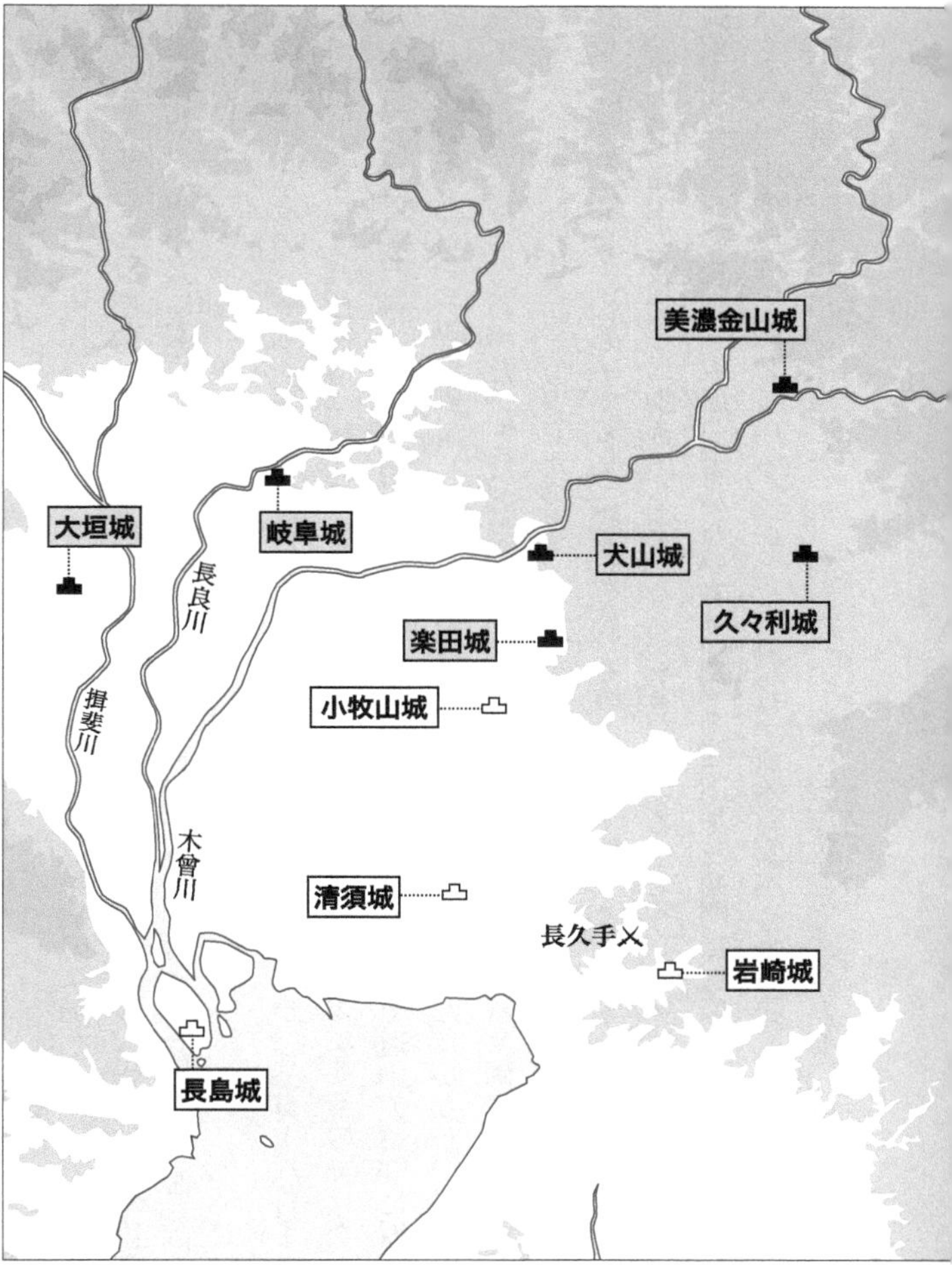

図 12　小牧・長久手合戦と東美濃・南信濃関係地図

東美濃の抗争始まる

天正十二年三月、串原遠山佐渡守・半左衛門尉は、信雄・家康方に転じ、秀吉方の森長可と対決することとなった。この時、森長可は、金山城に実弟森仙蔵忠政、岩村城に家臣各務兵庫助元正、明知城に家臣石黒藤蔵・関左門らを配置していたという（『寛政譜』他、苗木城は詳細不明）。

遠山佐渡守らが、信雄・家康方に転じた正確な時期は判然としないが、三月十八日までに、徳川方にもたらされた彼の「御札」（書状）は、まさにその意思表示を示すものではなかったかと思われる。三月十八日、徳川家臣西尾《にしお》吉次《よしつぐ》・阿部《あべ》正勝《まさかつ》は、連署で遠山佐渡守に返書を送り、三月十七日の羽黒合戦で、森長可を撃破し、敵千余を討ち取ったばかりか、長可の敗北ぶりが実に惨めであったことなどを報じ、「然者其表所々境目行之所及御稼候て、此時候間御奉公肝要候」（長可が敗退したので、そちらの所々の境目において、軍事行動を開始し、お稼ぎなされるのはまさにこの時であり、御奉公されるのが肝要です）と述べているので、まだこの段階では、遠山佐渡守らは動き出していないことがわかるだろう（愛⑭補遺四四九号）。また、阿部正勝は、この連署状の追而《おって》書《がき》において、別便で遠山半左衛門にも同様の申し入れをしていると、遠山佐渡守に報じている（但しこの書状は、原本、写本ともに伝存していない）。

羽黒合戦で、森長可が敗退したことを受けて、串原遠山佐渡守・半左衛門尉・与助らは、三月二十三日以前には、明知城への攻撃を開始した（長四九号）。本領回復を目指す明知遠山利景も、家康の命を受け、東美濃に向かい、これに参戦したという。遠山佐渡守父子とともに、明知城の攻撃に参加した「遠山与助」とは、明知遠山一行のことである（『寛政譜』）。

森長可戦死と東美濃情勢

東美濃で、明知城攻防戦が行われているさなかの四月九日、長久手合戦で森長可が戦死してしまう。事態を憂慮した秀吉は、四月十日、長可重臣各務兵庫助元正に書状を送り、森長可の不慮の戦死を惜しみつつ、尾張の森勢統括のため、長可の弟仙蔵忠政を呼び寄せることにしたと伝え、岩村城や東美濃の諸城については、各務の指揮のもと、守りを堅固にするよう要請し、今後は秀吉を長可の代わりと思い、困ったことがあれば何でも言ってくるよう書き送った。とりわけ、玉薬や兵糧については、各務から要請があり次第、ただちに送るので安心するよう特記している。また、各務は堀秀政を通じて秀吉に、東美濃の状況を報告したらしく、岩村城は無事であるようだが、何か変化が起こったら、ただちに支援すると重ねて書き送っている（秀吉五九八一・二号）。

通説によると、各務元正は、この時、岩村城に在城していたとされている（横山住雄・二〇一七年）。ところが、四月八日に家康家臣井伊《いい》直政《なおまさ》が、遠山半左衛門尉に宛てた書状に

「御状披見本望之至候、仍岩村へ相籠候者共被討捕之由御注進、則披露申候、度々ケ様之御手柄共一段御祝著被成候」（書状を拝見し本望の至りです。さて、岩村へ籠城している者たちを討ち取ったとの報告を家康に披露しました。たびたびこのような御手柄をあげられ大変喜ばしく思います）とあり、すでに串原遠山勢は、岩村城を攻め立てていたことがわかる（大日⑥四九六）。ところが、前掲の四月十日付の各務元正宛秀吉書状には、彼が在城していたとされる岩村城が敵と交戦中であった様子は窺《うかが》えない。このことから、各務元正は、四月十日の時点で岩村城ではなく、森忠政とともに金山城に在城していたのではないかと考えられる。各務は、最初は岩村城に在城していたが、隣接する信濃木曾の木曾義昌が秀吉方に転じたことから、森忠政の後見として金山城に移っていたのではないかと推定する。

森長可戦死に勢いづいた串原・明知遠山勢は、夜討ちなどを実施して、明知城を追い込み、遂にこれを陥落させた。明知落城は、四月十七日であったといい、明知遠山利景は、西尾吉次・本多正信《まさのぶ》を通じて、討ち取った森勢の首級を添え、その戦果を、小牧山城の家康に報じた。家康は、ただちに利景に明知城を安堵したという（『寛政譜』他）。なお、遠山利景が徳川方として、明知城を回復していたことは、天正十三年十二月の徳川家康書状に「明知勘左衛門」とあることからも確認できる（家康六八一、『寛政譜』などによると、遠山利景の官途は「勘右衛門」なので、誤記であろう）。また、この家康書状には、「遠山久兵衛」も登場し、ともに二人をこの直前に美濃に派遣したとあるので、遠山友政も苗木城を回復していた可能性が高い。

小牧・長久手合戦における東美濃の戦局については、軍記物などにも記述はほとんどみられず、詳細は不明である。しかしながら、信雄・家康方の串原遠山氏、明知遠山氏、苗木遠山氏は、各地で戦い続けていたらしい。既述のように、七月二十四日、徳川方の攻撃を受けていた信濃の木曽義昌は、秀吉に書状を送り、いまだに秀吉方から援軍が派遣されてこないと嘆いた。秀吉は、七月二十九日、木曽義昌に宛てて、すでに金山城の森忠政には少人数でもいいので援軍を木曽に送るよう言っておいたのだが、まだ来ないとのことなので、もう一度命じておくと述べ、もう少し辛抱して欲しいと書き送っている（秀吉五九九〇号）。秀吉が東美濃の森氏に対し、木曽義昌支援を命じたことが確認できるが、それが実現していないのは、遠山方の攻勢によるものであろう。

いっぽうの遠山方も、東美濃の森方の諸城をなかなか制圧できなかったようである。この戦闘のさなか、遠山佐渡守の息子半左衛門尉の戦死の知らせを聞いた家康は、重臣井伊直政に見舞いとお悔やみの書状を書かせている（長四三一号）。この中で直政は、家康の言葉として、半左衛門尉戦死を悼み、彼の弟（佐渡守次男茂兵衛）を佐渡守の跡継ぎとするようにと記した。また、家康自身も、十月十八日付で遠山佐渡守に半左衛門尉の弟で、彼の次男を後継にするよう書き送っている（長四三三号）。確実な史料で確認できないが、遠山半左衛門尉が戦死したのは、岩村城攻めの可能性がある。

このように、天正十二年三月から十月にかけて、東美濃では森方の諸城を、串原遠山氏、明知遠山氏らが攻め立て、徐々にではあるが、戦局を優位にしていたと考えられるだろう。東美濃における遠山方の蜂起と森方の劣勢は、森長可が羽黒合戦で敗退したことがきっかけであった。しかし、尾張に在陣する森長可は、これに対応できず、座視せざるをえなかった。この地域での劣勢を挽回《ばんかい》するためにも、長可は尾張の戦局を優位とし、秀吉の許可を得て、金山城に転じて対応したいと考えていたとしてもおかしくはなかろう。長可の焦りが、長久手合戦の開戦に、大きく影響していたのではないだろうか。

三、畿内の戦役

小牧・長久手合戦と連動した畿内の動向

小牧・長久手合戦が勃発した際、秀吉の勢力圏であった畿内には、どのような動きがあったであろうか。本節では、紀州雑賀・根来衆を中核とする一揆勢と秀吉方の合戦（岸和田合戦）と、京で発生した佐久間道徳謀叛《むほん》事件に絞ってみていきたい。

畿内は、「織田体制」においては、秀吉が管轄する地域であった。天正十一年の賤ヶ岳合戦においては、織田信雄・羽柴秀吉と織田信孝・柴田勝家・滝川一益の対立により、「織田体制」は分裂し、清須会議以来の政治構造（「清須体制」）は崩壊した。

実のところ、織田信雄と織田信孝を比較した場合、信長の生前より信孝の方が、正親町《おおぎまち》天皇を始め、公家衆との交流が緊密であった。とりわけ天正十年、山崎合戦においては、明智光秀を打倒する織田方の旗頭は信孝であり、従前来の朝廷との交流なども影響して、京や奈良の寺社に対する禁制発給は、彼が担っていた事実がある。また、清須会議後も、信孝は、寺社領安堵などを行っており、信雄と比べて京・奈良の寺社の輿望《よぼう》を集めていたともいえる（この時期の、天皇・朝廷の動向は、水野智之・二〇〇六年下による）。

ところが、信雄には、皇室、公家、寺社との交流はほとんど確認できていない。信雄と信孝は、官位や家格（北畠家と神戸家）ともに、信雄の方が上位であったのは動かず、しかも信雄は織田家家督を一時的にせよ継承しているのであるから、「織田体制」（清須体制）の頂点にいたにもかかわらずである。

さらに、信雄が織田家家督となり、天正十年十二月に岐阜城の信孝が降伏し、三法師が岐阜城から安土城に移されたことで、信孝の地位が失墜した後も、信雄は彼に代わって、京や奈良において、「織田体制」のトップとして、朝廷や寺社との交流を確立することはなかった。

これは信孝敗北後の京は、秀吉が統括しており、公家衆や寺社への安堵などを、彼が取り仕切っていたことが大きく影響しているのだろう。つまり、信雄はかなり早い段階から、秀吉に京・奈良を始めとする畿内の主導権を掌握されていたわけである。

信雄が、公家との交流を始めたことが、記録上確認できるのは、天正十一年十一月、近衛信輔との会見が初見であり、その父前久《さきひさ》とは、徳川家康を通じて親交を結んだらしい。いっぽうで、近衛父子は秀吉との関係構築にも余念がなく、彼らは信雄・家康方と秀吉方双方との交流を持ち、一方に加担することには慎重であったようだ。

しかしながら、秀吉の大坂城普請が進むと、公家衆らは秀吉に祝意を表すため、大坂を訪問するなど、信雄とは比較にならぬほど、京では秀吉に傾斜する向きが強くなっていたと言えるだろう。

そして、天正十二年三月、小牧・長久手合戦が勃発すると、近衛前久は、家康との関係が緊密であったことから、秀吉に譴責《けんせき》されることを恐れてか、京を出て奈良に逼塞《ひっそく》している（『兼見卿記』同年三月十五日条）。だが前久は、八月十三日に、秀吉から山城国における知行を安堵されているので、関係は改善されたとみられる（秀吉一一七二・一一三七号）。

このほかに、吉田兼見を始め、多くの公家は秀吉への見舞いを行い、また畿内近国の寺社は、秀吉への陣中見舞いを続々と贈っている。それらは、山城国（賀茂社、妙法院、真善法寺、松尾社、鹿王院、西方寺、妙顕寺、本能寺、醍醐寺）、大和国（長谷寺、称名寺）、摂津国（本興寺）、河内国（誉田八幡社、観心寺、金剛寺）、近江国（総見院、惣持寺、長命寺、多賀大社、園城寺）などが確認できる。また、公家衆は唐橋在通《からはしありみち》、烏少路経乗《とりのこうじつねのり》、少将などがみられ、そのほかには、京の上京・下京の町衆、近江国長浜の町衆、伊勢国山田の倉方、伊勢国大宝寺などがみられる。これらは、秀吉の礼状が現存する事例であり、実際にはもっと多くの寺社が音信や陣中見舞いを実施したであろう。

そして、合戦のさなかの五月一日には、秀吉も比叡山延暦寺の根本中堂戒壇院の再興に対し、援助を約束するなど、京への影響力を強めようとしている（秀吉一〇六六・七号）。また、皇族や公家衆も、戦局を非常に気にしており、尾張の秀吉陣に派遣した吉田兼見《かねみ》の使者鈴鹿喜介が帰洛した際には、喜介が主人兼見に説明するために描いた絵図を、今度は兼見が朝廷に持ち込んで公家衆に、最後は誠仁《さねひと》親王にも報告している（『兼見卿記』天正十二年四月九日条）。

いっぽうで、水野智之氏がすでに指摘しているように、天皇が綸旨《りんじ》をもって、秀吉の戦勝祈願を伊勢神宮を始め、石清水八幡宮、興福寺などの大寺社に命じる動きは認められない。このことは、まだ小牧・長久手合戦段階では、秀吉に大きく傾斜しながらも、天皇・朝廷が一体となって彼を支持するまでには至っていないことを示している。天皇・朝廷は、織田信長の大規模な遠征に際しても、戦勝祈願などを積極的に実施し、敵を「夷狄《いてき》」と指弾してその討滅を正統化する姿勢をみせていたことはよく知られている（天正十年一月から四月の武田勝頼討滅戦はその好例である）。秀吉に対する、こうした天皇・朝廷の行動は、天正十三年三月以降にみられるもので、それは彼が正二位内大臣となり、参内を遂げた後のことであった。

つまり、天皇・朝廷は、主家である織田信雄と戦うこととなった秀吉が、果たして勝利するか否か、そして勝利したとして、この混乱をどのように収束させていくのかを注視していたのであろう。それでも、秀吉への傾斜は明らかであり、それゆえに長久手合戦の敗北、池田父子らの戦死の情報がもたらされると、「京都以外騒動了」（『兼見卿記』四月十三日条）とか、「尾州表之雑説以外流布、洛中取乱無正体云々」（同十五日条）などのように、混乱と動揺に見舞われていた。

佐久間道徳謀叛事件の発覚

そうしたとき、小牧・長久手合戦の戦局に一喜一憂する天皇・朝廷を驚愕《きょうがく》させ、秀吉の逆鱗《げきりん》に触れる事件が京で発生した。これを契機に、秀吉と朝廷との関係の微妙なバランスが変化し始めることとなる（以下の記述は『兼見卿記』『貝塚御座所日記』、秀吉一〇八二号、黒川直則・一九六九年、水野・二〇〇六年下による)。

天正十二年五月十一日、淀城の在番を担っていた小野木重次は、兵三百余を率いて京に入り、禁裏六丁町の一条町の町屋を包囲し、踏み込んだ。小野木は、京で謀叛の計画があるとの情報を知った秀吉から、ただちに首謀者を捕縛するよう命じられたからである。だが、踏み込んだ家(借屋)には、妻子がいただけで、当人は寸前に逃亡した後だったらしい。また、小野木の配下は、同じく禁裏六丁町の実相院町《じっそういんちょう》にも手を入れ、もう一人の容疑者宅に踏み込んでいる。ここには、当人が在宅していたらしく、彼は自害したという。

小野木が、秀吉に命じられて捕縛しようとしたのは、佐久間道徳・御兵兄弟であったという。佐久間兄弟は、信雄方の佐久間甚九郎正勝(尾張蟹江城主)の弟だった。正勝は、小牧・長久手合戦において、信雄方として伊賀・伊勢の戦線で羽柴方と交戦して、これを苦しめるなど重きをなしていた(秀吉九九三号)。

『寛永伝』『寛政譜』には、佐久間正勝の弟に、道徳に該当する人物の記述はないが、「御兵」については、『寛政譜』に「某　兵衛介」として記録されている。それによると「豊臣太閤につかへ、のち命によりて京師にをいて斬らる」とあり、彼は秀吉に仕官していたが京で殺害されたとあり、『兼見卿記』の記述と符合する。

では、なぜ秀吉に仕官していた佐久間兵衛介とその兄道徳は、捕縛を命じられたのか。それは、『兼見卿記』に「謀叛の企てあり」との嫌疑がかけられていたからだと記されている。佐久間兄弟の謀叛計画とは、どのような内容であったか、そしてその組織がどれほどの規模であったかはまったくわかっていない。しかし、佐久間兄弟の「与力」(同調者)二人が、他の町で自害したと『兼見卿記』に記録されているので、規模の大小はどうあれ、京で何らかの反秀吉の動きがあったのは事実なのだろう。だが、その密謀は秀吉の諜報網《ちょうほう》にかかり、未然に防がれたのである。

淀城の小野木重次は、一条町・実相院町に踏み込むと、何事かと集まってきた町人たちにも同調者の嫌疑をかけ、一条町で十一人、実相院町で十人を捕縛した。

怒る秀吉、動揺する朝廷

佐久間道徳の行方はようとして知れず、兵衛介は自殺してしまい、与力二人も自害したこともあって、謀叛計画は未然に防がれた恰好《かっこう》となったのだが、問題はこれでおさまらなかった。小野木が捕縛した町人たちのなかには、将監、小嶋、柳沢、中村という人物がいた。問題となったのは、彼らがただの町人ではなかったことである。

一条町や実相院町は、禁裏六丁町のうちと呼ばれたように、朝廷に奉仕する町であった。そのため、数々の特権を与えられていた町だったのである。そして、佐久間兄弟に協力したとの嫌疑をかけられた町人の代表者のうち、将監は勧修寺晴豊の、小嶋・柳沢は烏丸光宣《からすまみつのぶ》、中村は徳大寺《とくだいじ》公維《きんふさ》の、それぞれ奉公人（「内」〈内の者〉、「殿原」）だったのだ。

小野木は、捕縛した町人らを、淀まで連行し、淀城の天守に幽閉した。謀叛の嫌疑をかけられ、捕縛された町人の住所が朝廷との所縁《ゆかり》がふかい場所であったこと、またその中に公家の奉公人が含まれていることを知った朝廷は動揺した。当然、朝廷が反秀吉に秘かに加担していたのではないかと疑われるのを恐れたからである。

翌五月十二日、異例のことながら、勅使として柳原淳光《やなぎはらあつみつ》・日野輝資《ひのてるすけ》・甘露寺経元《かんろじつねもと》が淀に派遣され、小野木に町人の釈放を要請したが、拒否されたらしく、実現しなかった。いかに勅使を受けたとはいえ、小野木一人の判断で、謀叛の嫌疑をかけられた人々を釈放するなど、どだい無理な話であった。

そこで朝廷は、五月十三日、美濃（実際には、近江坂本）在陣中の秀吉のもとへ、勅使勧修寺晴豊・高倉永相《たかくらながすけ》を派遣することとし、さらに同日には、朝廷の意向を受けた京都奉行前田玄以が淀に向かい、小野木との調整を図った。詳細は定かでないが、前田も小野木も、勅使と面会した秀吉の意向が伝達されれば、それに従うつもりであったらしい。

秀吉は、五月十七日、京都奉行前田玄以と小野木重次に対し、①佐久間道徳の妻子を捕縛したのは喜ばしい、②彼らはただちに上下京の辻《つじ》に籠《かご》を拵《こしら》え、そこに入れ置き、周囲には虎落《もがり》（竹で作った柵）を結い廻《まわ》し、町人に番をさせよ、③佐久間の同調者と思《おぼ》しき者、身元の確かな者を添えてこちらに連行せよ、厳しく糺明《きゅうめい》しようと思う、④一条町と実相院町は「ふしころし」（干し殺すか）つもりなので食事もさせるな、秀吉から指示があるまで、まずは七日は絶食させよ、詳細は追々指示する、と下命した（秀吉一〇八二号）。秀吉の怒りのほどが、よくうかがわれる。

この事態に恐れをなした一条町や実相院町の人々は、町を捨てて逃げ出した。これが余計疑念を招く結果となり、秀吉は五月二十三日には京都七口の関の封鎖を命じ、往来する人々への検問を強化させ、逃亡した町人たちの探索を指示し、匿《かくま》う者は厳罰に処すと触れさせている（『兼見卿記』）。

秀吉のもとに派遣されていた勅使は、二十日夜帰洛し、状況を復命した。何と、勅使は秀吉に面会できなかったというのだ。秀吉は、勅使を事実上門前払いしたわけで、彼の怒りの凄《すさ》まじさを朝廷に示すには十分であった。彼は、朝廷が信雄・家康方と通じているのではないかと疑っていたらしい。勅使が、秀吉と面会出来なかったことを知った前田と小野木は、町人の釈放を見送った。

なお、この事件のことと思しき記述が、『一五八四年八月三一日付日本〈長崎〉発信、ルイス・フロイスのイエズス会総長宛書簡の写し』にある。

両軍（秀吉と信雄・家康）が尾張の国において夜戦を行わんとしていた際、数人の敵が密かに上の都（京都）に来たが、総督（京都奉行前田玄以か）も不在であったため、全市の動乱となった。この時羽柴が都の地方三レグワ（一レグワ＝約5キロ）の所に、部下の兵と共に留め置いた部将（小野木重次か）が来て敵を発見し、その一部は戦闘中に殺し、余はこれを捕らえた。総督が帰り来って厳重に調査を行ったところ、三、四日の間に上の都の重なる二街の住民を失った。この報が戦場に在った羽柴殿に達し、彼は捕虜を餓死せしめることを命じた。数人死亡した後、残存者の中に数人の富んだ者がいて、多額の金銀をもって助命を請い、内裏の太子が彼らのため羽柴殿に請うたのでこれを許し、その街に帰らしめた。

イエズス会宣教師の得た情報は、一部日本側の記録と齟齬《そご》もあるが、おおむね合致していることがわかるだろう。事件が、当時の京の人々に与えた動揺と、秀吉の怒りをこの記録からも読み取ることができる。

事件解決とその余波

事件が解決に向けて動き出したのは、五月二十七日のことである。秀吉は、京都奉行前田玄以を通じて、朝廷に五ヶ条の申し入れを行った（『兼見卿記』、以下同）。残念ながら、その内容は定かでない。公家衆が協議の結果、天皇の同意を得て、秀吉の申し入れを受諾することが決定された。

動揺する朝廷を揺さぶるように、秀吉は、六月三日、捕縛していた町人三十一人を、蛸薬《たこやく》師《し》近辺に設置させた牢に閉じ込め、さらし者にした。その様子は、あまりにも不憫《ふびん》であったという。

六月十五日、淀の小野木重次のもとに、本願寺門跡顕如の使者が送られ、町人の釈放が懇請された。顕如が動いたのは、小野木が一向宗門徒だったからである。だが、小野木は、職責上のことであるので、要請には応じられないと拒否した。

六月二十五日、近衛前久・信輔父子が、京を発《た》ち、秀吉を訪問した。これは陣中見舞いであったが、信雄・家康に近いとみなされていた彼らが秀吉のもとを訪問したのは、父子が、自分たちは信雄・家康に通じているのではないことをはっきりさせ、秀吉に忠節を誓い、その意向に従うことを明示するためだったとみられる。

天皇は、事態解決のため、聖護院道澄《しょうごいんどうちょう》に秀吉との調停を依頼し、彼のもとへの下向を要請した。道澄はこれに応じ、勅使日野輝資・烏丸光宣・水無瀬《みなせ》親具《ちかとも》と、久我《こが》季通・菊亭晴季《きくていはるすえ》を同道させている（『兼見卿記』『貝塚御座所日記』）。聖護院道澄は、室町幕府将軍などの意向を受け、戦国大名間の交戦を停止し、和睦勧告を行う使者として活動していたことはよく知られている。今回も、朝廷と秀吉との関係改善の使命を果たすことになったのだろう。いっぽうで、水野智之氏は、聖護院道澄が近衛前久の実弟であることに注目し、近衛父子の秀吉服属とあわせて考慮すべきと指摘している。

七月十二日、秀吉は朝廷の懇願を受諾し、入牢《じゅろう》していた一条町・実相院町の町人たちを釈放させた（『貝塚御座所日記』は、七月十三日に赦免の通達が秀吉から出され、町人たちが淀から釈放されたとある）。これを知った京の人々はようやく安堵したという。同三十日には、吉田兼見ら公家衆が、前田玄以にお礼を述べている。

こうして事件は解決に至ったが、佐久間道徳謀叛事件は、その規模が小さかったにもかかわらず、その後の歴史に大きな影響を与えた。当時、秀吉は主家織田家を凌《しの》ぐ勢いがあり、小牧・長久手合戦でそれを屈服に追い込むことになったわけであるが、朝廷から見れば、彼は無位無官の「平人」に過ぎなかった。だが、この事件解決からまもなくの十月二日に少将に補任《ぶにん》され、小牧・長久手合戦の和睦成立の十一月十三日と同日に、秀吉は朝廷から従三《じゅさん》位《み》・権大納言に叙任された。この異例の叙任は、謀叛事件をきっかけに、朝廷にその加担の嫌疑を向けることで、秀吉が交渉において優位に立ち、勅使の面会拒否など強硬姿勢を示しながら、信雄・家康方に通じることを封じ、秀吉権力を朝廷に認めさせる方向に導いた結果であろう。

かくて秀吉は、織田にかわる新たな政権樹立に向けて、大きな成果を得たのである。

紀州雑賀・根来衆、動き出す

秀吉軍と織田・徳川連合軍の大戦が、尾張や伊勢で火蓋《ひぶた》を切ったのと同じころ、信雄・家康に呼応した紀伊の雑賀衆、根来衆らが、密約通り動き出した。

三月十八日、雑賀衆・根来衆らの一揆勢が陸路と海路で並行して大坂に向けて侵攻を開始した。陸路の一揆勢の兵力については軍記物などに三万余などとあるが、判然としない。ただ、秀吉が後に書状で、一揆勢のことを「大軍」と記しているので、かなりの兵力であったことは間違いなかろう。いっぽうの海賊衆も百三十艘《そう》に及ぶ船団で、海路北上を開始したのである。陸路の軍勢は、岸和田城の近所に、海賊衆は大津（大阪府泉大津市）にそれぞれ進出した（『貝塚御座所日記』、以下特に断らない限り岸和田合戦の模様は同書による）。

イエズス会の記録によると、一揆勢は一向宗門徒を味方につけるべく、もし大坂を奪取したら、秀吉が築城中の大坂城と、大坂の町を焼き払い、本願寺をここに復活させようと喧伝《けんでん》していたらしい（『一五八四年八月三一日付日本〈長崎〉発信、ルイス・フロイスのイエズス会総長宛書簡の写し』）。だが、貝塚にいた顕如は、まったくこれに応じようとしなかった。彼は、石山合戦終結後、どんな形であれ、一切の合戦に関与することはなかったのである。

さてこの時、海賊衆を率いていたのは「淡路国菅野平右衛門」「淡路須本官野平右衛門」であったという（『真鍋真入斎働覚書』『真鍋真入斎書付』）。これは、もと淡路国洲本《すもと》城主菅平右衛門尉の誤記と考えられる。菅平右衛門尉達長は、淡路国洲本城を本拠とする国衆であったが、織田信長と大坂本願寺・毛利輝元の抗争に際し、本願寺・毛利方に与《くみ》して活動した人物である。だが、天正九年に羽柴秀吉に攻められて淡路を没落し、洲本城は仙石秀久が領有するところとなっていた。

天正十年六月二日、本能寺の変が勃発すると、菅は淡路国に攻め上り、六月九日までには仙石秀久を追放して洲本城を奪回した。これを知った秀吉は、いわゆる「中国大返し」の途上の六月九日、明石に着陣すると、洲本城と淡路国の回復を図ったのである。秀吉は、自ら淡路に乗り込むと喧伝しつつ、淡路の安宅《あたぎ》氏らを洲本に派遣し、菅軍を攻撃しようとした。これを知った菅は恐れをなし、九日夜か十日には洲本城を放棄して再び没落した（盛本昌広・二〇一六年）。菅は土佐の長宗我部氏を頼ったとされる。このように、菅達長は、秀吉には大いに遺恨があったわけで、長宗我部元親と雑賀衆・根来衆らが、織田・徳川氏に味方したことを受けて、これに連なろうとしたのだろう。

雑賀衆・根来衆は、岸和田城に対抗すべく、すでに「小木」（近木、大阪府貝塚市）周辺に付城を構築していたとされる。それらは、高井《たかい》城、畠中《はたけなか》城、沢《さわ》城、積善寺《しやくぜんじ》城、千石堀《せんごくぼり》城、鳥《と》羽《ば》城、中村《なかむら》城などであった。このうち、千石堀城と積善寺城は根来衆の、沢城は雑賀衆の、そして畠中城は「百姓持タル城」であったという（『顕如上人貝塚御座所日記』天正十三年三月二十一日条）。

陸路の雑賀衆・根来衆らは、紀州街道を北上し、岸和田城近くにまで進出した。いっぽうの菅達長率いる海賊衆は、大津に向かった。この結果、岸和田城は南北から挟撃されることとなったのである。

大坂の混乱、安土滅亡の如し

雑賀衆・根来衆ら一揆の大軍が、大坂に向けて進軍を始めたとの噂は、すぐに近隣諸国に伝わったようだ。『多聞院日記』によると、大坂では一揆の大軍が攻め寄せてきたと大騒ぎになっていたとあり、「如何成り行くべきやらん」（いったいどうなってしまうのか）と記している。同書はさらに、秀吉が近江佐和山辺りに軍勢を集結させ、東から攻め寄せる徳川家康を迎え撃つとのことで、「天下動乱色顕ル、如何成行哉覧、心細也」（天下動乱の様相があらわになってきた、どのようになってしまうのか心細い限りだ）と不安な心境を書き留めている。

いっぽう、敵の大軍が迫っているとの情報に接した大坂城下は、パニックに陥った。秀吉が建設を進めていた大坂城とその城下の規模は、目を見張るものがあり、イエズス会宣教師は「羽柴筑前殿は今日まで、日本でもっとも広大で壮麗な城と市《まち》の建設に従事してきたが、信長がかつて安土山に建設し、日本の諸国を驚嘆させ、ただこれを見るために各地から人が訪れ、その技巧と壮麗さに目を見張った彼の市も、いまや羽柴が築き、発展の一途を辿《たど》る市には劣るように思われる」と本国に報告するほどであった（『一五八四年八月三一日付日本〈長崎〉発信、ルイス・フロイスのイエズス会総長宛書簡の写し』）。

そこへ、雑賀衆・根来衆らの一揆勢が迫ってきたのである。彼らが、反秀吉であったのは「羽柴が全軍を率いて（大坂を）出発した後、根来と称する仏僧たちは羽柴が彼らを憎悪しており、勝利を得て帰ったならば、彼らを攻めることがわかっていた」からであったという（同前、以下の記述は特に断らない限り同史料による）。

噂では一万五千におよぶ一揆勢は、大坂城下町をすべて焼き払い、城を占領したならば、かつて織田信長が五、六年を費やしても容易に屈服させることができなかったこの場所に、再び一向宗門徒を入れる計画であったという。一揆勢は、ゆっくりと数日かけて前進し、途中通過したいくつかの町を破壊し焼き払った。大坂には、一揆勢と戦えるだけの兵はおらず、大坂城下も建設中であるがゆえに、外に向けて開放されており、防禦《ぼうぎょ》の設備すらまだないありさまだった。

町の人々は、略奪されれば何も残らぬことを熟知していたので、家財を持ち、家に火を放って大坂を脱出し始めた。すると、この混乱に目をつけた盗人が、城下の各地で横行し始めた。こうした大坂城下の混乱ぶりは「この市街の略奪は安土山が焼かれて破壊された時とほとんど同じ状況になっていた」という。大坂城下の教会にいた宣教師オルガンティーノは、炎が迫るなか、教会の放棄を決意し、司祭一名と修道士二名に、家財をすばやく集め、船で大坂を脱出するように命じた。しかし、オルガンティーノ自身は逃げようとせず、教会が焼け落ちれば、それに身を委《ゆだ》ね殉教する決意を固めていた。これに驚いた周囲の人々が、無駄死にをするべきでないと、懸命にオルガンティーノを説得し、教会から退去させたという。

岸和田合戦

岸和田城を守っていた中村一氏のもとには、秀吉より黒田孝高・蜂須賀家政・明石則実らが派遣されていたが、和泉の諸侍を含めても、その軍勢はわずかに八千人ほどに過ぎなかったという。これに対し、雑賀衆・根来衆らの一揆勢は三万余とも伝えられる。

中村一氏らは、大軍の様子をみて、籠城戦に徹することに決めた。もし出撃して思わぬ不覚を取れば、岸和田城を維持することが出来なくなることを憂慮してのことであった。三月十八日、雑賀衆・根来衆らは、和泉国の各所に放火し気勢を挙げ、佐野周辺に陣取った。しかし三月十九日、二十日は降雨のため、軍事行動を休止したという。

雑賀衆・根来衆らが再び動いたのは、三月二十二日のことである。まず海賊衆の一部が、大津で上陸を始める動きを示した。この時、大津を拠点とする真鍋真入斎《まなべしんにゅうさい》らは、妻子を残したままであることから、大津に出陣して海賊衆菅達長らの軍勢の上陸を阻もうと考え、これを中村に進言した。中村はこれを許し、真鍋らは大津に帰り、地侍らとともに上陸しようとしていた菅勢に襲いかかった。もともと淡路の菅達長と、大津の真鍋らは海上交通の利益をめぐって抗争を繰り返していた経緯もあり、激しい合戦となった。この時、蜂須賀家政、和泉衆寺田《てらだ》、松浦《まつら》氏らも加勢として到着したといい、劣勢となった菅勢は、船に飛び乗って海上へ退避していった。こうして菅勢の大津上陸は阻止されたのである。

いっぽう岸和田城には、雑賀衆土橋平丞兄弟を物主《ものぬし》（部隊長）とする四、五千人ほどが攻め寄せ、城方は、切って出てこれを撃破した。大坂方面に進んでいた根来衆は、これを知ると、急いで岸和田に引き返してきたが、中村一氏らの軍勢によって撃破された（『耶蘇会日本年報』に「根来の兵士の一部は、是〈岸和田〉より更に前進し、殆《ほとん》ど大坂を見ゆる地点に達したりしが、同僚の敗戦を聞くや、勇気を失いて急ぎ退去せり」とあるのは、この軍勢のことを指すのであろう）。後に岸和田城に集められた首級は七六九にも及んだが、中村らの軍勢は、多くを討ち捨てにし、そのまま敵を追撃した。そして、雑賀衆・根来衆らが築いた付城に襲いかかり、鳥羽城、中村城、積善寺城（貝塚市）を攻め落とし、城を焼き払った。また、周辺の一揆方の村々も放火されたが、畠中城と沢城は陥落せず、中村らの軍勢を撃退したという。勝利した中村一氏らは、海賊衆菅達長らが堺に向かったことを知ると、軍勢を堺に派遣し、また、雑賀衆・根来衆らが再度攻撃を仕掛けてくることにも警戒した。

三月二十二日夜、雑賀衆・根来衆らは岸和田城に再び進んできたが、攻め寄せることなく、まもなく佐野へと引き揚げ、在番を一部残して撤退した。海賊衆も堺から佐野へ引き返し、ここに残留して今後に備えたという。

岸和田城に父孝高とともに在陣していた黒田長政《ながまさ》は、三月二十三日に、岸和田合戦の勝報と首注文を、尾張に在陣する秀吉のもとに送った。これを知った秀吉は驚喜し、長政ら岸和田城の人々に、敵の大軍を即時に切り崩した戦功を讃えている（秀吉九九二号）。かくて秀吉方は、大坂の防衛に成功したのである。

なお秀吉は、念のため、三月二十三日に藤井与次兵衛勝介に書状を送り、軍船を大坂湾の木津《きづ》浦に配備し、一揆の者どもが船で攻め寄せてくることもあるだろうから、討ち殺すように指示している（秀吉九八六号）。だが、一揆勢が大坂湾に姿を現すことはなかった。

イエズス会の記録にみる岸和田合戦

以上が、日本側の文書、記録にみる岸和田合戦の模様である。ところが、『一五八四年八月三一日付日本〈長崎〉発信、ルイス・フロイスのイエズス会総長宛書簡の写し』には、日本側の記述にはみられない合戦の様子や、武将の活躍などが綴《つづ》られている。念のため、ここに書き留めておこう。

一揆勢は、秀吉が和泉国岸和田城に、部将一人（中村一氏）と兵六、七千名を守備隊として配置していたことを知らなかった。彼らは、岸和田城は激しい戦闘をするまでもなく、すぐに陥落すると考え、油断していたという。そこへ、中村軍が城を出て、攻撃を仕掛けたところ、短時間で敵四千名以上を討ち取った。だが、中村軍の兵卒は疲労しており、ほんらいは首級を取るべき習いであったが、耳のみを取るに留《とど》めた。

また、一揆勢の襲来を知った、キリシタンで秀吉の海軍を担っていた小西行長《こにしゆきなが》は、七十艘の艦隊を率いて堺に進出した。小西艦隊は、「ガレオン船に似た船に乗り、これには多数のマスケット銃と、豊後の国主（大友宗麟《おおともそうりん》）が信長に贈った大砲一門を備えてあった」という。小西艦隊は、敵軍が通過中であった和泉国の海岸に向けて海上から攻撃を開始し、多くの敵兵を撃ち倒したという。

岸和田城をやり過ごし、大坂での略奪に執着していた多数の一揆勢は、大坂にあと六里と迫ったところで、味方の敗報に接し、大いに落胆して撤退を始めた。これを知った大坂の人々は、一揆勢の追撃を始めたといい「障害者や少年、老人、子供までが大いに勇気を得て彼らを打って殺したが、もし日没を迎えなかったら（根来兵は）少数の者しか逃れ得なかったであろう」と噂された。

こうして、大坂城と城下町の危機は去ったが、「もし市《まち》が焼かれ、大坂の城が奪われていたならば、津の国（摂津国）と河内国においては羽柴が諸城を破壊させていたので、彼ら（一揆勢）は何ら抵抗されることなく安全に都に入ってすべてを占有していた」と宣教師たちは考えていたという。

いずれにせよ、岸和田合戦で秀吉方が勝利したことにより、大坂の危機に回避されたのである。

第五章　長久手合戦と戦局の転換

一、長久手合戦

長久手合戦をめぐる諸問題

小牧山城を本陣とする信雄・家康方と、楽田城を本陣とする秀吉方は、双方ともに敵を討ち破る機会を得られず、対陣が長期化の様相を見せ始め、戦局は膠着《こうちゃく》状態に陥っていた。これを打開すべく、動き出したのが秀吉方である。秀吉方の三好秀次を大将に、池田恒興・元助・照政父子、森長可、堀秀政、長谷川秀一らで構成される二万五千余の大軍が、三河岡崎を目指して進軍を開始することとなった。いわゆる「三河中入《なかいり》」である。この別働隊の動きを「中入」と呼称するのは、すでに『太閤記』などに記述されている。

通説によると、三好らの別働隊は、信雄・家康に気取られぬよう、秘かに進軍したといわれている。だが家康は、この動きを察知し、三好らの軍勢を追って小牧山城を出陣すると、四月九日、秀吉方を撃破した。これが長久手合戦である。

しかしながら、通説の長久手合戦については、いくつかの疑問がある。それらを列挙してみると、①三河中入の作戦は、池田恒興らが立案したのか、それとも秀吉が立案して命じたのか、②三好・池田・森らの軍勢が出陣した日はいつなのか、③三河中入の軍勢の動きは、織田・徳川方には秘密裏に行われ、かなり後まで気づかれていなかったというのは事実なのか、などである。これらの課題を意識しつつ、長久手合戦の経過を追ってみよう。

三河中入計画の決定

『太閤記』などによると、戦局の膠着を不利とみた池田恒興は、家臣らと軍議を行い、家康の本国三河は、兵力が払底しており、空の状況であるので、別働隊をもって攻撃を仕掛ければ、家康は動揺して敗軍するであろうとの結論に達した。そこで恒興は、四月四日夜、犬山の秀吉本陣を訪れ、三河中入を献策し、自らにその任務を命じて欲しいと願った。秀吉は熟慮し、明日一番に返事をすると恒興に言い、即答を避けた。

翌五日早朝、恒興は再び秀吉本陣を訪れ、この作戦実行を逡巡《しゅんじゅん》していれば、実現は難しくなると言上した。恒興は、篠木、柏井で一揆が発生し、村瀬作右衛門を一揆大将として、森川権右衛門の要害に籠城《ろうじょう》するとの情報が入っており、これを味方につけるための調略を行っていること、秀吉方は大軍ゆえに、兵糧《ひょうろう》の欠乏が問題となっており、早期に決着をつけるべきであることを申し述べた。これに秀吉もようやく納得し、明日六日に出陣し、東三河に放火して、すぐに撤退せよ。そして、篠木、柏井に城を拵《こしら》え、一揆を味方につけ、彼らに扶持《ふち》を与えて、毎夜敵方の村々に夜討ちを行わせれば、尾張半国は味方となることだろう、と述べたという。ただ、秀吉は不安だったのか「必ず敵を侮るな、まばらがけ（勝手な攻撃、列を乱した攻め方）をするな」と、恒興に釘をさしたという。

恒興らの計画は、挙母《ころも》、岡崎周辺に放火して、徳川方の後方を攪乱《かくらん》することにあった。さすれば、家康は動揺して小牧山城に在陣できず、三河に引き返すことであろう。徳川軍を小牧山城から誘い出して打撃を与えるか、あるいは、家康が去って孤軍となった信雄を屈服させるかの、どちらかを目論んでいたという。

秀吉の作戦の基本は、信雄ではなく家康を打倒することにあった。それは、彼自身が「如何にもなふり候て、大あミををき、家康を取巻、即時可討果候」（いかようにもなぶっておいて、大網を仕掛け、家康を包囲し即座に討ち果たすつもりだ）と明言していることからも窺《うかが》われる（秀吉一〇二〇号）。

以上が、通説による三河中入計画が策定、採用されるまでの経過である。ここでは、池田が作戦立案を行い、秀吉にその実行を強く求めたことになっている。残念なことに、秀吉がこの作戦立案に、どのように関与していたかを示す確かな史料は残されていない。

軍記物を瞥見《べっけん》すると、『四戦紀聞』『戸田本三河記』『小牧陣始末記』『長久手合戦記』『勢州軍記』『長久手記』『長久手戦話』『長久手義戦記略』『尾州愛智郡長久手村御合戦略記』など、ほとんどは、池田恒興が三河岡崎攻めを望んだという。この軍記物のなかには、『太閤記』や『四戦紀聞』に代表されるように、秀吉が一晩思案したうえで作戦を許可したとある。

なお、三河中入の目的が、岡崎攻撃であったことは、秀吉自身が「即岡崎面へ深々与相動、及一戦失勝利候」（秀吉一〇三一号）、「三州岡崎面池勝（池田恒興）入被相動」（秀吉一〇三四号）と述べていることなどから事実と判断できる。

この他に、『当代記』には「四月二日、池田庄入入道・同男庄九郎・森武蔵為先勢、三万余以人数、孫七郎秀次秀吉公甥岩崎より岡崎辺江可動之旨令擬被打出」とあり、ここでは、秀吉が熟慮のうえ決定し、その実行を命じたとある。ただ、文中に「擬わしめ」（あてがわしめ〈思案をして〉）とあることから、秀吉自身が思案のすえに決定したと読み解くことも可能である。このように、ほとんどの軍記物では、恒興らが強いて主張し、秀吉がやむなく許可したと、後の敗戦の責任を池田らにかぶせるような記述になっている。

実は、秀吉自身が、四月八日付の丹羽長秀宛書状において、三好秀次・池田・森・堀秀政らの軍勢を「小幡表」に出陣させたことと、これに連動させて「至参州表令手遣可発向調儀間、九鬼右馬允も船手ニて彼国へ差遣候事」（三河方面に手出しすべく軍勢を出発させる作戦なので、九鬼嘉隆も船団にて彼の国に派遣することにした）と述べているので（秀吉一〇二〇号）、これほどの規模の作戦は、やはり秀吉が発案したと考えたほうが自然であろう。結局それが長久手合戦で失敗したため、敗戦の屈辱を糊塗《こと》すべく恒興の献策ということにしたのではないだろうか。

いずれにせよ秀吉は、三好秀次を大将に、池田恒興・元助・照政父子、森長可らで編成される二万五千余の軍勢による、三河侵攻を指示したのである。

恒興と森長可は、羽黒合戦で敗退し、小牧山を占領することに失敗していた。この恥辱を晴らそうとしていたのだろう。また、長可は、本領の東美濃を押さえることが出来ず、串原遠山・明知遠山・苗木遠山氏の叛乱《はんらん》に直面していた。だが、尾張在陣中のため、長可は弟忠政、重臣各務兵庫助らを援助することもままならなかった。恒興、長可ともに、焦っていたのだと思われる。だからこそ、三河中入で戦功を挙げ、名誉挽回《ばんかい》を図ろうとしたのだろう。

森長可の遺言

三河中入が実行される直前の、三月二十八日朝、森長可は有名な遺言書を認《したた》め、秀吉家臣尾藤甚右衛門尉知宣を通じて、家族に後事を託した（愛⑫三四二号）。そこには、長可の悲壮な覚悟と、武士への厭心《えんしん》が吐露されている。

まず、自身が秘蔵する沢姫の壺《つぼ》や台天目《だいてんもく》は、秀吉に差し上げるよう指示した。ただし、沢姫の壺のように、金山城ではなく、山城国の宇治に置いてあるものもあったようで、それを取り寄せて献上するように言っている。

また、遺言書を読むと、長可は自分が戦死した時に備えて、自分が所持していた品々には、あらかじめ形見分けをしやすくするために、送り先を札に書き記し、ひとつひとつに付けておいたらしい。あまり程度のよくない茶道具や刀、脇差のほか、京の本阿弥《ほんあみ》（光二か）に預けてある秘蔵の脇差二振を弟の仙蔵忠政に譲り、その他のものについては「いずれも〳〵ふだのごとく御とゝけ候へく候、ふだのほかハみなせんにとらせ申候」とあるように、札がついた品物は相手に譲渡し、残りのすべては、弟に譲るのが原則だったようだ。

そして、金山城に在城していた女性（長可生母、長可の娘おこう、長可の妻おひさ）らは、すぐに美濃大垣城に退避するよう指示している。長可は、金山城が安全ではないと考えていたらしい。それは、既述のように、東美濃で家康に通じた串原・明知・苗木遠山氏らによる叛乱が発生しており、明知城が陥落し、苗木城も敵の手に落ちた可能性が高く、岩村城が攻撃されている状況で、戦局は思わしくなかったからであろう。

そして、勇猛で知られた長可の意外な本音が綴《つづ》られていく。もし、長可が戦死したら、母は秀吉から堪忍分《かんにんぶん》（遺族に給与される禄《ろく》のこと）をもらい、京で余生を過ごし、弟仙蔵忠政は今と同じく秀吉の側で奉公するようにしてほしい。私の跡目を相続させるのは、本当に嫌だ。ただし、金山城はかなめの城なので、確かな者を秀吉より配置させてもらうようにお願いしてくれ、と述べている。

そして、追而書《おってがき》には、長可の心情がもっとあふれ出ている。そこには「娘おこうは、京の町人に嫁がせるように。薬師のような人がいいと思う。母は、入京させて世話をするようにしてくれ。弟仙蔵忠政が、私の跡継ぎになることは嫌だ。そして、十万にひとつ、百万にひとつ、秀吉方が総敗北となったならば、皆々、火をかけて自害してください。このことは、妻おひさにも申し伝えてほしい」と、悲痛な叫びが連綿と綴られていた。長可は、弟忠政に自分の跡目を継がせたくなかったようだ。考えてみれば、長可の父可成《よしなり》、兄可隆、弟乱成利・坊丸・力丸たちは戦死しており、生き残った兄弟は、長可と忠政だけであった。

だが、長可自身も羽黒合戦での失態や、東美濃の叛乱を鎮圧できない不甲斐《ふがい》なさを感じ、今度の合戦は自分の命をかけたものになると覚悟を決めていたとみられるので、もう父や兄弟たち、そして自分のように、戦場で命を落とすような運命を、ただ一人男子で生き残ることとなる忠政には背負わせたくなかったのだろう。

そして長可は、長久手合戦で戦死してしまったのである。だが、彼の遺言は守られることはなかった。長可の跡目は、弟仙蔵忠政が継ぎ、引き続き美濃金山城主に任ぜられたのである。ただし、長可が懸念していた忠政の行く末は無事であり、その家系は信濃川中島藩主、美作津山藩主、播磨赤穂藩主などを歴任し、幕末まで続いたのが、せめてものなぐさめとなった。

三河中入開始はいつか

ところで、三河中入が開始されたのは、いったいいつのことであろうか。実は、史料によって、秀次、恒興らが楽田を出陣した日はまちまちなのである。例えば、前掲の『当代記』は四月二日、『三河物語』は四月八日に小口と楽田を出陣したといい、『武家事紀』も同様である。そして『太閤記』は、四月六日夜半と記している。

四月六日出陣であるとするならば、長久手合戦が行われたのが九日であるから、二日間、秀次、恒興らの別働隊がいったい何をしていたのかが問題となる。そのため、四月八日出陣説に魅力を感じるむきもあるようだ。

このことについては、秀吉自身が、四月八日付の丹羽長秀宛書状に「去六日に池勝入（池田恒興）、森武（長可）、孫七郎（三好秀次）、左衛門督（堀秀政）人数弐万四五千にて、至小幡表差遣」と記しており（秀吉一〇二〇号）、三河中入軍の出陣は、四月六日夜半で間違いない。

そうなると、三河中入軍の動きは、いかにも遅く、二日間何をしていたのかがはっきりしないのである。この二日間の空白を不審とした花見朔巳氏は「この二日間の滞留は果たして何のためにやったものか疑問である。若し事実とすれば、非常な愚策と言わねばならぬ」と手厳しい（花見朔巳・一九四二年）。

そこで史料を検討していくと、『太閤記』などにみえる、篠木、柏井の一揆と、その大将村瀬作右衛門、そして一揆が拠《よ》ろうとした森川権右衛門の要害の記述が注目される。既述のように、篠木、柏井の村々は、池田恒興が調略の手を伸ばし、これを味方に引き入れようとし、また秀吉もその策を容《い》れ、その地域での城普請を指示したという。

この記述は事実の可能性が高い。実際に秀吉は、四月六日までに、この地域での城普請に着手させているのだ。四月八日付の丹羽長秀宛書状には、四月六日に池田らを出陣させると「則龍泉寺山を根城ニ拵、柏井・大草何も取積丈夫之普請申付候」と明記しており、池田らの軍勢は、どうも城普請の任務をも担っていたようなのだ。また、この書状を見る限り、秀吉が龍泉寺《りゅうせんじ》城を始め、柏井、大草に城普請を指示したのは、もっと早い段階であったことが窺われる（少なくとも、龍泉寺城の修築は終了しているように読める）。可能性として、小牧山城と犬山・楽田城間での対陣が始まると、まもなく大草、柏井、龍泉寺に手を入れたのではないだろうか。秀吉方は、織田・徳川方を東方から脅かす動きに出ていたと考える。

四月六日、秀吉は、堀尾吉晴・一柳直末に、城普請のために、地域の村々から人夫を動員するよう指示している。この城は、大草城（小牧市大草）とみられ、「惣《そう》の人夫共」に普請をさせるよう命じている。その際に、織田・徳川方の攻撃を避けるために、「原」（平地）を避け、「しの木山」（篠木山、愛知県春日井市）に彼らを集め、山伝いに堀尾らのもとへ誘導し、城普請を実施するよう指示した。なお、注目されるのは、秀吉はこの城を「其城ハ通路之ため迄ニて候条、せめても有間敷《あるまじく》候」と述べており、秀吉方の犬山、楽田と三河方面を繋《つな》ぐ、繋ぎの城としての位置づけであり、敵も攻撃してはこないだろうとの見通しを持っていたようだ（秀吉一〇一三号）。

ところで、注目すべきは堀尾・一柳に出した秀吉書状の日付である。四月六日は、秀次・恒興らが楽田を出陣した日である。だが、この書状の内容をみると、堀尾らは彼らよりも早く楽田を離れており、少なくとも四月五日には大草周辺に到達していることになる。このように考えると、三河中入の作戦とは、すでに龍泉寺城の修築を終え、大草・柏井周辺の村々を味方に引き入れることに成功した羽柴方が、まずは繋ぎの城を構築し始め、しかるのちに三河岡崎方面への侵攻が計画立案され、実行に移されたとみるべきではないだろうか。

さらに秀吉は、尾張国柏井（春日井市柏井町）にあった森川屋敷を要害として取り立て、四月八日には生駒吉一《いこまよしかず》、山内一豊、矢部家定《やべいえさだ》を配備し、さらに同じく柏井の「さかい七郎左衛門屋敷」を要害に取り立て、大草城から一柳直末を移動させて守備させた。まもなく、秀吉は、森川屋敷の改修が非常によく、「さかい七郎左衛門屋敷」の出来栄えがあまり芳しくなかったとの報告を受け、「さかい七郎左衛門屋敷」を始め、周辺の城の放棄を決定し、これらをすべて引き崩して、森川屋敷の要害に生駒、山内、矢部、一柳が一緒に在城し、守りを固めるように下知している（秀吉一〇一八・一〇一九・一〇二三・一〇二四号）。この森川屋敷の要害とは、上条《じょうじょう》城（春日井市上条町）のことを指すといい、屋敷主は、『太閤記』『小牧陣始末記』などに登場する森川権右衛門と推定されている（内貴健太・二〇二三年）。

城普請を担っていたのは、生駒、山内、矢部、一柳らであり、彼らは羽黒城を再興し、そこに在城していたはずだが、四月六日の時点では、柏井・大草方面に派遣されていることがわかる。このことから、彼らは、池田らの軍勢よりも早く、楽田方面から移動し、城普請を担当したと考えられる。

その後、到着した池田らも、繋ぎの城の普請を手伝っていたのではないかと思われ、二日間の空白は、ここに理由がありそうである。

家康は中入に気づかなかったのか

通説によると、家康は、三河中入軍の動きをまったく知らなかったといわれ、各地からもたらされる情報により、四月八日になって、ようやくこれに気づいたとされている。だが、秀吉方による龍泉寺城や大草、柏井での城普請といい、三河中入軍の緩慢な行軍（その任務の一つが、繋ぎの城普請の手伝いと推定される）といい、家康がこの方面への警戒を怠っていたとは思えない。

確かに、家康が三河中入軍の動きに、当初気づいていた様子を示す史料は見当たらない。だが、堀尾・山内らの軍勢が楽田方面から移動し、龍泉寺城、大草城などの修築、普請が四月五日には始まっていたことを考えると、家康はこの方面で秀吉方が何らかの攻勢に出る可能性を十分考慮していたであろう。

また、地理を確認すると、大草から篠木、関田《せきだ》方面に移動する、三河中入軍の動きは、田楽砦などの徳川軍右翼の陣所から察知しやすいと思われ、大草、柏井の百姓らが秘かに密告してくるまで気づかなかったとは考えにくい。

話を元に戻そう。三河中入軍が出陣の準備を進めているころ、まず三河岡崎の商人が小牧山にやってきて、敵が近日「中入」をするとの噂があり、騒動となっていると報告したという。家康は、敵に帰路を封じられる前に、岡崎に戻るよう命じると、敵方へ忍びを派遣し、様子を探らせたという（『武徳編年集成』『小牧御陣長湫御合戦記』『小牧戦話』他）。岡崎の商人が「中入」の風聞を家康に報じたのは、四月二、三日ごろという説（『小牧御陣長湫御合戦記』『小牧戦話』）と、四月六日説（『武徳編年集成』）がある。これは、六日説が恐らく正しいのであろう。この他に、秀吉方に味方した柏井や大草の百姓からも、秘かに徳川方に知らせてきたといい、これは四月七日のことであるという（『武徳編年集成』他）。

秀吉の作戦意図は、三河中入軍が、挙母など三河の各所で放火を行い、最終的には岡崎を蹂躙《じゅうりん》し、家康の背後を脅かすことにあった。本国三河が危ういとなれば、家康は小牧山城を出て、救援に向かうはずだと考えたと思われる。事実、秀吉は柏井の森川要害に在陣する一柳直末に、徳川軍が小牧から小幡へ移動したならば、こちらの意図に気づいたであろうから、その様子を聞き届けたうえで、間違いなく報告するようにと指示している（秀吉一〇二四号）。秀吉は、中入軍に気づいた家康が小牧山城を出陣したならば、これを好機と捕捉する予定だったのだ。

繰り返しになるが、三河中入とは、家康の本国三河を蹂躙し、徳川方の焦りを狙うだけでなく、小牧山城から家康を誘い出し、徳川軍を殲滅《せんめつ》するのが目的だったと考えられる。

このことから、秀吉方は、池田らを六日夜半に秘かに出陣させたものの、七日以降は尾張・三河国境近くの柏井・大草周辺で繋ぎの城の普請を行わせ、三河侵攻をちらつかせつつ、小牧山城の徳川方の動向を監視していたのではないか。このように考えると、中入軍は、秘密裏に動いていたのではなく、七日以降は城普請などを盛んに実施しながら、目立つように動き、徳川軍が出てくるのを誘っていたのではないかと思う。

三河中入軍、三河に迫る

三好秀次を大将とする三河中入軍は、先陣池田恒興・元助・照政父子、二陣森長可、三陣堀秀政・長谷川秀一、本隊三好秀次、合計二万四、五千余であった（総兵力は秀吉書状〈秀吉一〇二〇号〉によるが、誇張である可能性もあり、実際には一万六千余ではないかという説もある）。

三河中入軍は、四月六日夜、上末《かみずえ》村の落合将監・同庄九郎を案内者として、楽田城を出発し、三河に向かった（『小牧陣始末記』他）。その行軍路については、近世の軍記物や地誌などを頼るしかなく、それをもとに参謀本部『日本戦史 小牧役』が行った進路の推定復元が現在も妥当な見解といえるだろう。それによると、楽田—二宮（犬山市北大門、宮山、堂屋敷、倉曾洞）の南—物狂坂—池之内—大草—篠木—関田—柏井—上条という経路を通ったとされ、七日夜は篠木・柏井・上条周辺で宿営したと伝わる。大軍が宿営したため、この地域は兵で充満したといい、池田恒興らは上条城（森川屋敷）の修築を実施しながら、ここに入ったと

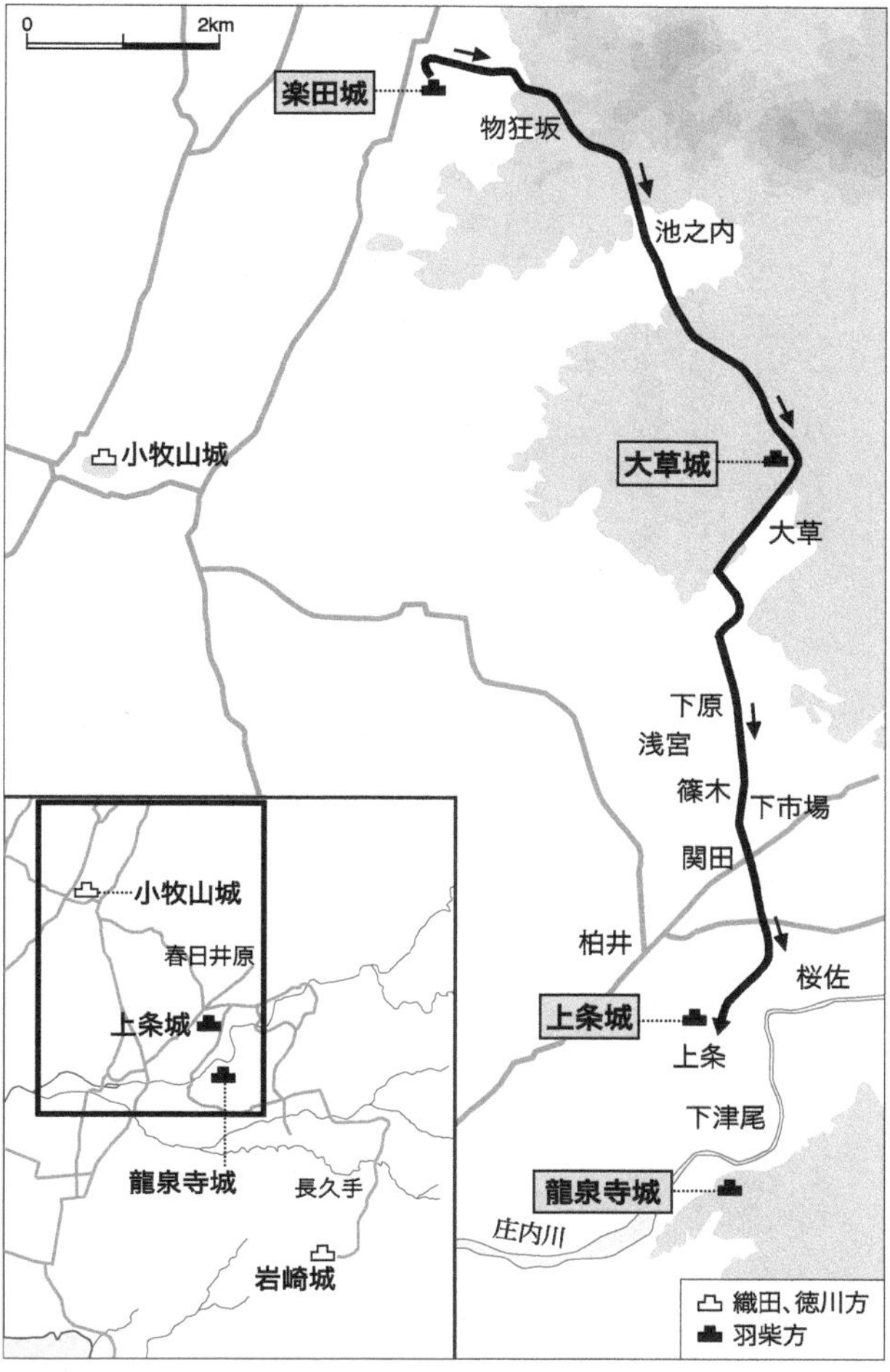

図 13　三河中入軍進路推定図（4月6日夜～8日朝）

される（『小牧陣始末記』他）。柏井・篠木一帯の人々が、三河中入軍を迎え入れたといい、すでに先行して到着していたと推定される山内一豊・一柳直末・生駒吉一・矢部家定らは、大草城、上条城（森川屋敷）などの改修に着手していたので、これの手伝いをしたのだろう。

三河中入軍は、八日夜、柏井・篠木・上条を出発した。大軍であったため、三方向に分かれて庄内川を渡ったという。池田・森軍は、大留《おおどめ》の村瀬作右衛門（大留城主と伝わる）の案内で、大日（大留）の渡を利用し、堀軍は、野田の中ノ瀬を利用して庄内川を渡り、対岸の志段味《しだみ》で合流したという（『小牧陣始末記』他）。その後、先陣池田軍、二陣森軍は、諏訪ヶ原―平子山―茶磨ヶ根―印場《いんば》―新居《あらい》を経て、ここで矢田《やだ》川を渡河し、熊張《くまはり》でさらに香流《かなれ》川を渡って、長久手―金萩原―藤島―岩崎へと進んだ。ここで九日未明となり、先陣池田軍・二陣森軍は藤島、三陣堀軍は金萩原でしばらく休息を取ったという。

いっぽうの三好秀次本隊は、松河戸の下ノ瀬で庄内川を渡り、川村―龍泉寺山の南―印場に至り、ここで矢田川を渡河した後に、白山林《はくさんばやし》に到着した。九日未明のことであったといわれ、秀次軍はここで休息を取ることとした。

しかし、三河中入軍は、この時、すぐ背後まで徳川・織田軍が接近してきていることにまったく気づいていなかったのである。

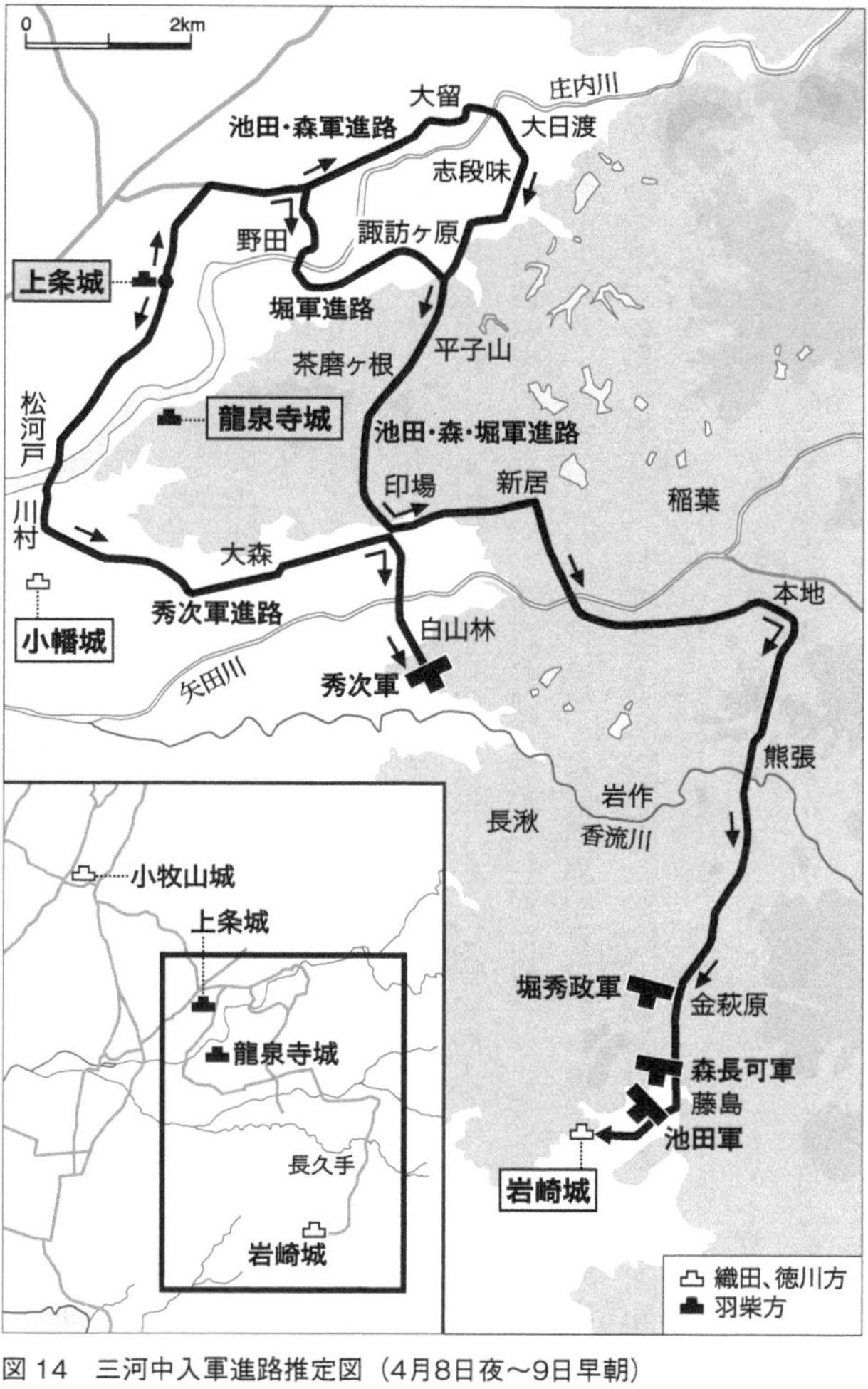

図 14　三河中入軍進路推定図（4月8日夜〜9日早朝）

徳川軍、秘密裏に動き出す

四月六日夜、三河中入軍が出陣すると、秀吉は徳川方の眼を逸《そ》らすべく、徳川方の陣に向けて攻撃を仕掛けたという（『小牧陣始末記』他）。これは、四月七日のこととみられ、『家忠日記』の四月七日条に「働候」と、戦闘があったことが記録されている。この時、小牧山城の信雄と家康は、三河中入軍の出陣に気づいていなかったようだ。

ところが、既述のように、四月六日には三河岡崎の商人が、秀吉方が三河岡崎を攻めるとの風聞があると小牧山城の家康に報じた。翌四月七日申刻《さるのこく》（午後四時頃）には、三河中入軍を迎え入れたはずの篠木・柏井の村人が、秘かに小牧山城にやってきて、池田らの軍勢が三河に向かうとの情報を伝えたといい、その日の夜には、森長可軍に潜入していた服部平八という忍びも同様の情報を告げたので、秀吉方の軍勢が、三河に侵攻しようとしているのは事実だと判断したという。さらに、四月八日早朝、春日井郡如意《にょい》村の石黒善九郎が小牧山城に駆け込み、池田軍らの様子を詳細に信雄と家康に言上したので、家康は遂に三河中入軍を追跡し、これを撃滅する決意を固めたという（『小牧陣始末記』他）。

既述のように、徳川方は、大草・篠木・柏井に秀吉方が進出してきていたのを察知していたはずなので、これがただの城普請のためだけなのか、別の行動のための準備なのかを注視していたと考えられる。そのため情報を探っていたところ、確実な情報が次々に舞い込んだことで、その地域に駐留する軍勢が、実は三河中入を計画しているということに気づいたのだろう。

家康は、先手として榊原康政、大須賀康高、岡部長盛《おかべながもり》、水野忠重・勝成父子ら四千五百余を先発させることとし、小牧陣に詰めていた岩崎城《いわさき》（愛知県日進市）主丹羽勘介氏次を案内者に任じたという。そして、家康は彼らに、本多広孝と穴山衆が在城する小幡城に入り、敵の様子を窺い、もし敵が攻めてくるようならば籠城して家康本隊の到着まで持ちこたえること、敵が三河に向かって移動したならば、背後から攻撃を仕掛けること、と下知した。そして、自分も本隊を率いて、すぐに駆けつけることを言明した。

家康にとって気がかりであったのは、徳川軍が三河中入軍を追跡すべく小牧山城を出たことを、楽田城の秀吉に察知されることであった。もし、秀吉がこれを知れば、直ちに大軍をもって徳川軍の跡を追い、三河中入軍と力を合わせて挟撃、殲滅されるおそれがあったからである。

徳川軍先手は、夜に入るとすぐに、敵陣に気取られぬよう小牧陣を出発した。旗《はた》を巻き、静かに出陣したといい、南外山《みなみとやま》、勝川《かちがわ》、上条を経て、庄内川を渡り、川村から小幡城に入った。先手の出陣は、申刻（午後四時頃）、酉《とり》刻（午後六時頃）、戌《いぬ》刻（午後八時頃）など諸説ある（『長久手戦記』『小牧陣始末記』『武徳編年集成』他）。敵に気取られぬように出陣したのは

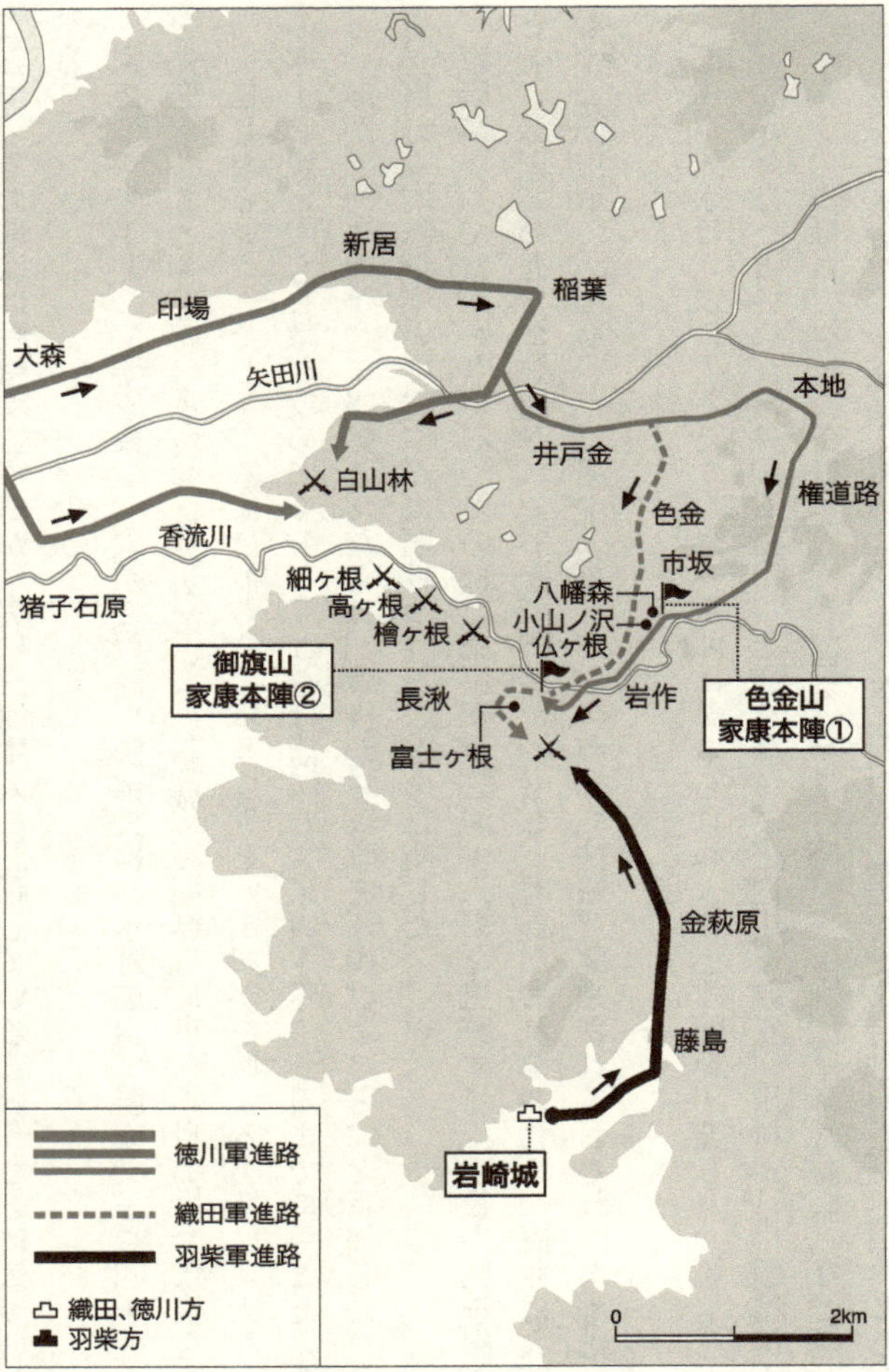

新居
稲葉
印場
大森
矢田川
本地
井戸金
白山林
権道路
色金
香流川
市坂
細ヶ根
八幡森
高ヶ根
小山ノ沢
猪子石原
檜ヶ根
仏ヶ根
御旗山
家康本陣②
長湫
岩作
色金山
家康本陣①
富士ヶ根
金萩原
藤島
岩崎城
徳川軍進路
織田軍進路
羽柴軍進路
織田、徳川方
羽柴方
0
2km

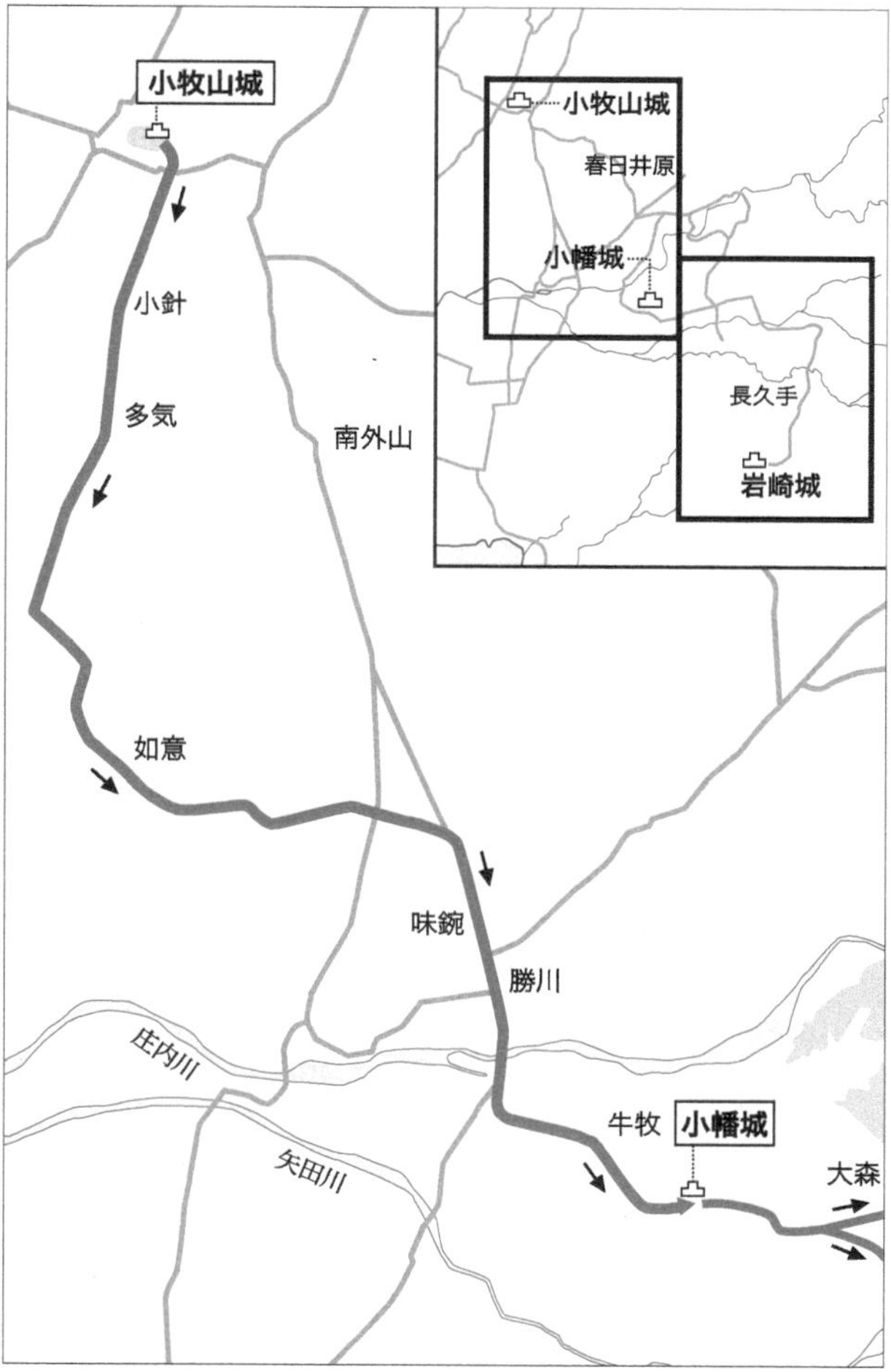

図 15　長久手合戦における両軍の進路推定図

確かであるから、酉刻以降のことであろう。戌刻が最も整合性があるとみられる。

いっぽうの家康は、小牧山城の留守居に、重臣酒井忠次、石川数正、本多忠勝ら五千余と、信雄軍千五百余を残留させ、自らは井伊直政、旗本ら六千余を率いて出陣することとした。信雄自身も、三千余を率いて、家康とともに三河中入軍の跡を追うことに決まった。

家康・信雄軍が小牧山を秘かに出陣したのは、亥《い》刻（午後十時頃）とも、子《ね》刻（午前零時頃）とも伝えられるが、その後の経緯をみると、時間的に亥刻が余裕もあり、正しいのではないかと思われる。ただ、問題となるのは、如何《いか》にして家康は、先手といい、本隊といい、秀吉方に察知されることなく、小牧山城を抜け出ることが出来たのかということである。その理由を明確に示す史料は見つかっていない。一説に、小牧山城の堀底を通ることで、軍勢の移動を秘匿したというが、確証がなく不明である。記して後考をまちたいと思う。

小幡城に到着した先手の榊原らは、三河中入軍の様子を探った。小幡城の本多広孝が物見を放ち、龍泉寺方面の敵情を探らせたところ、敵軍は小幡城ではなく、三河方面に向かって移動中であるとのことであった。そこで、攻め方を思案したところ、水野忠重が敵の大軍に正面から当たるのは得策ではなく、敵の後ろをついていって、最後尾を攻撃するのがよいと提案すると、榊原ら諸将はこれに賛同し、亥刻（午後十時頃）、小幡城を出陣したという（『四戦紀聞』他）。

なお、四月八日付の秀吉書状に「去六日に池勝入・森武・孫七郎・左衛門督人数弐万四五千にて、至小幡表差遣、小幡城二ノ丸迄攻入、首百余討取」とあり、三河中入軍が小幡城を攻撃したと記している（秀吉一〇二〇号）。だが、それを示す史料は一切なく、徳川方にも敵襲の記録が存在しないので、秀吉方の戦果を誇張するための虚報であろうと考えられる。

その間、家康・信雄本隊は、小牧山—小針—多気—如意—味鋺《あじま》—勝川を経て、庄内川を渡河し、牛牧から深夜になって小幡城に入り、ここでしばらく休息を取ったという。

岩崎城攻防戦

四月九日の払暁を、池田恒興・元助・照政父子と森長可は、岩崎城近くの藤島で迎えた。目の前には、徳川方の岩崎城があった。岩崎城は、徳川方の国衆丹羽氏次の居城であったが、既述のように氏次自身は、小牧山の徳川方に参陣しており、城には留守居として弟氏重《うじしげ》（当時一六歳）が在城していた。

この岩崎城は、徳川方にとって戦略上、重要な場所であった。それは、岩崎は三河各所に通じる街道が集まる交通の要所だったからである。岩崎は、挙母街道（駿河街道）、足助街道（伊保《いぼ》街道）、明知街道の起点となる場所にあたり、西三河の各所に続く関門に相当していた。

挙母街道（駿河街道）は、平針《ひらばり》、赤池、和合、諸輪《もろわ》、新屋《あらや》、莇生《あざぶ》を経て挙母に到達する道であり、そこから足助街道をたどれば、岡崎に至る。諸記録によれば、三河中入軍は、挙母から岡崎を目指し、各地に放火する計画であったというから、彼らの主力は間違いなくこの道を利用しようとしていたのだろう。

次に、明知街道は、平針から祐福寺、明知（愛知県みよし市）を経て、岡崎に至る道である。史料にはみられないが、三河中入軍が利用しようと考えた可能性は皆無ではなかろう。最後の伊保街道は、平針、赤池、力石を経て足助に至る道であるが、三河中入軍がこの道を利用しようとした形跡はない。

以上のように、岩崎は西三河各地に向かう交通路の交差する関門であり、岩崎城の戦略的重要性は、徳川氏にとっては計り知れないものがあったといえるだろう。

その岩崎城に、三河中入軍が接近しつつあったのだ。岩崎城には、留守居の大将丹羽氏重ら二百余が在城し、警備を固めていた。いっぽうの三河中入軍のうち、先陣の池田父子と、第二陣の森長可の軍勢は、思惑がまちまちであったらしい。池田恒興は、岩崎城よりも、先を急ぎ、挙母や岡崎を攻めることを優先したいと考えていたようだ。ところが、息子の池田元助や娘婿森長可は、「軍神ノ血祭」のために、岩崎城を陥落させたいと考えていたとされる（『長久手記』他）。

いっぽうの岩崎城の丹羽氏重は、松明《たいまつ》も灯《とも》さず城に接近しつつある軍勢を訝《いぶか》しみ、ただちに物見に確かめさせた。すると、敵軍が岩崎に接近していることが判明したのである（『小牧陣始末記』）。氏重は、敵軍を足止めする決意を固め、在城衆に敵襲を下知した。彼は、岩崎城から鉄砲の音が轟《とどろ》けば、必ず徳川方の小幡城に届き、敵の攻撃が始まったことを、小牧山城の家康にまで知らせてくれるだろうと考えていたという（『丹羽家軍功録』他、『柏崎物語』等には、岩崎城が陥落し炎上すれば、その煙で徳川方が察知するだろうと記している）。また、氏重は使者として、五、六人を城から出発させ、小牧山へ注進させようとしたという。だが、そのほとんどが檜ケ根《ひのきがね》で堀秀政の軍勢に発見され、殺害されてしまったらしい（『小牧陣始末記』）。

ただ一人、丹羽平五郎茂次という人物が、竹の山（日進市）から高針《たかばり》（名古屋市名東区）、上野（同千種区）、守山（同守山区）を経て、小牧山に到着したが、すでに家康は長久手に向かった後であった。驚いた茂次は、急ぎ家康の後を追い、徳川軍の陣中で、丹羽氏次に報じ、さらに家康に氏重の決意を告げた時には、岩崎城は落城した後であったという（『長久手軍記』他）。

池田恒興は、逸《はや》る元助、森長可をなだめ、岩崎城をやり過ごそうとした。そこへ、丹羽勢が城から押し出してきて、弓矢や鉄砲を浴びせる。丹羽家の軍記物によると、この時、たまたま流れ矢（鉄砲玉とも）が、恒興の乗馬にあたり、彼を振り落としたという。怒った恒興が、城攻めを命令したと記しており（『丹羽家軍功録』『丹羽家譜』）、これが通説となっている（『日本戦史 小牧役』）。この逸話が事実かは、確認できないが、城攻めを主張していた池田元助、森長可からは、恒興のもとへ許可を求める使者が再三訪れていたとされ、遂に恒興は城攻めを下知したとの記録もある。

恐らく、丹羽勢の先制攻撃で苛立《いらだ》った池田・森軍が、挑発に乗って開戦したというのが実情ではないだろうか。開戦は、朝六つ（午前六時頃）であったという（『小牧陣始末記』）。岩崎城には、老人、女性や子供らがいたが、敵軍が城内に突入してきたため、大混乱に陥った。氏重は、彼らに城から脱出し、妙仙寺に逃れるよう指示したという。老人や女子供たちは、城の北西の堀に下り、城外指して懸命に落ち延びていった。城近くの百々柴という沼地の叢《くさむら》に身を隠し、生き延びた者たちもいたと伝わる（『小牧陣始末記』『甲申戦闘記』『長久手軍記』他）。

岩崎城の内外で、両軍の死闘が続けられた。氏重らは、数度にわたり、敵勢を城外に押し出したものの、多勢に無勢のため、次々と討たれていき、丹羽氏重を始めとする二百余人全員が壮烈な戦死を遂げ、城は陥落した。城兵で生き延びた者は、使者丹羽平五郎茂次ただ一人であったとされる。戦死者のなかには、丹羽氏重に味方した町人三十人も含まれていたと

いう（「丹羽勘介氏次小牧山御陣御供之拙人数付之覚」『丹羽家軍功録』『長久手軍記』他）。

岩崎城の落城は、朝五つ（午前八時頃）とされるが（『小牧陣始末記』）、諸説あって定まっていない。いずれにせよ、開戦から数時間ほどで決着したようである。城を攻め落とした池田・森軍は、六坊山で軍勢に休息と食事を取らせ、首実検を行ったという。そこへ、三好秀次の軍勢が、徳川軍に襲撃され、敗走したとの知らせが入ったのである。恒興らは、慌てて来た道を白山林方面に向けて引き返すこととなった。

白山林合戦

四月九日の払暁を、三好秀次の軍勢は白山林で迎えた。秀次は軍勢を休息させ、朝餉《あさげ》を取らせていたとされる。ちょうど、霧が立ちこめており、見通しが利かなかったとする軍記物もあるが、周囲の風景がみえていたとするものが多いので、霧は立ちこめてはいなかった可能性が高い（以下は、『太閤記』『武徳編年集成』『長久手戦記』『小牧陣始末記』などの軍記物による）。

いっぽう、小幡城から出陣した徳川軍先手榊原康政、大須賀康高、案内役丹羽氏次らの軍勢は、猪子石原《いのこしはら》（名古屋市名東区）と稲葉（愛知県尾張旭市）方面の二手に分かれ、敵情を窺っていた。すると、遥か遠方から、銃声や喊声《かんせい》が轟き始めた。池田・森軍が、岩崎城への攻撃を始めたのである。城の運命をさとった丹羽勢は、しんと静まりかえったという。

大須賀康高の軍勢は、猪子石原より、榊原康政の軍勢は稲葉より、白山林に接近し攻撃態勢に入った。これは、秀次軍にとって、まさに不意打ちであった。それでも、一里先より秀次軍に近づいてくる軍勢に気づいた者たちもいた。秀次軍の穂富山城守は、小幡方面より接近してくる軍勢の様子をみて、これは強い戦意を持っており、応戦の準備をするよう周囲に伝えたという。しかし、まだ一里先にいる軍勢であり、その正体も定かでなかったため、秀次軍の人々は穂富のいうことを信用せず、軍勢の様子を眺めるばかりであった。だが、その軍勢が人夫らを追い散らし、向かってくるのをみて、いよいよ敵襲だとようやく認識した先手岡本彦三郎、村善右衛門尉、白江権大夫らは、鉄砲衆に命じて一町ほど敵勢に向けて進み出させ、しばし待機の後に、十分に引きつけてから射撃させた。こうして、白山林合戦の火《ひ》蓋《ぶた》が切られた。開戦は、卯《う》刻（午前五時頃）であったという（『家忠日記増補』他）。

銃撃を受けても、敵勢の接近はとまらず、田中吉政《たなかよしまさ》勢の足軽と衝突した。これをみた吉政は、秀次の指示を仰いでくると言って、周囲が組頭は持ち場を離れるべきではないし、いまはそれどころではないはずだと、止めるのも聴かずに本陣へと去ったという。この攻撃は、猪子石原から進んだ大須賀康高・丹羽氏次らの軍勢によるものであった。

いっぽう、稲葉から秀次軍に接近した榊原康政軍は、その背後から攻撃を開始した。秀次軍の小荷駄隊は大混乱に陥り、朝倉丹後守が懸命に防戦するも、兵卒の狼狽《ろうばい》が激しく、組織的な抵抗が出来なかったといい、軍勢は崩れ始めた。

秀次は、田中吉政に、ただちに池田父子、森長可、堀秀政らに敵襲を知らせ、支援を要請するよう命じた。吉政は、自らすぐに岩崎方面へと馬を走らせる。敵の猛攻を受け、周章狼狽する秀次軍は、長久手方面に向けて逃亡し始めた。秀次軍の長谷川秀一らは、秀次を守りながら、長久手方面に進んだ。何とか、遥か前にいるはずの、堀秀政らの軍勢と合流しようと考えたからである。

秀次は、木下《きのした》助左衛門尉祐久《すけひさ》・同勘解由《かげゆ》左衛門尉利匡《としただ》兄弟らに護られつつ、香流川を渡り、細ヶ根に上がり、ここで陣の立て直しと反撃の準備をしたという。だが、追いすがる徳川軍先手の勢いを止めることが出来なかった。とりわけ丹羽氏次勢は、この合戦のさなか岩崎城が落城し、弟氏重以下が壮烈な最期を遂げたことを知らされ、大いに奮起し、氏次主従は脇目も振らずに細ヶ根へ攻め上がり、秀次軍を撃破するきっかけをつくったという（『丹羽家軍功録』『丹羽家譜』）。こうして、細ヶ根でも退勢の挽回は敵《かな》わず、秀次軍は崩壊し始めた。

混戦のなか、秀次が自分の馬を見失ってしまった。木下兄弟は、たまたま通りかかった可児《かに》才蔵《さいぞう》に声をかけ、馬を譲ってくれるよう頼んだが断られてしまったという。憤懣《ふんまん》やるかたない木下兄弟は、秀次を後方に落ち延びさせるため、勘解由左衛門尉利匡が自分の馬を譲り、戦場から離脱させることに成功した。
秀次の離脱を確認した木下兄弟や木下周防守らの木下一族、岡本彦三郎、穂富山城守らが、細ヶ根に踏みとどまり、徳川軍先手の攻撃を防ごうとしたものの、遂に戦死した。木下利匡は、水野忠重の一族水野三左衛門尉分長が討ち取ったという（『寛永伝』他）。ここに、秀次軍は総崩れとなり、岩作《やざこ》や長久手方面へと逃げ散った。秀次自身は、しばらく高ヶ根に布陣して抵抗を続けていたといい、丹羽氏次らと戦ったものの、遂に稲葉に向けて敗走したとされる（『小牧陣始末記』『四戦紀聞』他）。

堀秀政の奮戦――檜ヶ根合戦

四月九日早朝、堀秀政は金萩原に在陣していた。先陣の池田父子や森長可は、岩崎城の攻撃に入っていたので、合戦が終了したら、岩崎に進もうと考えていたところ、遥か後方から銃声が聞こえたという。秀政は、一揆が蜂起し、秀次軍に攻めかかったのではないかと考え、偵察を派遣したところ、様子を確認した者から、徳川軍による攻撃を受けているとの報を受け驚愕《きょうがく》した。さらに、秀次と同陣していた田中吉政がやってきて、徳川軍の襲撃を受け苦戦しているので、応援を願いたいとの口上を受けた。田中が言い終わらぬうちに、秀政は彼をにらみつけながら、おまえは組頭なのに、使者をつとめるとは何事か、軍勢を指揮せねばならぬ身なのに、往復の使いをするとは、逃げてきたと言われても仕方がなかろう、と言い放った。これには、田中も赤面して沈黙せざるをえなかった。この様子をみていた秀政の家臣らは、田中の不甲斐なさに失笑を禁じ得なかったという。田中は、早々に堀の陣所を後にし、池田父子や森長可のもとへと向かった（『太閤記』『長久手戦記』他）。

秀政は、全軍に長久手方面に引き返すよう下知した。やがて、秀政は後方から逃れてくる味方の敗残兵に出会い、これを収容しながら進むと、檜ヶ根という高台に上がり、麓《ふもと》に堀軍を配置し、鉄砲衆をならべて待機させた。

秀政は、鉄砲大将に対し、敵は味方を追撃しながらやってくるはずだ。距離が一〇間以上ならば銃撃させるな。もし急《せ》いて銃撃すれば曲事《くせごと》である。馬上の武者を一人撃ち倒せば、百石の加増を与えるであろうと指示した。これを聞いた堀軍は、静まりかえり、敵の襲来を待ち構えたという。

秀次軍を追撃していた榊原康政、大須賀康高、水野忠重、丹羽氏次らの軍勢は、隊列を乱したまま進んできた（「まばらがけに追い乱れたる勢」）。そして、勝った勢いに乗じて、堀軍にも突撃を開始したのである。秀政は、徳川軍を十分引きつけた後に、一斉に銃撃を命じた。そのため、徳川軍には死傷者が続出し、進撃が止まったのである。これをみた秀政は、すかさず全軍に攻撃を下知した。

檜ヶ根から堀軍が駆け下りながら、徳川軍に攻めかかると、榊原、大須賀らはたまらず敗走した。攻勢から一転、敗走を余儀なくされた徳川軍は、堀軍の追撃にあい、石野廣成、近藤正則を始め、二百八十余が戦死し（『寛永伝』『寛政譜』他）、榊原らは岩作、大須賀らは猪《い》子《こ》石《し》方面へと敗走したという。

このころ、池田父子や森長可の軍勢も、長久手に急行していた。堀は、なおも徳川軍を追撃しようとしたが、檜ヶ根近くの山頂に金扇の馬標《うまじるし》が翻ったのをみて驚愕した。それは、徳川家康自身が出陣してきたことを示すものだったからである。

遂に、長久手合戦の火蓋が切られた。

長久手合戦

徳川軍先手の榊原、大須賀らが、白山林の秀次軍に迫っていたころ、徳川家康本隊は、織田信雄軍とともに、小幡城から大森、印場、稲葉を経て、矢田川を渡河し、本地に至り、権《ごん》道《どう》寺《じ》山の権道路《ごんどうじ》を進んでいた。このころ、岩崎城方面から銃声や喊声、そして煙が揚がったといい、岩崎城が秀次方に攻撃されていることを知ったという。まもなく、白山林合戦が始まったので、市坂から色ヶ根（色金《いろがね》）に布陣し、様子を窺うこととした。

徳川軍本隊は、八幡森や色金周辺に布陣し、家康自身は色金山を本陣とした。この時、家康の金扇の馬標は、この山頂に掲げられたのである。檜ヶ根で、堀秀政が目撃したのは、色金山の家康本隊だったわけだ。

この時、家康は先手の榊原らが檜ヶ根で敗退したことを知る。家康は内藤正成《ないとうまさなり》、高木清秀《たかぎきよひで》を物見に出したところ、檜ヶ根の堀秀政軍と、岩崎方面に先行していた池田父子、森長可らの軍勢との連絡がついておらず、まだ合流していないことが判明した。そこで家康は、本隊を率いて富士ヶ根を制圧し、堀と池田・森との連携を遮断することとした。本多正信は、家康本隊が前後に敵を受けることになるため、不利になるのではと諌言《かんげん》したが、諸将の勧めもあって、色金山を下り、岩作に進み、途中で敗走してきた榊原康政、岡部長盛らと合流し、富士ヶ根を制圧することに成功した。

堀秀政は、家康本隊がやってきたことに驚き、池田・森らに家康出陣を伝えた。彼らは、秀政に自分たちと合流して、徳川軍と決戦するよう要請したが、秀政は徳川軍先手との合戦で疲弊していること、稲葉に敗走した秀次が心配であることを伝達すると、戦場を離脱し、秀次の後を追って稲葉方面へと撤退していった。なお、秀次自身は、三河猿投山《さなげやま》、美濃金山を経て、犬山に逃れたという（『参考長久手記』）。こうして、徳川軍は挟撃される危険性がなくなったのである。

かくて家康は、岩崎方面から進出してくる敵軍を迎撃すべく、富士ヶ根から本陣を仏ヶ根の前山（御旗山）に置いた。そして、先陣に井伊直政ら三千余、前山の麓に家康旗本三千三百余、仏ヶ根の麓に織田信雄軍三千余が配置された。

いっぽうの羽柴方は、森長可軍三千余が長久手に到着した。そのころには、家康の馬標が、御旗山に掲げられ、徳川・織田軍が続々と集結しつつあったので、長可は池田軍が到着するまで、岐阜嶽に布陣し、様子を窺った。まもなく、池田父子の軍勢が到着し、池田元助・照政兄弟の四千余は田ノ尻に、池田恒興の二千余は顱狭間《こうべはざま》に、それぞれ布陣し、徳川・織田軍と正対したのである。

徳川軍の前面には、仏ヶ根池があり、周辺は湿地帯であったと伝わる（『安藤直次覚書』『長久手合戦覚書』『小牧陣始末記』他）。そのため、池田・森軍の方から、徳川・織田陣地へと向かうためには、足場の悪い湿地や、細い隘路《あいろ》（狭間）を利用しなければならなかった（そもそも「長久手」の地名は、湿地〈久手《くて》、湫《くで》〉が連続する地形に由来するといわれる〈『張州府志』〉）。このように、家康は、羽柴方に対し優位な地形を足場に対峙することができていたわけである。

合戦は、巳刻《み》（午前十時頃）、池田兄弟が、徳川方の井伊直政軍に攻撃を仕掛けることで始まったという（『家忠日記増補』他）。左翼の森長可軍も、徳川軍に攻撃を仕掛けるが、反撃にあい、死傷者が続出したらしい。池田元助の黒母衣《くろほろ》衆は、井伊勢に決死の突撃を敢行したが、徳川方の鉄砲に阻まれた。それでも、池田兄弟の軍勢は、決死の覚悟で前進し、井伊勢を後退させた。

家康は、森長可軍の動きを注視しており、長可もまた家康が激戦が繰り広げられている左翼への手当てに動き出すのを待ち構えていた。長可は、家康が左翼の支援に動いたら、総攻めに移るつもりであったという。

池田兄弟の奮戦で、徳川軍左翼が押され気味になるのをみた池田恒興は、田ノ尻方面に迂《う》回《かい》して、側面から徳川軍左翼を突き崩そうと動き出した。これをみた家康は、榊原康政、大須賀康高らを井伊らの援軍として差し向け、自らは旗本を二つにわけると、軍勢を率いて森軍に当たろうと動いた。

家康が動いたのをみた池田恒興と息子たちは、これを目指して前進し、攻撃を強めた。森長可もこれに呼応して、徳川軍への突撃を開始した。とりわけ森軍の突撃はすさまじく、徳川軍右翼は押されたが、大久保忠佐《ただすけ》、水野忠重らの軍勢が側面から鉄砲を撃ちかけ、その鋭《えい》鋒《ほう》を削ごうとした。森軍の突撃は、やや性急であったため、たちまち軍勢は混乱し、そのさなか、長可は流れ弾が眉間《みけん》に当たって馬上で戦死したという（享年二七）。長可の体は、俯《うつむ》いたまま馬上から落下した。慌てて周囲の者が駆け寄ったが、彼はすでに事切れていた。長可が戦死したことで、森軍は動揺し崩れ始めた。このころになると、織田信雄軍も参戦したようで、羽柴方の左翼を圧倒するようになった。長可の母衣衆五十騎ほどが、踏みとどまり、長可の遺骸を収容して引き揚げようとしたが、徳川方の大久保忠世勢が攻めかかってこれを蹴散《けち》らした。長可の首級は、大久保家臣の本多八蔵が取ったという。

森軍の壊乱は、池田父子の軍勢を浮き足立たせ、徳川軍を勇躍させた。森軍を撃破した徳川軍右翼と織田軍が横合いから攻め寄せると、徳川軍左翼の反撃を支えていた池田軍は押され気味となり、遂には恐れをなして、裏崩れ（後方の部隊が動揺して逃亡を始め、陣容が崩れること）を起こし始めた。

池田恒興の周囲には、わずかな家臣しか残っておらず、彼は乗馬すら失ってしまっていた。そこへ徳川方が襲いかかった。恒興を発見した徳川家臣の永井《ながい》（長井）伝八郎直勝《なおかつ》は、馬上から十文字の鑓《やり》で挑みかかり、恒興もまた十文字の鑓で応戦したが、遂に恒興は直勝に討ち取られた（享年四九）。

池田元助は、鉄砲傷を受け、後退していたが、父恒興の戦死を知ると、馬を駆って取って返した。そこへ馬上の安藤《あんどう》彦兵衛直次《なおつぐ》と出会い、激しい勝負のすえ、馬から突き落とされ、直次に首を掻《か》かれた（享年二六）。

池田勢が壊乱するなか、奮戦していた池田照政は、父恒興、兄元助の戦死を聞くと、自分も戦死を覚悟して徳川軍に突入しようとしたが、周囲の家臣が必死に止め、恒興・元助父子の戦死は流言であり、父子ともに戦場を離脱したので、すぐに後を追うべきであると掻き口説いたという。照政は、父と兄の生存を信じ、家臣らに守られて戦場を離脱した。

こうして、池田・森軍は大将を失う大敗を喫し、残兵は篠木、柏井や猿投、犬山方面に向かって逃げ散った。徳川軍は、勝ちに乗じて追撃戦を展開し、数多くを討ち取ったが、家康は秀吉の動きが気になっていたので、深追いを禁じている。

合戦は、午刻《うま》（正午ごろ）には徳川・織田軍の勝利に終わった。長久手合戦で、徳川・織田軍は「二万余討取」（『当代記』）、「敵先勢池田勝入父子、森武蔵守、其外壱万五千余討捕候」（『家忠日記』）、「人数一万余討捕候」（長一〇八号）、「惣人数七八千討捕候」（長一一二号）など、討ち取った敵の人数を誇っているが、誇大な喧伝《けんでん》のため信用できない。実際の戦死者数は、判然としない。二千七百余（『長久手記』）など諸説あるが、『日本戦史 小牧役』は、三河中入軍の戦死者二千五百余、徳川軍は三百五十余、織田軍二百四十余と推定している。根拠が必ずしも明らかではないが、穏当な推定であろう。

秀吉の出陣

長久手合戦で、三河中入軍が敗北した情報は、すぐに楽田城の秀吉のもとにもたらされた。驚愕した秀吉は、ただちに出陣準備を下知した。『太閤記』を始めとする諸書は、秀吉が敗報を知ったのを午刻としている。池田、森らの戦死が何時頃であったかは定かでないが、昼近くであったのは間違いなく、ならば秀吉が情報を知るには、早すぎるだろう。『長久手記』には、秀吉への注進を未刻《ひつじ》（午後二時頃）と記述しており、これが妥当だと思われる。ただ、早朝の白山林合戦の敗報がもたらされたのが午刻であり、池田らの戦死という続報が入ったのが未刻と考えるほうがいいだろう。

秀吉は、各城砦《じょうさい》の軍勢に守備を固めるよう指示し、残りの軍勢をすべて率いて楽田を出陣した。その軍勢は、十六の備えを数え、総勢は六万余であったという。秀吉軍は、大草まで平押しに進んだといい、浅宮《あさみや》（朝宮、春日井市）に至ったようだ。

その後は春日井原を行進し、下市場《しもいちば》、関田、桜佐《さくらさ》、下津尾《しもつお》に至っている。このあたりで、後述する本多忠勝らの軍勢に遭遇したようだ。秀吉は、庄内川を渡河して龍泉寺城に到着した。秀吉軍が行進する間にも、長久手方面からの敗残兵が、引きも切らなかったといい、それを押しのけての急行軍だったという。木村小隼人重茲、一柳直末、堀尾吉晴らが、長久手に進もうと龍泉寺山を下ろうとしたところ、落武者たちが、合戦はとっくに終わっており、家康も信雄も軍勢を小幡に収めているところだと口々に証言した。確かに、そのようにみえたので、木村らは、それならば徳川・織田軍のうち、まだ小幡に到着していない連中に、横合いから斬り掛かれば、少しは敵に打撃を与えることもできようと考え、動き出そうとしたところ、徳川・織田の軍勢は、そうした意図を察知しており、通る道を南側に変更し、龍泉寺山の羽柴方の攻撃を警戒している様子がみえたので、結局は沙汰止《さたや》みになったという。

龍泉寺城に到着した時の、秀吉の怒りは凄《すさ》まじかったという。あれほど敵を侮ってはならない、軍勢のまとまりを乱してはならないと訓戒しておいたのに、このような敗戦になるとは無念である、池田らの弔い合戦をせねば気が済まぬ、と言い放ち、ただちに小幡城を攻めると下知したという。これに驚いた稲葉一鉄らが、口々に秀吉を諫《いさ》めた。すでに、日は西に傾き、城攻めをするには不利である。しかも、敵は勝利に気をよくしてはおらず、警戒を解いていない。ここは、柏井まで撤収するのがよろしいでしょうと進言したといい、秀吉も彼らの意見を容《い》れて、楽田へ帰陣することとした。

ただ、『太閤記』などの多くは、秀吉がその夜のうちに帰陣を開始したといい、『池田氏家譜集成』などは、九日は秀吉は龍泉寺山に一泊したとある。実は、秀吉の龍泉寺出陣は、文書などでは確認できず、詳細は不明である。『三河物語』は、家康がその日の夜に小牧山に帰陣したので、秀吉は小幡城を攻める理由がなくなったこともあり、楽田に帰ったとある。ここでは九日夜に撤収を開始したとしておく。

秀吉は、堀尾吉晴を殿軍《でんぐん》として龍泉寺山に残留させ、秀吉自身が庄内川を渡河したら、堀尾も撤退するように指示した。堀尾は、小幡方面に弓・鉄砲衆を展開させ、敵が追撃してくる気配がないことを確認すると、彼らも秀吉軍の後を追った。この時、龍泉寺の観音堂に、堀尾の雑兵が火をかけたといい、龍泉寺は炎上したという。

これをみた、篠木、柏井、大草の人々は、秀吉が敗軍して撤退するのだと考え、一揆を蜂起させる計画を立てたという。秀吉は、翌十日には徳川方を警戒して、繰り引きにて引き揚げたといい、辰刻《たつ》（午前八時頃）には、殿軍の堀尾軍も、柏井、篠木を出発した。ところが、ここで柏井、篠木で一揆が蜂起し、堀尾軍に攻撃を仕掛けてきた。驚いた堀尾は、時間が経過すればするほど、敵が集まってきて身動きがとれなくなるだろうと考え、一揆勢の真ん中を強行突破することにした。堀尾軍は、一揆勢を突き破ると、追いすがる一揆勢と戦いながら、楽田方面へと撤退することに成功したという。

この間、秀吉は無事に、楽田城に到着し、再び全軍の指揮を執ることとなった。

家康の帰陣

家康は、長久手合戦に勝利すると、小山ノ沢というところで首実検を実施し、秀吉がやってくるのを警戒していたが、一向に来る様子がないので、諸将の勧めにしたがい、未刻（午後二時頃）、小幡城への移動を開始した。徳川・織田軍の全軍を小幡城に収容するのに、申刻（午後四時頃）までかかったという（『長久手戦話』『小牧陣始末記』他）。

小幡城に無事に到着した家康は、申刻、甲斐国に残留していた重臣平岩親吉《ひらいわちかよし》・鳥居元忠《とりいもとただ》に書状を送り、本日午刻の合戦で、池田恒興、森長可ら一万余を討ち取ったと報じ、まもなく上洛するつもりであると書き送った（家康五八八）。

いっぽう、小牧山城で留守居をしていた酒井忠次は、楽田城周辺がにわかに騒がしくなり、秀吉方の軍勢の動きが慌ただしくなってきたこと、また軍勢が順次東方へと移動を始めたことを察知した。これは、秀吉が軍勢を率いて、長久手方面へ赴援する動きだと考え、石川数正、本多忠勝らと協議を行った。忠勝は、合戦の帰趨《きすう》を心配し、梶金平を早朝に小牧山から派遣していたが、まだ戻ってこず、いったいどうなっているのか不安で仕方がなかった。

そこで、酒井忠次が、秀吉が小幡に向かったので家康が心配である、これを牽制《けんせい》するためにも、三重の堀を押し渡り、敵のすべての陣屋を焼き払えば、秀吉は敗北させることができるだろうと考えた。これに本多忠勝は賛成したが、石川数正は同意せず、攻撃を渋ったという。『三河物語』は、その理由を、すでに石川が秀吉に内通していたからだと記しているが、もし小牧山城を空けて敵陣を攻めれば、手薄になった当方が付け込まれ、敗北する恐れがあるのを懸念したとの記録もある（『長久手戦話』他）。

秀吉が大軍を引き連れて楽田を離れたとはいえ、羽柴方の城砦には、徳川・織田方の留守居の軍勢よりもはるかに多くの兵力が残留しており、石川数正が賛同しなかったのは、敵に付け込まれ、小牧山城を失うことを危惧《きぐ》したためであろう。

なお、『長久手合戦覚書』『柏崎物語』などによれば、酒井忠次は敵方の陣屋に火を放つことに成功したといい、秀吉方は後に難儀したとある。

家康を案じた本多忠勝・石川康通が小牧を出陣し、小幡城へ駆けつけたといい、秀吉と戦うのであれば、自分たちが一番合戦を担うと考えていたという（『山中氏覚書』）。軍記物では、秀吉の大軍をものともせずに鉄砲などを撃ちかけ、敵軍の侵攻を遅らせたとされる。とりわけ、秀吉が龍泉寺山に入ろうと、庄内川を渡河しようとした際に、馬の口を洗わせ、悠然としている忠勝の姿をみて、秀吉が本多勢に攻撃を仕掛けぬよう指示した逸話は著名である（『長久手御陣覚書』『四戦紀聞』『大三川志』他）。いずれも事実かどうかは確認できないが、忠勝が小牧から小幡へ移動したのは事実らしい。

家康は、小幡城に戻ると、本多忠勝らが合流した。まもなく、秀吉の大軍が、龍泉寺山に到着したとの知らせが入ると、徳川方は軍議を行ったという。忠勝は、龍泉寺山への夜襲を主張し、自らが先陣になると言い、誰か後詰めになって欲しいと訴えた。だが、早朝から戦い詰めの徳川方の諸将は、あまりの疲労に名乗り出る者がなかったといい、それをみた水野忠重が後詰めを引き受けようと言ったという。家康は、合戦で疲労している自軍に、夜襲を実施するのは無理があると考え、忠勝や水野を押さえ、その夜のうちに小牧へ撤退することとした。家康・信雄は、秀吉軍の様子をみながら、深夜、比良を経て小牧山城に撤退した（『水野勝成覚書』）。

信雄は、よほど疲れていたらしく、翌四月十日付で、家臣らに長久手合戦の勝利を伝える書状を送っているが、そこには花押ではなく、黒印が捺《お》されている。信雄自身も、黒印を捺した理由を「さん〳〵くたひれ候之間、印判ニ候」と記している（長一二一・三号）。

なお、秀吉の命により、海路、三河を目指していた志摩の九鬼水軍は、百艘《そう》の軍船を擁して伊勢湾から三河湾に突入し、和地《わじ》、吉胡《よしご》（愛知県田原市）などに放火してまわった。この時、常在寺は、志摩国の神嶋《かみしま》衆の斡旋《あつせん》により、九鬼嘉隆が庇護《ひご》するよう指示したので、放火を免れたという（『常在寺年代記』）。この九鬼水軍の動きは、ほんらいは三河中入軍に呼応するものであったが、池田・森らはすでに九日の長久手合戦で戦死し、作戦そのものが頓挫《とんざ》していたので、羽柴方がわずかに鬱憤《うつぷん》を晴らした程度に過ぎなかった。

二、戦線の拡大――尾張西部での合戦

長久手敗戦後の羽柴方の動向

長久手合戦で、池田恒興・元助父子、森長可が戦死したことで、秀吉は美濃の再編に着手

せねばならなかった。秀吉は、楽田城から犬山城に移り、美濃や尾張西部の再編に着手した（秀吉一〇四二号）。

四月十一日までに、秀吉は、戦死した池田元助に代わり、岐阜城に養子の羽柴秀勝を留守居として配置し、加勢を増派するとともに、城内に確保されていた人質の管理、城下町の治安維持などを指示している（秀吉一〇二八・一〇三〇号）。また、森長可に代わって、実弟忠政を後継者とし、重臣各務兵庫助にその補佐を指示するとともに、東美濃の鎮定について、督励している（秀吉五九八一・二号）。

長久手合戦を辛くも生き延びた池田照政は、池尻城主であったが、秀吉から父恒興の居城大垣城を与えられ、池田家を相続した。だが、照政は負傷しており、秀吉は養生するよう勧めているが（秀吉一〇二六号）、照政は、池田家中の人々とともに、早くも戦線に復帰し、西美濃、尾張西部の戦線で活動している。

また、息子恒興、孫元助を失った恒興生母（池田恒興の実母で、恒利夫人、織田信長の乳母《めのと》であったため大御乳《おおおち》と呼ばれた、養徳院殿）に、秀吉は四通ものお悔やみの書状を送り、池田家は孫照政に相続させ、秀吉も盛りたてることや、大御乳の生活なども不自由のないように配慮することなどを約束し、慰めている（長一二〇～三・一五〇号）。

恒興の居城だった大垣城には、四月十一日、三河中入軍の大将だった三好秀次が転属され、伊木忠次も附属されたが（秀吉一〇三五号）、伊木は墨俣城の普請を命じられ、その城将に任じられていた。しかし、伊木忠次自身は、秀吉の命を受けて、あちこちに出張せねばならなかったため、常に在城する必要はなく、基本は留守居に城番をさせ、秀吉が派遣した加勢によって警固がなされることになっていた（秀吉一〇三五号）。

池田照政に代わって、池尻城には、石川小七郎家清が配置され、羽柴秀勝の指揮下となった（秀吉一〇三八号）。そして、池田照政は、大浦城へと派遣されることとなった。

これより前に秀吉は「濃州大羅之寺内、戸嶋東蔵坊が構、一両日有御滞留、小吉を後号丹波少将入置る、是は敵もなけれど、万のト《しめ》、又遊軍の備にても有」とあるように、大浦に入った（『太閤記』）。ここにみえる「大羅之寺内、戸嶋東蔵坊が構」こそ、大浦城のことである。実は、この場所は、弘治《こうじ》二年四月に、織田信長が斎藤義龍《よしたつ》を攻めるために布陣した地でもある。『信長公記』首巻には「手合として木曾川・飛驒川舟渡し、大河打越し、太良の戸嶋東蔵坊構に至て御在陣」と記録されており、『太閤記』の記述と一致していることがわかるだろう。この戸嶋東蔵坊は、一向宗寺院であり、「寺内」が存在していたようだ。信長もここを砦として利用し、秀吉は大規模な普請を実施して、大浦城へと変貌《へんぼう》させたのである。

長久手敗戦後の四月中旬から下旬にかけて、眼をひく動きは、美濃西部と尾張西部での羽柴方の活発な動きである。四月十一日、秀吉は、池田照政家臣河合堯清・堯定が在城する尾張大浦城に加勢することを決め、伊藤牛介らに指示した（秀吉一〇二八・一〇三〇号）。秀吉は、四月十二日に伊藤牛介を加勢として大浦城に派遣し、河合らとともに普請を実施させている（秀吉一〇四一号）。また、一柳直末に対し、秀吉が在城する犬山城に呼び寄せようと考えていたが、羽柴秀勝の配下の人々は、若く経験に乏しいため、大浦城に在城させ、伊藤牛介らを補佐させることにした（秀吉一〇四三号）。秀吉は、他の城普請は後回しにしてもよいので、大浦城の普請に力を入れるよう指示していることから（秀吉一〇四五号）、ここを拠点に尾張西部への侵攻を目論《もくろ》んでいたのだろう。

次に秀吉が命じたのが、長池城（岐阜県笠松町）の普請である。この城は、大浦城の繫ぎの城と位置づけられ、大浦城に在城する一柳直末が普請を命じられた（秀吉一〇五四号）。

いっぽうで、秀吉方の要所（「根城」）である楽田城と小口城の普請強化も実施されていた（秀吉一〇三一・四二号）。

次に、羽柴方が占領していた尾張の統治については、五月二日付で秀吉が時限的な管轄担当を決めている。それによると、①池田元助の旧領犬山三〇〇〇貫余は加藤光泰が、②羽黒領一帯は山内一豊が、③楽田周辺と小牧原より東篠木一帯は堀秀政が、④小口より南西一帯は稲葉一鉄が、それぞれ管理すること、⑤今日より城砦に在番する者は、侍はもちろん下人に至るまで他出を禁じること、⑥もし百姓らが異議ありというならば秀吉に直接尋ねること、そして詳しく調査して裁許すること、とされた（秀吉一〇六八号）。

秀吉が、犬山城、楽田城、小口城など、それまで羽柴方が小牧山城を中心に展開する徳川・織田連合軍と対峙した拠点の管理を、加藤光泰・山内一豊・稲葉一鉄・堀秀政らに委《ゆだ》ねたのは、彼が戦線を移動させることを決意したからに他ならない。秀吉は、この楽田一帯に、約二万余の軍勢を残留させたという（長一八三号）。そして、羽柴方の戦略の重点は、これまで見てきたように、西美濃や尾張西部に移ってきたことを示している。

このことを、織田・徳川方も察知していた。信雄は、四月十一日、秀吉が軍勢を率いて岐阜に移ったとの情報を知らせてきた松ノ木城主吉村氏吉に対し、敵の動向を注視して、逐一報告するよう指示している（長一二九号）。氏吉は、同日、高須に出陣し、敵の砦《とりで》三ヶ所を攻撃して敵兵を追い払い、信雄から褒賞されている（長一四二号）。

また、信雄は、秀吉が尾張西部に侵攻してくるものと想定し、防備を固めるべく、各地に加勢を派遣した。四月十四日、池田照政家臣が、秀吉に竹ヶ鼻城に援軍が入ったこと、この警戒に当たるべく、池田勢は茜部《あかなべ》に出陣したことを報告した。秀吉は、青柳《あおやなぎ》（岐阜県池田町）に派遣していた軍勢を呼び返すことや、羽柴秀勝の軍勢の一部を、御薗（茜部周辺）に展開させ、敵が攻めてきたら応戦することなどを指示している（秀吉一〇四九号）。

これに対し、四月二十一日、池田照政と羽柴方の軍勢が、尾張脇田城を攻撃した。この城は、松ノ木城主吉村氏吉が管轄しており、池尻平左衛門らが在城していた。脇田城は、敵の攻撃を撃退したようだ。その後も、羽柴方の軍勢は、今尾に在陣し、小競り合いをしかけてきていたので、信雄方は加勢を増派するなど神経を尖《とが》らせていた（長一五九・一六三号）。信雄は、今尾城への警戒を強めるとともに、かつてこの城を保持していたが、秀吉に没収された経緯がある高木貞利に、その返還を約束し、戦功を励ましている（長一七〇号）。

ところが、一転して秀吉方は、五月一日、小牧陣の徳川軍に大規模な攻勢を仕掛けてきた。徳川軍は、陣所を出ることはせず、城砦を足場にして防戦に徹したようだ。秀吉は、家康が追撃してきたら討ち果たそうと考えていたようだが、徳川方は挑発には乗らず、備えを崩すことはなかった。この戦闘は、足軽どうしの競り合いだったらしい（秀吉一〇七〇・一〇七六・一〇七七号）。だが、これは秀吉の陽動作戦であった。そして、五月に入ると、秀吉は尾張西部で本格的な攻勢に転じるのである。

秀吉軍、尾張西部へ侵攻を開始す

秀吉は、尾張西部への侵攻を企図していた。当初、手始めの攻撃目標と定めたのが、奥城であった。ところが秀吉は、この計画を延期している（秀吉五九八三号）。それは、五月早々、信雄が奥城主として「中根殿」を配置したためである。この「中根殿」とは、織田越中守信照のことで、信長の異母弟であった。彼は、生母の実家中根氏の養子となっており、「中根殿」「織田中根」などと呼ばれていた。当時は、信雄に仕え、尾張沓掛《くつかけ》城主であった。秀吉は、信照が奥城に入城したことを知ると「上様御舎弟非可討果儀与相延」（信長様の御舎弟を討ち果たすわけにはいかないので延期した）とあるように、攻撃目標の変更を決断したようだ。

五月二日、羽柴秀勝の軍勢が、不破広綱が守る竹ヶ鼻城に攻撃を仕掛けた。この戦闘は本格的なものではなく、小競り合い程度だったようだが、羽柴勢は野口（大垣市）に布陣し、なおも城の様子を窺っていた。そのため、信雄は敵情を注視するよう指示している（長一八四号）。

五月三日、織田信雄は、小牧山城を出て、伊勢長島城に帰還した（『家忠日記』）。敵が動き始めたことは、松ノ木城主吉村氏吉からも報告があった（長一八六号）。信雄の長島帰還は、秀吉方が尾張西部に攻め寄せることを察知、対処するためであろう。

果たして秀吉は、軍勢を率いて動き出した。五月四日、秀吉方は加賀野井城を包囲したのである（『家忠日記』）。

加賀野井城の攻撃を指揮するため、秀吉が、大浦城に入ったのは、四月二十九日のことらしい。

秀吉は、大浦城に二日ほど在城すると、ここを羽柴秀勝に委ね、遊軍として配置し、自らは五月一日に、富田の聖徳寺に布陣したという(『太閤記』他)。秀吉は、五月二日付で、「富田寺内」に禁制を与えているので、実際に陣を張ったのは二日であろう。聖徳寺は、寺内不入であったことから、秀吉より陣所としたいので境内を借り受けたいとの申し出を拒否したが、秀吉は有無をいわさず寺内に乗り込み、ここを本陣としたばかりか、一夜にして周囲に堀を巡らせたと伝わる(『尾濃葉栗見聞集』)。

加賀野井城攻防戦

加賀野井城には、城主加賀野井弥八郎重望と、信雄の援軍林与五郎正武、同十蔵、加藤太郎右衛門尉忠景、加藤甚右衛門尉、浜田与右衛門尉、小泉甚六、小坂《おざか》孫九郎雄吉《かつよし》、伊勢衆采《うね》女《め》後藤(采女城主後藤氏)、千草常陸介、楠十郎、峰与八郎、阿下喜平三ら、およそ二千余が籠城していたといわれる(秀吉一〇七五号、『勢州軍記』『太閤記』他)。

秀吉軍は、五月三日、竹ヶ鼻、祖父《そぶ》江《え》近辺に放火し、四日には加賀野井城を包囲した。秀吉が、加賀野井城を包囲し、尾張西部に戦線を転じたのには理由があった。それは「加賀野井城には、究竟《くっきょう》の者たちが籠城しているので、ここを包囲すれば必ず家康は後詰めに出てくるだろう。そこでこちらにおびき出し、一戦を仕かけ討ち果たそうと待機している」と、秀吉自身が述べているように、小牧山城から動こうとしない家康を、誘い出し、討ち果たそうというのが狙いだった（秀吉一〇七五号）。加賀野井城を攻撃すれば、家康は必ず救援のために、軍勢を出してくるだろうと、秀吉は考えていたわけだ。

五月四日、秀吉軍は、加賀野井城を包囲し攻撃を開始した。城の周囲には、三重、四重の柵が結い廻《まわ》され、蟻の這い出る隙もない包囲網が敷かれた。そして、秀吉軍から弓、鉄砲が間断なく撃ちかけられたという。

なお、秀吉軍は、加賀野井城を包囲しつつも、竹ヶ鼻城、奥城などにも軍勢を割き、五日には鉄砲を竹ヶ鼻城に撃ちかけさせている。ただ、この軍勢はすぐに長間《ながま》城に撤収したというから、示威行動だったのだろう（長一九五号）。

竹ヶ鼻城主不破広綱は、伊勢長島城の信雄に援軍を要請した。信雄は、五月五日、小牧山城の家康にも援軍派遣を要請したので、まもなく到着するであろうと励まし、家康からは五月三日には、徳川重臣本多忠勝が鉄砲衆を率いて、萩原に出向いたと報じている。また、信雄自身も、吉藤城へ織田長益、滝川雄利、飯田半兵衛尉を派遣し、兵糧や玉薬も充分送ったので安心せよと書き送っている（長一九五号）。

援軍要請は、松ノ木城主吉村氏吉からも、信雄のもとに寄せられていた。吉村は、敵の大軍に包囲されれば、少しの加勢だけでは持ちこたえられないので、外構の守りを放棄して、本城に兵力を集中させて守ろうと考えていたようだ。信雄は、五月五日付の書状で、その考えに賛同し、家康と相談のうえで一緒に出陣すると伝え（長一九六号）、七日には、援軍として寺西忠左衛門尉と生駒家長を派遣したことを報じた（長二〇二号）。

だが、竹ヶ鼻城主不破広綱の悲鳴のような援軍要請に、五月七日、信雄は苦しい胸のうちを明かすように、出馬できぬ事情を書き送った（長二〇三号）。

昨日六日の書状を拝見した。加賀野井城後詰めのことだが、お前が派遣してくれた案内者を小牧への使者としてたびたび送っている。そして、ぜひとも半日でも早く出馬してほしいと要請をしているのだ。だが家康は、そのあたりのことについては、不案内なので、よく念を入れているところである。もし狭い切所で、敵に後れを取ることがあってはいけないと思案を重ねている。自分が出馬すれば勝利間違いなしという確証がなければならないのですと、何度も言ってきているのだ。

このように家康は、加賀野井城などがある尾張西部は、地理的にも難所が多く、しかも徳川軍は不案内なので、出陣には慎重を期していたようだ。信雄が、返書をここまで書いていた時、加賀野井城が落城したとの知らせが、彼のもとにもたらされたのである。

加賀野井城陥落

加賀野井城は、大軍による包囲の前に、抵抗は困難と考え、降伏を決断し、秀吉方に城兵の助命を条件に降伏、開城を申し出た。だが、秀吉はこれを拒否し、あくまで城を攻め殺せと命じたという（『太閤記』『勢州軍記』等、以下の記述は特に断らない限り、それらによる）。この記述は事実だったようで、秀吉は加賀野井城攻略後に「城中者一人も不漏刎首候」と述べており（秀吉一〇七五号）、城兵を皆殺しにするつもりだったらしい。長久手敗戦が、よほど悔しかったとみられ、加賀野井城はその生け贄《にえ》にされてしまったのだろう。

五月五日、秀吉軍は、長岡忠興勢が奮戦して、城の外構を打ち破り、二の丸まで制圧し多数の敵を討ち取った（秀吉一〇七〇・七一号、『細川家記』『松井家譜』）。降伏を拒絶され、外構を突破された城方は、内堀を支えにするだけとなった。折しも、五日は降雨であったので、城方は雨に紛れて、敵に夜襲を仕掛け、包囲網を突破して落ち延びることとした（この時期に降雨があったことは『家忠日記』から事実と知れるが、同書には五日、六日が雨であった記述はなく、降雨は三日、七日、八日であった。ただ、加賀野井城周辺が降雨であり、松平家忠が在番していた小牧陣には雨が降っていなかった可能性はある）。

五日夜（六日）、大手口から城方は突出し、秀吉軍に襲いかかった。秀吉軍も警戒していたので、激戦となり、ここで多数の城兵が戦死した。大手口で合戦が起きたため、搦手《からめて》口の秀吉軍は持ち場を離れて大手口に向かってしまい、搦手口の警戒が疎かとなった。その隙に、城主加賀野井重望、林与五郎正武らは搦手口から脱出したという。

秀吉軍との戦闘で、城方は林十蔵、加藤忠景、加藤甚右衛門尉、小坂孫九郎雄吉、伊勢衆千草常陸介、楠十郎、峰与八郎、阿下喜平三ら、三百余が戦死した（秀吉一〇七五号、長一二二号他）。大手口での戦闘において、秀吉方の浅野長政勢は、千草常陸介、加藤忠景を討ち取り、楠十郎を捕縛し（『浅野考譜』）、細川勢は、高山右近勢とともに城方と戦い、平井駿河守を討ち取ったという（『細川家記』『松井家譜』）。城兵の戦死者は、千二、三百余であったと伝わる。秀吉軍の陣地を切り抜けて脱出した者も、少なくなかったという。

秀吉方に捕縛された楠十郎は、まだ一六歳で、滝川儀大夫の婿だったこともあり、浅野長政が助命を乞《こ》うたが、秀吉は許さず処刑した。また、林十蔵の弟松千代も一五歳だったが許されず、敵への見せしめとして殺害された。城方の者たちは、脱出に成功した者を除き、一人も残らず戦死もしくは処刑された。

秀吉は、加賀野井城の破却を命じると、長間（羽島市）に城（長間城）を築かせて、毛利長秀を配置し、自身は五月九日に大浦城に戻り、竹ヶ鼻城を包囲するよう命じた（秀吉五九八三号）。

竹ヶ鼻城水攻め

織田信照らが籠城する、奥城を包囲していた秀吉方の軍勢は、五月九日、遂にこれを降伏させた。加賀野井城の陥落が、大きく影響したと思われる。秀吉は、奥城を攻め殺すつもりであったが、信長の異母弟信照が籠城していたこともあり、あまりにいたわしく思ったので、助命することとし、降伏、開城を許した。信照は、同日、城を出て秀吉方の捕虜になったらしい（秀吉一〇七五号）。

秀吉は、次の攻撃目標を竹ヶ鼻城に定め、包囲を開始した。秀吉軍の先手は、六日には竹ヶ鼻城を取り巻いたという（『家忠日記』）。秀吉自身は、十日に大浦城から竹ヶ鼻城の包囲陣にやってきたらしい（『太閤記』他）。竹ヶ鼻城は、水堀を幾重にも廻しており、力攻めにしたら味方の犠牲が大きいと判断した秀吉は、城の側を木曾川などが流れているのをみて、備中高松城と同じように、水攻めにすることを思いついた。これは、十一日夜の軍議で決定され、各隊に堤普請の担当が指示されたという（『太閤記』他）。

竹ヶ鼻城が堀が深く要害であったことや、そのために水攻めにしたことなどは、確実な史料からも確認できる。例えば、秀吉が佐竹義重に宛てた書状には「則竹鼻城取巻候、彼要害数年相拵、堀深、即時可責入地ニ無之之条、可致水責与存、四方ニ堤高さ六間、広サ弐拾間ニ三里間築廻、切懸木曾川処、城中令迷惑」（秀吉一〇九八号）とあり、また「此刻的場（竹ヶ鼻城）与申城令取巻、廻三里堤被築上、其間付城十四五ヶ所被申付、両国境之大河被関懸、漸水入候、固屋中者一両日沈候、驚目たる手遣、無申計候」（六月二日付棚守元行宛小早川秀包書状、長二四六号）などとみえる。

秀吉が築かせた堤は、『太閤記』などは幅一五間、高さ六間と記し、秀吉自身は「四方ニ堤高さ六間、広サ弐拾間ニ三里間築廻」と主張しているが（秀吉一〇九八号）、高さはともかく、幅と総延長については、恐らく彼一流の誇張であろう。『尾濃葉栗見聞集』には「水攻の堤ハ、間島村より本郷村へ築下ケ、朝平村、舟橋村の枝郷江吉良村と云所へ築廻す、堤の長凡一里半程」とあるのが実態に近く、総延長約四・五キロほどであったらしい（内貴健太・二〇二三年、なお髙田徹氏は、総延長を三キロと指摘している〈髙田・二〇〇六年下〉）。また、髙田徹氏の研究によると、堤は高さ約六メートル、上幅三メートルの規模で、片側に犬走りがあったという。

軍記物によると、秀吉の軍勢四万ほどが昼夜をわかたぬ普請を行い、五、六日で完成させたという。堤は、角田《つのだ》を起点に、西の蟻野《ありの》、牛部《うしべ》、南の江吉良《えぎら》を結ぶものであった。この堤の周辺には、小高い丘（間島付城、現在の間島太閤山《まじまたいこうやま》〈伝秀吉本陣〉）などもあり、陣所になっていたようだ。この堤は、東側には築かれた形跡がなく、これは北東に足近川、東側には逆川が当時も存在しており、それらの自然堤防などを利用したためであったことや、水攻めのための水を足近川と逆川から取ったためであると指摘されている（安藤萬壽男・一九九五年、なお榎原雅治・二〇〇八年は足近川のみから取水したと述べている）。

秀吉軍は、堤が完成する以前は、数度、城攻めを行ったらしく、秀吉方に死傷者が出たようだ。その後、堤が遂に完成した。それがいつであったかは、定かでない。秀吉軍が、付城を隙間なく構築したと報じているのが、五月十二日であり（秀吉一〇七八号）、同十五日には、付城が八ヶ所完成し、追加で十ヶ所造っていると報告されている（同一〇八〇号）。

なお、確実な史料では確認できないが、羽柴軍は、竹ヶ鼻城と同時期の六月、織田家臣沢井雄重が籠城する黒田城も水攻めにしたという。沢井は頑強に抵抗し、秀吉方の堤を切って、危機を乗り切ったといわれている（『武徳編年集成』）。

苦悩する信雄・家康、待ち焦がれる不破広綱

追い詰められた竹ヶ鼻城からは、信雄・家康へ後詰めを要請する使者が再三出され、また、松ノ木城の吉村氏吉からも竹ヶ鼻の戦況が信雄のもとに寄せられ、また吉村は、次は自分たちが攻撃されるだろうと不安を抱き、あらかじめ加勢を求めていた（長二一一・二一五号）。信雄は、松ノ木城の吉村を安心させるために、五月十三日には、榊原康政と丹羽氏次を派遣することにしたと知らせている（長二一四号）。ただ、これが実現した形跡はない。

五月二十四日、家康は不破広綱より書状を受け取り、返信を認めた。広綱からは、一刻も早く後詰めに来て欲しいとの文面だったようだ。家康は、①関東勢（北条氏）が近日援軍の

ため出陣すること、②さらに家康は敵国内部への計策を進めており、秀吉が敗北するのはそう遠くないこと、③これらが揃えば、敵をことごとく討ち取ることができるであろうから、それまで城を堅固に保って欲しいこと、④必ず後詰めに行くので信じて待っていてほしい、と懸命に説得している（長二三六号）。

家康は、不破からの書状と、北条氏規からもたらされた書状二通を、家臣西尾小左衛門尉吉次に持たせ、長島城の信雄のもとへ派遣した。これを受け取った信雄は、家臣小坂雄吉・長島三吉連署で、広綱宛の書状を作成させ、竹ヶ鼻城に届けさせようとした。だが、密書が途中で奪われることを心配した使者曾我又六は、北条氏規の書状二通だけを持参し、信雄と家康の意向を記すはずの小坂・長島の連署状については、内容を諳《そら》んじ、口上とし、無事に竹ヶ鼻城内に到着したら、広綱の面前で文書化することを提案し、許された。

五月二十六日、曾我又六は、決死の覚悟で竹ヶ鼻に行き、秀吉の包囲網をかいくぐって、竹ヶ鼻城に潜入することに成功した。そして、広綱の面前で、口上を紙面に認め、小坂雄吉・長島三吉連署状を作成したのである（長二三八号）。

その文面には、竹ヶ鼻城を助けたいのに、思うようにいかない信雄と家康の苦悩がにじみ出ている。その内容を紹介してみよう。まず、信雄はしばしば竹ヶ鼻城の外構まで密使を派遣していたが、秀吉軍の包囲網をかいくぐることができずに引き返すばかりで、意思疎通が出来ていないことを残念に思っていると陳謝している。ところが、広綱が家康に送った書状を通じて、竹ヶ鼻城が奮闘していることを知り、嬉《うれ》しく思っている、このことを、家康は西尾吉次を通じて、信雄のところへ書状とあわせて知らせてくれたと述べている。

こう述べたうえで、①後詰めについては必ず実行すること、②各所への調略も行われていること、③今まで後詰めがなされなかったのは、松ノ木城主吉村氏吉があまり長くは持たずに（加賀野井城などが）落城すると報告してきていたので、それではどんなに手を尽くしても何もできないだろうと判断して出陣が延期されたからである、と報じた。後詰めに出ないのは、木曾三川が乱流し、地形が複雑で湿地帯が横たわる尾張西部に、うかつには出陣できなかったからなのだが、信雄・家康ともに苦しい言い訳をせざるをえなかったようだ。

最後に信雄は、使者曾我又六が広綱に見せた北条氏規の書状二通は、関東勢が本当に来援するのか、広綱が不安に思っているだろうから、家康が証拠として持たせたものだと追記している。

しかし、信雄と家康が、いかに広綱を安心させようとも、彼らが竹ヶ鼻城に後詰めのために出陣する目途は一向に立たなかった。この書状が竹ヶ鼻城に到着した直後、秀吉軍による堤が完成し、水の引き入れが始まったのである。

竹ヶ鼻城の開城

五月十二日から始まったとされる、水攻めのための堤普請が完成したのは、五月二十九日以前のことである。秀吉が、堤の存在と完成を報じたのが、五月二十九日のことであり、「将亦此面儀、堤出来候而水殊外入、城中令迷惑候間、落去不可有程候」(さてこちらのことですが、堤が完成し水を大量に入れ、城中は難儀しているので落城もまもなくでしょう)と記述されているので、この直前であることは間違いない。堤は、現地では俗に「一夜堤」と呼称され、軍記物には四、五日ほどで完成したとあるが、実際には二十日以上を費やして築かれたことが窺われる。

水は城下の町屋に流れ込み、たちまち床上浸水となり、水位は六尺に及んだという。そればかりか、水から逃れようとした蛇や鼠などが大量に集まってきたので、町人たち、とりわけ女、子供を恐慌状態に陥れた。そのため、町人に死者が続出したという(『尾濃葉栗見聞集』)。恐らく、水位が上がって、溺死《できし》したか、餓死したのだろう。

竹ヶ鼻城が追い詰められたことを察知した、松ノ木城の吉村氏吉は、信雄に加勢の派遣要請を撤回し、五百、千人程度では守り切れないだろうから、惣構《そうがまえ》は放棄し、現在の兵力で本城を守備することに徹するとの考えを伝えた。信雄は氏吉の考えを尊重し、了承している(長二四七号)。

竹ヶ鼻城は水位が上がり、本丸も水に浸《つ》かり始め、溺死する者も出始めた。城方は、忍びの者を秘かに城内から出し、厳重な警備をかいくぐって、堤の一部を破壊することに成功した。そのため、急激に水位が下がったものの、城方の戦意は揚がらず、不破広綱は降伏を決意したという（『太閤記』）。なお、堤が切れたのは、大和の筒井順慶の陣所であったとされ（『豊鑑』）、秀吉は、すぐに堤の修復を行ったとされる。筒井の陣所跡は、狐穴という場所にあったと伝わり、それは、竹ヶ鼻城を囲む堤防の南東隅にあたり、木曾川の自然堤防と、人口堤の接合点に位置する（髙田・二〇〇六年下）。

堤が切れたものの、開城の合意はそれ以前に成立していたので、城明け渡しにはまったく影響しなかったことは、『当代記』にも「堤キレテ水攻成就有之間敷処、堤不切以前ニ拵相済ノ間、違背如何可有シトテ、令出城トナリ」とみえる。

不破広綱は、もはや抵抗できずと考え、六月三日、信雄に竹ヶ鼻城の開城、明け渡しの許可を求めた。信雄は、これほど早く追い詰められるとは思わなかったといいながらも、やむを得ぬことだと開城を認めた。そして広綱に、一類すべて残さず引き連れ、長島城へ来るように伝えた（長二五〇号）。

なお、『多聞院日記』によれば、六月二日に開城となり、人質交換を五日に実施することとなったという。そして、町人たちはそのまま在住（「居成」）を許されたとある。ところが、城内から提出された人質が「虚人」（偽者）であったことが発覚し、開城交渉は破綻《はたん》してしまい、「虚人」とされた人質は「ハタ物」（磔《はりつけ》）にされたと伝える。こうした経緯があったかどうかは、他の史料から確かめることは出来ない。

信雄の許可を得た広綱は、城兵の助命と引き換えに、秀吉に降伏し開城を申し出た。加賀野井城のことといい、奥城への当初の対応といい、秀吉はなで切りを原則としていたかのようであったが、不破広綱の申し出を受諾している。その理由を、秀吉は「城中令迷惑、致懇望候、彼城主久懸御目申付而、不便存助命、城請取申候事」（秀吉一〇九八号）、「竹ヶ鼻儀、如御存知、親権内ニ別而懸御目候つる其子ニ候之処、水漬ニ可殺段不便之条、命を助候」（秀吉一一〇二号）などと述べており、不破広綱の父権内綱村《ごんないのつなむら》とも目をかけていたから不憫《ふびん》に思い、助命を許したという。

六月七日、秀吉は竹ヶ鼻城の降伏を受け入れ、城兵の助命を認め、城を受け取ったと、山内一豊に報じている（秀吉五九八七号）。実際には、七日から城内の荷物の運び出しが始まり、引き渡しは六月十日と決まっていた（秀吉一一〇二号）。そして、六月十日、約束通り、不破広綱は竹ヶ鼻城を秀吉方に引き渡し（『家忠日記』）、長島城へ去った。城は、一柳直末が受け取ったという（『不破氏家牒』『尾濃葉栗見聞集』）。

荒廃する尾張平野

秀吉による攻勢で、尾張西部は一転して激戦の舞台と化した。そして、秀吉による作戦は、その後の尾張平野に深刻な打撃を与えたようだ。その理由の一つとして、秀吉が実施した「水攻め」が挙げられる。このことについては、すでに山本浩樹氏の研究があるので、それに導かれながら内容を紹介してみたい（山本浩樹・二〇〇六年上）。

秀吉は、六月四日付で佐竹義重に、尾張での戦況について報告をしているが、その中の一節に次のような記述がある（秀吉一〇九八号）。

一、如此候へ者、尾州東方三郡、西方二郡余、此方江申付候、左様ニ候へハ、二郡余漸々相残体候、是亦切懸木曾川候付而、信雄居城長島幷清須辺悉洪水体候条、侍之儀者不及申、土民百姓迄及餓死候、然間家康無為方、至三州可引入由候得共、秀吉追詰可相動行を及見候付而、城々不相放、一日今与在之体候事

この記述は、秀吉が、加賀野井城、奥城を陥落させ、竹ヶ鼻城を水攻めにして降伏に追い込んだことを伝えた部分に続くものである。秀吉は、こうした戦果により、尾張は五郡を制圧し、残るは二郡あまりだと喧伝している。これはもちろん事実ではない。しかし、続く記述が気になるところだ。秀吉は、木曾川に切りかけて（堤防を切り崩して）、信雄の居城長島城や清須城近辺を洪水にあったような状況にした。そのため、侍たちはもちろん、百姓たち

までが飢餓に苦しんでいると書いている。

このような事実があったかは、他に同時代史料がないため、秀吉一流の虚言かどうかを確かめることが難しい。だが、近世の史料であるが、『小牧陣所之者之咄伝之覚』の一節に、次のような記述がある（大日⑦三九〇）。


太閤ハ四月廿日過ニ犬山へ御移、木津一之枝を切はなし、水を下へ切落候処、清須辺迄水さゝへ、人馬之通路留候付、太閤方横曾根迄御引候

この史料によると、秀吉は四月二十日過ぎに犬山に移動した後に、「木津一之枝」を切り離したとある。この「木津一之枝」とは、既述のように、犬山のすぐ西にある木津《こっつ》から、木曾川が分流する石枕川のことを指す。「一之枝」こと石枕川は、途中で二之枝（般若川）の支流と合流して青木川となり、清須の北で三宅川と合流して五条川となって清須方面に至る。このことから、秀吉方が、石枕川の堤防を切り崩したことで、清須周辺に水が押し寄せたというのは、ありえる話といえる。秀吉が、清須周辺を洪水のようにしたというのは、石枕川の堤防を決壊させたことによる「水攻め」だった可能性が高い。

では、伊勢長島城周辺についてはどうだろうか。そのことについては、やはり竹ヶ鼻城水攻めとの関連が考えられるだろう。木曾川中流域で大量の水を湛《たた》えた人工湖が出来上がっていたことから、城の降伏後、この堤防を切って、水を下流に流し原状回復させたであろうこ

とは想像に難くない。また、城方が忍びを放ち、堤防の一角の切り崩しを行わせ、水位を下げようとしたという記録があることは、既述の通りである。どちらが実施したかは別にしても、満々と水を湛えた人工湖の堤を切り放った結果がどうなるかは、想像しやすいであろう。水は一挙に木曾川を下り、両岸の地域に影響を及ぼしながら、南端の長島にも何らかの被害をもたらした可能性は考えられる。

このように、秀吉による「水攻め」は、尾張平野に深刻な影響を与えたとみられ、文禄《ぶんろく》二年（一五九三）に秀吉が出した尾張国中御置目《おきめ》には「尾張国中、在々すいび（衰微）せしめ、田畠荒候体被及御覧、上様御生之国にて候条、別而不便思食」とあり（秀吉四八〇四号）、尾張を検分した秀吉が、あまりの荒廃ぶりに再興のための施策を講じざるを得なかったことが記されている。尾張の荒廃と衰微は、洪水や天正大地震などの災害も大きかったであろうが、小牧・長久手合戦による戦災も無視できぬものだったろう。刈田《かりた》や軍勢の移動による田畠《たはた》の蹂躙《じゅうりん》、そして放火、乱取りなどはいうまでもないが、「水攻め」の惨禍《さんか》も考慮すべきと思われる。

尾張西部の危機去る

秀吉が尾張西部に大規模な攻勢を仕掛けたことにより、奥城、加賀野井城、竹ヶ鼻城などが陥落し、羽柴方は一転して優位に立った。これらの籠城衆から、悲鳴に近い援軍要請があったにもかかわらず、信雄も家康も、尾張平野西部に誘い出され、殲滅《せんめつ》されることを恐れて、まったくこれに応《こた》えることができなかった。援軍を送れぬ大名は、味方の国衆や部将から見放されてしまう可能性があった。

松ノ木城主吉村氏吉は、次は自分が攻撃されるだろうと想定しており、緊張していた。五月七日には、信雄から、寺西忠左衛門尉らの援軍を受けていたが、その後は加勢派遣は途絶していた。

竹ケ鼻城が開城した六月十日、吉村らは、敵軍が長良川を渡河し、松ノ木城とは目睫《もくしょう》の間《かん》にある者結《じゃけつ》、幡長《はたおさ》に布陣したことを確認すると、長島城の信雄に急使を送り、敵軍の接近を知らせた。信雄は、同日子刻（午前零時頃）に返書を認め、この情報は小牧山城の家康にも伝達したこと、何か変わったことがあれば報告してくるよう指示している（長二五七号）。まもなく、秀吉軍が竹ケ鼻から動き出したらしい。敵軍は、松ノ木城ではなく、赤目・吉藤方面に移動を始めていたようだ。この情報を、吉村・寺西から知らされた信雄は、松ノ木城の危機は当面去ったと考えたようだが、念のため鉄砲五十挺《ちょう》を送っている（長二五八号）。

だが、六月十二日、敵軍が脇田城周辺に出現し、同日夜に攻撃を開始した。脇田城からの激しい銃撃に、敵軍は難儀し、十三日朝には城を攻略できず退散した（長二六三・六四・六六号)。

家康は、十二日に小牧山城を重臣酒井忠次に任せ、自身は清須城に移っていた(長二六六号、『家忠日記』)。尾張西部や北伊勢の戦局が心配だったからであろう。松ノ木城などの織田方諸城への後詰めを喧伝する意味もあったとみられる。

いっぽうの秀吉自身は、いったん帰陣する予定を立てていたらしい。六月八日に、弟秀長を近江土山《つちやま》に派遣し、宿所の普請を命じているからである(長二五四号)。そして、六月十五日には、羽柴秀勝、稲葉重通、日禰野弘就・盛就兄弟、長谷川秀一ら一万五千人に、楽田城在番を命じ(秀吉一一一一号)、吉里《よしさと》(岐阜県海津市海津町)と駒野(岐阜県南濃町)に砦を普請し、軍勢を配置するよう指示している(同一一一三・四号)。

だが、吉里には城跡の痕跡《こんせき》も伝承も認められない。吉里のそばには、八神城があり、後に秀吉方毛利広盛の居城となるのだが、築城時期は定かでない。実は秀吉は、吉里と駒野に砦普請を指示した直後の六月二十一日、毛利広盛に知行宛行状《ちぎょうあてがいじょう》を与え、本知(本領)分として八上(八神)桑原など五ヶ所と、新地分として加賀野井、中野、城屋敷の三ヶ所、合計二一六〇貫文を給与している(秀吉一一一六号)。このことから、秀吉の文書に登場する吉里の砦とは、八神城のことを指すのではなかろうか。記して後考をまちたいと思う。また、駒野には、信雄方の高木貞利らが在城する駒野城があるが、その他にめぼしい城跡は伝えられていない。だが、秀吉方は、駒野城攻略に向けて、付城を築いた可能性がある。

このように、加賀野井城、竹ヶ鼻城などを攻略した秀吉軍主力は、楽田方面へと撤収し、秀吉自身も六月十五日には大垣に、二十一日には近江国佐和山に移動している。かくて、秀吉軍による大規模な尾張西部への攻勢は終息したのであった。

しかし、秀吉が尾張を去った直後、信雄・家康方は、大きな衝撃に見舞われるのである。

三、戦線の拡大――蟹江合戦

蟹江城陥落の衝撃

秀吉が、尾張を去り、秀吉軍主力が楽田方面に撤収した直後の、六月十六日、尾張南部の蟹江・前田・下市場（下嶋）の三城が、秀吉方の滝川一益の調略により敵方に転じるという事態が起こった（『家忠日記』他）。この三城は、小牧山城・清須城と伊勢長島城を結ぶ要所にあたり、ここを奪取されると双方の連携を遮断される恐れがあった。しかも、三城とも、海岸線に面した海の城としての性格を持っていた。蟹江城近くには、「船入」の地名が残り、ここはかつて蟹江川が伊勢湾に注ぐ場所にあたっていた。つまり、蟹江城は「船入」を持つ城で、伊勢湾の海運との繋がりがあったわけだ。それればかりではない。蟹江城は蟹江川、前田城は庄内川、下市場（下嶋）城は大野川（日光川）を、それぞれ天然の堀にするとともに、舟の往来の水路としており、河川交通の要所でもあった。

信雄と家康にとって、伊勢湾海運と河川交通の要所が敵に落ちたことは深刻な問題であった。また、蟹江城には、清須城と直接繋がる道（現在、信長街道と呼ばれる古道）が存在しており、織田氏の本拠清須城が敵の攻撃にさらされる危険性も出てきたのだ。

いっぽうで、信雄と家康にとって幸いだったのは、秀吉が近江に去り、残留する秀吉軍主力が楽田方面に撤収した直後だったことだ。もし、秀吉が主力軍とともに竹ヶ鼻城周辺にいたならば、間違いなく全力で清須方面に南下してきたことであろう。

家康は、秀吉が引き返してくる前に、これらを奪回せねばならなかった。

前田種定の離叛

そもそも蟹江城は、信雄方の佐久間正勝が城主に任じられていた。ところが、小牧・長久手合戦が始まると、正勝は、信雄の命により、伊勢国に出陣し、萱生《かよう》城の普請と守備を担うこととなった。そこで正勝は、叔父《おじ》佐久間左京亮信直《のぶなお》（信辰《のぶとき》とも、信長重臣佐久間信盛の弟）、前田与十郎種定を留守居に任じたのである。この地域は、前田氏が勢力を持っていたところであり、前田城は種定の子甚七郎長種が、下市場城は、前田与平次定利（種定の弟）が管理下に置いていたらしい（『家忠日記増補』他）。

この前田種定に狙いをつけたのが、当時、伊勢国木造城に在城していた滝川一益であった。秀吉方として、富田知信とともに尾張への調略を担っていた一益は、蟹江城に誘いの手を伸ばしたのである。それは、前田与十郎種定と滝川一益が、従兄弟《いとこ》の関係にあったからだという。当時、羽柴方として伊勢にいた滝川一益は、前田種定に調略の手を伸ばし、知行を与えるので、秀吉方になるよう誘ったところ、これに応じたという。滝川はこれを喜び、蟹江城とその周辺を確保し、伊勢湾から軍勢を投入して、尾張への「中入」を実行し、家康を脅かそうと考えたのだという（『太閤記』他）。ここに、三河中入に続いて、尾張中入が企図されたわけである（本節の記述は、特に断らない限り、『太閤記』『尾州表一戦記』『勢州軍記』などによる）。

内通の約束をした前田種定は、一益にできるだけ早く、蟹江城に来るよう催促した。そこで一益は、九鬼嘉隆とともに、海賊衆の協力を得て、海上から蟹江に上陸し、城を制圧しようと考えた。六月十五日、滝川・九鬼の軍勢三千余は、伊勢国白子《しろこ》浦に集結し、大船数艘で出帆したのである。滝川・九鬼らを乗せた船は、十六日夜に蟹江に到着した。

すでに、十六日夜に蟹江城乗っ取りの密約が出来ていたので、まず滝川勢が半分ほど上陸し、前田種定の案内で城内に乱入した。

驚いたのは、佐久間信直である。前田の内通で敵が乱入してきたことを知ると、本城にいた彼は、ただちに薪を積み上げさせ、正勝の妻子を刺し殺し、自分も城に火を放って自刃しようとした。慌てたのは、一益たちである。もし城が焼け落ちてしまえば、籠城はもちろん、羽柴方の拠点として機能させることは困難となる。そこで一益は、佐久間信直を城から退去させようと考えた。本城にいる人々の身命を保障し、彼らに退去を促したのである。そのために一益は、前田種定の次男を人質として本城に送った。信直はこれを受け入れ、正勝の妻子とともに、蟹江城を退去したという（『寛永伝』他）。

こうして蟹江城を確保した一益は、城の防備強化を指示し、中入の準備に入った。だが、まだ多くの兵は、船上で待機しており、全軍が上陸を果たしたわけではなかった。一益が蟹江城に入ると、前田方の前田・下市場（下嶋）も羽柴方に転じたのである。なお、あらゆる軍記物には記載がないが、一益の息子一忠も一緒に蟹江城に入ったらしい（秀吉一一二九〜三二号、一一三六・三七号）。

家康、異変に気づく

六月十六日夜、蟹江、前田、下市場の三城が、敵に奪われたことは、家康の知るところとなった。徳川方が、その事実を知った理由については、諸説ある。『太閤記』『勢州軍記』などは、一益が蟹江城の防備強化の指示を始めたところ、酒屋から出火し、たちまち三十軒が延焼する火事となったといい、これをみた徳川方が異変に気づいたと記す。また、大野城主山口修理亮重政が、異変を知って、清須城の家康に援軍を乞うたことから、事態を把握したとも、大野城攻防戦による火の手を、松葉（愛知県大治町西條）にいた井伊直政が望見し、敵襲だと察知したともいわれる（『譜牒余録』他）。

いずれにせよ、家康が蟹江城の異変を知ったのは、その日のうちだったのは間違いない。前田種定は、一益を引き入れると、隣接する大野城主山口重政に味方になるよう誘った。ところが、山口はこれを拒否した。前田は、山口の老母が人質として蟹江城に在城しているので、味方にならねば命がないと言明したが、重政は頑として応じなかったという。

これを知った一益は、海上の船に命じて、大野川（日光川）を溯上《そじょう》させ、大野城への攻撃を命じた。船十数艘が、川を遡《さかのぼ》り、大野城下に至ると、兵たちが続々と船から下りて、川の堤に上がってきた。山口重政は、城から討って出て、堤上の敵兵を切り倒し、松明を船に投《とう》擲《てき》させた。そのため、船二艘が炎上し、敵兵は残った船に逃げ戻ったという。

この時、炎をみた井伊直政が到着し、柵を下流に敷設させて敵船の航路を遮断した。そのため、海上の船舶は応援に向かうことができず、大野城攻防戦は滝川・九鬼方の敗北で終わった。

同じころ、家康は蟹江の異変を知ると、全軍に出陣を下知したが、なかなか軍勢が集まらなかったという。家康は、急がねば重大な事態になると考え、わずかな兵を連れただけで、戸田（名古屋市中川区）に出馬したという。

下市場城、前田城陥落す

蟹江の異変を知り、徳川方の諸軍が続々と集結し始めると、両軍の活動が活発となった。海上の船舶は、蟹江の海岸が遠浅のため、大型の船は近づけず、小船を往復させて兵員を上陸させていた。折しも、引き潮になってきたため、余計、上陸に手間がかかったといい、滝川の軍勢はほぼ上陸を完了したが、九鬼勢はまだ出来ずにいた。そればかりか、兵糧や玉薬などの小荷駄船は、蟹江の河口（船入であろう）には入れず、後回しになっていたらしい。

そこへ、津島より岡部長盛の軍勢が到着し、海岸に押し出したため、小荷駄の陸揚げは断念された（『武家事紀』『武徳編年集成』他）。

家康は、蟹江城の包囲を進めつつも、軍勢を分け、周辺の城から攻め落とすこととした。明けて十八日、家康は、山口重政を先導に、織田信雄、酒井忠次、榊原康政、大須賀康高、岡部長盛らの軍勢を下市場城（下嶋城）に向かわせた。榊原・大須賀軍は、海手を固め、海上からの援軍や城兵の逃亡を押さえると、全軍が攻撃を仕掛けた。

下市場城は、徳川軍の猛攻を受けながらも、前田与平次定利が懸命に防戦したが、十八日戌刻（午後八時頃）、遂に落城した（『家忠日記』他）。前田与平次は、城から脱出しようとしたが、山口重政の家臣竹内喜八郎に発見され、討ち取られた。

いっぽう、海上の軍船で様子を窺っていた九鬼嘉隆は、夜に入って、九鬼軍を下市場城支援のため上陸させようと、自ら小船で陸地に上がり、指揮を執っていた。だが、引き潮の影響で思うに任せず、またもや警戒していた岡部長盛らの軍勢の攻撃を受けた。同じころ、織田水軍や徳川水軍も海上に姿を現し、九鬼水軍と衝突した。徳川・織田軍の攻勢に押された九鬼嘉隆は、やむなく上陸を諦め、小船で撤退を開始した。嘉隆は、辛くも海上に脱出したが、嘉隆の甥《おい》九鬼長兵衛が、徳川方に捕縛されたほか、多くの九鬼水軍の舟が拿捕《だほ》されたという。

実は、徳川水軍は伊勢湾の制海権を奪うべく、五月以来活動しており、小浜景隆《おはまかげたか》、間《ま》宮信《みやのぶ》高《たか》（もと武田水軍）は、伊勢生津《おいづ》（大淀《おいず》、三重県明和町）、村松（伊勢市）を攻め多数を討ち取り、五月五日付で家康から褒賞されている（家康六〇六）。蟹江合戦は、九鬼水軍との戦いでもあったので、徳川水軍が駆けつけたのだろう。

この戦闘に紛れて、滝川一益も蟹江城から船で海上に脱出しようとしたが、発見されてしまい、徳川水軍の攻撃を受けた。激しい船合戦のすえ、滝川一益は辛うじて難を逃れたが、馬標を奪われ、蟹江城に引き返さざるを得なかった。また、徳川水軍の間宮信高、松平新助忠綱《ただつな》、伊奈昭応らが滝川、九鬼水軍との合戦で戦死している（『寛永伝』他）。

家康は、六月十九日から二十日までに討ち取った敵の首級百二十余を小牧山に送り、楽田方面の敵前にさらした。意気挙がる小牧山城の徳川方は、二十日に青塚砦周辺に火をかけている（『家忠日記』）。

下市場城を攻略した徳川軍は、十八日以来包囲を続けている前田城への本格的な攻撃に着手した。ここも、山口重政が先導し、石川数正、安部弥一郎らと、信雄の軍勢が攻撃に参加した。六月二十三日、前田城の大手口を石川軍が、搦手口を安部軍が担当し、本格的な攻撃が始まった。安部軍は、たちまち水の手を奪取し、城方を追い詰めた。徳川軍の猛攻の前に、抵抗敵《かな》わずとみた前田甚七郎長種は、降伏を申し出て許された。こうして前田城も、徳川方に引き渡されたのであった（『家忠日記』）。かくて、残るは蟹江城ただ一城のみとなったのである。

蟹江城陥落

徳川・織田軍は、十九日に蟹江城を完全に包囲した。徳川軍は、城の周囲に井楼《せいろう》を組み上げ、昼夜を問わず、城内へ鉄砲や弓を撃ちかけ、夜は火矢を浴びせる作戦をとった。城方も激しく応戦し、昼夜、轟音《ごうおん》が鳴り響いたという。双方の銃撃戦が続いたが、蟹江城は次第に兵糧と玉薬が乏しくなり始め、抵抗が弱まっていった。

二十二日には、先手の山口重政勢が、蟹江城の平三丸というところを占拠することに成功したといい、大手口（海門寺口）を担当していた酒井忠次、松平家忠、丹羽氏次らは、城内の敵が不意に突出してくると、これを撃退し、逃げる敵を追って、城内に付け入ったといい、城内で乱戦となった。夕刻になっても戦闘が続き、酒井軍らが疲弊してきたので、榊原康政らの軍勢が入れ替わり、ようやく二の丸と三の丸を占拠できたという。この戦闘で、多くの徳川方の兵卒が死傷し、長久手合戦で森長可の首級を取った本多八蔵や、丹羽氏次の家臣で、岩崎城でただ一人生き残った丹羽平五郎茂次も戦死した。

彼は、使者として岩崎城を出ていたがゆえに生き残る結果となり、そのため、命を惜しんだのだ、臆病《おくびょう》で城から逃げ出したのだ、など心ない陰口を言われ、死に場所を求めていたという（『丹羽本長久手軍記』）。丹羽家の菩提《ぼだい》寺妙仙寺では、平五郎を岩崎城の戦死者として扱ったらしく、『岩崎籠城戦死之記』には彼の名が記載されている。

蟹江城には、下げ針に弾を命中させるほどの鉄砲名人が籠城していたといい、徳川方は、竹束を押し立てて城攻めをしようとしたものの、なかなかうまくいかなかったという。家康は、各軍勢のもとを馬で乗り巡り、督戦して廻った。そして、穴山衆の攻め口に来た時に、穂坂常陸介君吉（穴山梅雪遺臣、穴山勝千代重臣）を呼び寄せ、何としても竹束を付けて、城を攻め落とせと命じた。穂坂は、これを承り、自ら先頭に立って竹束を付けようと、堀を越えたところ、城内から銃撃され戦死したという。君吉の死は、七月三日であったとされている（愛⑫七六四号）。

城方は追い詰められ、遂に城は本丸を残すのみとなった。それでも、滝川一益は懸命に抵抗を続けた。二十三日に、前田城が降伏、開城すると、蟹江城は孤立無援となり、ますます追い詰められた。

六月二十九日、信雄は家臣鳴海喜太郎（織田長益家臣）を城内に派遣し、滝川一益に降伏、開城を勧告した。これを受けて、一益は津田藤三郎を信雄・家康のもとに派遣し、交渉を行わせた。信雄と家康は、謀叛《むほん》人前田与十郎を斬り、首を差し出すこと、滝川は今後織田・徳川方として活動し忠節を尽くすこと、などを条件とし、一益はこれを受諾した。一益は、この旨を誓約する起請文を書き、提出した。こうして、和睦《わぼく》が調い、開城は七月三日に決まったという。

そして、七月三日、滝川一益・一忠父子は、蟹江城を明け渡し、伊勢に去った。この時、一益は、約束どおり、前田与十郎を切腹させようとしたが、それに感づいた種定が逃げようとしたので、一益の甥源八郎が討ち取ったとも伝わる（『家忠日記増補』他）。「高野山過去帳」には、前田与十郎の死を六月十八日と記録しているが（大日⑦七一〇）、実際には、次の『家忠日記』にあるように、七月三日、開城に伴い切腹させたのであろう。

> 三日丙子、かにへ別心人前田与十郎ニ腹ヲきらせ候て、かにへ城わたし、滝川舟にてのき候、御味方可有之起請文かき候

このように、前田種定は切腹となり、滝川一益父子は舟で蟹江城を後にした。そして、諸記録に、一益は織田・徳川方に味方するとの起請文を提出したとあるのも、事実と判明する。ただ残念なことに、その内容は伝えられていない。

滝川父子は、軍勢を引き連れ、伊勢国楠《くす》（四日市市）に移ったという（秀吉一一二九～三一号）。

秀吉の動き

秀吉は、滝川一益が蟹江城を調略し、入城したことを、六月十七日の当日には知らされていた。彼は、大垣もしくは佐和山にいたと推定される。すでに、秀吉軍主力は、二手に分けられ、秀吉と同行しているか、楽田周辺に配置していたから、すぐに戻ることはできなかったらしい。

それでも、蟹江城を支援するために、六月十七日時点では、秀吉自身が出馬する意向はあ

ったようだ（秀吉一一一四号）。だが、六月二十五日に、秀吉は近江から伊勢国椋本《むくもと》（津市）へ、同二十六日には神戸《かんべ》（鈴鹿市）に着陣しており、伊勢方面から信雄方に圧力をかけようとしていたらしいが、六月二十七日には近江国土山に退き、二十八日には大坂城に帰陣している。そして、七月二日から七日にかけては、有馬で湯治をしている。

蟹江合戦が始まり、信雄と家康が、小牧山城や長島城を出て戦っているにもかかわらず、秀吉の対応が緩慢であったのは、どうも彼の体調が芳しくなかったことが影響しているようだ。秀吉は、七月六日に弟秀長に送った覚書のなかで「秀吉五日ニ大坂を可出候と存候処ニ、霍乱散々煩て加養生、十日比ニ此地を罷立可申事」と記している（秀吉一一三二号）。

これによると、秀吉は七月五日には、大坂城を出陣する予定であったが、「霍乱《かくらん》」を患ったために、静養せざるをえず、出陣は十日ごろにずれ込むと言っている。弟の秀長に伝えたものであるから、病気だったのは事実なのだろう。秀吉が、しきりに帰陣の準備を進めているのも、竹ヶ鼻城攻めのころから、体調がすぐれなかったからではなかろうか。

ここにみえる「霍乱」とは、暑気あたりによる症状の総称で、通常は現在の日射病を指すが、多くは嘔吐《おうと》や下痢などの症状もこれに含まれる。「霍乱」は「揮霍撩乱《きかくりようらん》」の略称で、もがき苦しみ、手を激しく振り回すことに、その名が由来するという。秀吉が、帰陣の準備を進め、大坂に戻った六月から七月上旬は、現在の七月から八月に相当し、暑さが増す時期に当たっている。秀吉が激しい腹痛に襲われていたことは、七月十五日頃に認められた秀吉の消息に「はや我等むしけもよく候て、物をもくい申候、心やすく候へく候」とあり、もう虫気（腹痛）もよくなり、食事もよく食べられているので安心して欲しいとあることからも確認できる（秀吉一二八一号）。

それでも秀吉は、軍勢を招集し、蟹江に向かおうと考えていたようだ。彼は、自身は七月十日に大垣に入り、七月十五日には西国、北国の軍勢を集めたうえで、尾張に進軍する予定であった。だが、彼の体調不良と、蟹江城の開城が重なったため、十五日の出陣を、八月に延期することとしている（秀吉一一二七号、同一一二九〜三三号他）。

秀吉は、滝川一益の体たらくに怒り、一益には逼塞《ひっそく》、息子一忠は領国からの追放を命じたといい、一益の弟一時だけを許したと伝わる（『兼見卿記』天正十二年七月十七日条）。信雄と家康は、秀吉の体調不良と、蟹江城の早期開城に救われた恰好《かっこう》となった。

第六章　小牧・長久手合戦の終結と「織田体制」の崩壊

一、信雄・秀吉の和睦と「織田体制」の崩壊

信雄方、南伊勢で劣勢となる

時を天正十二年（一五八四）四月まで戻そう。秀吉方は、伊勢の松ヶ島城を攻略し、蒲生賦秀を配置した。松ヶ島城を失った滝川雄利は、四日市西城に移っている。南伊勢の信雄方は、木造城と戸木城を守る木造具政・長政と、口佐田城、奥佐田城などその周辺の諸城だけとなってしまったため、木造方は兵力の分散を止め、秀吉方の大軍と戦うために、戸木城に兵力を集中させたという。

四月十二日、秀吉は戸木城を攻略するための付城構築を指示した。それによると、木造で砦《とりで》を四ヶ所構築し、二つは小島民部少輔が、一つは田丸直息が、残る一つは榊原刑部少輔が

それぞれ普請と在番を命じられている（秀吉一〇四四号）。この時、築かれた城の一つが、城《しろ》山《やま》城（津市戸《へ》木《き》町）ではないかとの説がある（内貴健太・二〇二三年）。

五月、織田信包を大将に、蒲生賦秀、田丸直息、小島民部少輔ら約二万の軍勢が、戸木城攻略を目指して動き出した。羽柴方は、木造方の牧城、川方《かわかた》城などを攻め落とし、戸木城に迫ったが、地の利を知悉《ちしつ》する木造方に苦戦し、長期戦となったという。だが木造氏は、兵糧《ひょうろう》の欠乏に悩むようになり、信雄の後詰めを期待するよりほかなくなったのである。

織田・徳川連合軍、伊勢に進出す

織田・徳川連合軍の攻撃により、尾張蟹江城は、六月二十三日に陥落し、滝川一益は七月三日に伊勢楠城に退去した。これを知った秀吉は、蟹江城救援のために出陣する日限であった七月十五日を、八月まで延期することを決めた。体調不良であった秀吉は、それでも七月十日ごろまでには、美濃大垣城に入ることを、弟秀長ら諸将に伝えている（秀吉一一二九〜三三号）。

そのうえで秀吉は、伊勢の守備を固めるために、七月七日、神戸城に加勢を送ることを決め、淀城在番だった小野木重次と一柳直末に同城へ移動するよう命じた（秀吉一一三五・三六号）。体調がすぐれぬ秀吉であったが、七月八日ごろ大坂を出陣して、九日には近江国坂本城に入った（『兼見卿記』他）。

いっぽうの信雄と家康は、軍勢を伊勢に向け、桑名に入ると、ここに酒井忠次、石川数正を配置し、神戸に渡った。そして、服部半蔵ら伊賀衆に命じて、薬王寺に籠《こ》もる敵を殲滅《せんめつ》させ、徳川軍に合流させた。家康自身は白子へ進出し、浜田と四日市場に城普請を開始したというが（『三河物語』『武徳編年集成』他）、この四日市西城にはすでに、信雄方滝川雄利が在城しているので、浜田城とともに改修であろう。

この時、白子では、一揆が蜂起したものの、徳川方が鎮圧したとする記録もあるが、事実かどうかは確認できない（『井伊家譜』他）。なお、浜田城には滝川雄利と三雲成持《みくもしげもち》が配置され、先刻来、佐久間らが普請を続けていた萱生城には、織田家臣天野雄光が配置されたという（『武家事紀』『尾州表一戦記』他）。

秀吉は、織田・徳川軍が北伊勢に進出してきたことを知ると、七月九日に、分部光嘉《わけべみつよし》（伊勢上野城主）に書状を送り、神戸表に敵が襲来したとのことなので、もしそちらにも攻め寄せるようなら討ち果たすように求め、織田信包（安濃津城主）にもそれを伝えるよう要請した（秀吉一一四一号）。当時彼らは、信包を大将に、分部らも参加して、木造氏が籠もる戸木城を攻めている最中であった。織田・徳川連合軍の桑名進出は、戸木城への後詰めと想定されていたのだろう。

織田・徳川軍は、南伊勢に進軍して各所に放火してまわり、浜田城（四日市市）の普請を実施している（愛⑫五九一・二号）。この浜田城は、当時は廃城だったらしく（「浜田之古城」）、徳川方はこれを改修したようだ。秀吉方は、この情報を察知すると、浜田城が萱生城との繫ぎの城であろうと考えていた（秀吉一一四九号）。

また、秀吉方に狙われていた戸木城の戸木入道（木造具政）・木造長政父子に対して、家康は、七月十二日付で兵糧米を城に送ろうとしたものの、このところの強風で搬入が困難であることから、まずは浜田城の普請を優先したので、城の守りを固めて知らせを待つよう求めた（家康六三〇）。北伊勢の守りを固めた家康は、十三日に清須城に戻っている（『家忠日記』）。織田・徳川連合軍は、遂に南伊勢の奥深くに進出し、戸木城の救援を行うことはなかったのである。

それでも家康は、七月十四日には戸木城の木造長政のもとへ、加勢として苅屋喜左衛門尉を派遣している（家康六三一）。家康が清須に戻ったのは、秀吉がやってきたことを察知したからであり、やむを得なかったものと考えられる。

戸木城の木造氏は、後詰めが到来しなかったことに落胆したのか、七月下旬には羽柴方との開城交渉を始めたらしい。秀吉は、七月二十八日付で、①戸木城からの降伏を許すことにするので、人質は木造長政の実子と、家中の宿老たちから出すようにせよ、②領知については、戸木の在所は安堵《あんど》するが、戸木城は破却（城割）とする、③秀吉は寛大な条件で降伏を許すのだから、少しでも人質などの条件にあれこれいうようならば、重ねて砦を十ほど追加で普請し、垣塀などを付けて、一人も漏らさぬ包囲をするようにせよ、④敵城に軍勢を入れるのであれば、幸いなことに伊賀・甲賀者たちがいるので、彼らを利用せよ、などと、蒲生賦秀、小島民部少輔に指示している（秀吉一一六四号）。だが、戸木城の籠城《ろうじょう》戦は、その後も十一月まで続いたという（『木造記』『勢陽雑記』他）。

秀吉、尾張に出陣す

秀吉は、七月十六日、美濃大垣城に入った。しかし、秀吉が大攻勢に出てくることはなかった。八月十五日頃に、尾張を攻めるつもりだといっているが（秀吉一二八一号）、七月十七日には曾根城（大垣市）に在城する蜂須賀正勝・黒田孝高・生駒親正・前野長泰と協議するため、自らわずかな従者を連れて訪問すると（同一一五一号）、七月二十七日には近江坂本に移り、二十九日には大坂城に帰っている。その後は、八月二日に有馬で湯治をしており、八日までには大坂城に戻っていた。

秀吉が、美濃大垣城に戻ったのは、八月十五日のことであった。彼は、弟秀長に、軍勢が木曾川を渡河するための船橋を造るよう指示した。秀長は、山崎片家、池田景雄、多賀秀種、古田《ふるた》重勝《しげかつ》、安田《やすだ》主計《かずえ》とともに、舟の収集などに努め、来る十八日までに完成させるよう尽力している（秀吉一一七三号）。同様の指示は、八月十七日にも出されており、一柳直末に、舟の徴発を命じてあった伊木長兵衛とともに、木田の渡における軍勢の通過を円滑ならしめるため、船橋を造らせていた（同一一七六号）。

秀吉の軍勢が動き出したことを、松ノ木城の吉村氏吉は察知し、ただちに家康に報告した（家康六三八）。秀吉は、十九日には木曾川を越え、家康を小牧山城に封じ込め、撤退できないよう付城を造り、三河に侵攻するつもりであったらしい（秀吉一一七九・七〇号）。ただし、これがどこまで本気だったかはわからない。

しかし、秀吉方の軍勢は、八月十九日、木曾川を渡河し、尾張平野に進んできた。これを知った駒野城主高木貞利・貞友兄弟は、信雄に加勢を要請した。信雄は、ただちに伊勢一向宗門徒の空明、太田金七郎を派遣している（長三六六号）。既述のように、高木は一向宗門徒であったから、同じ門徒衆を加勢としたのだろう。

八月十九日、羽柴方の先勢が小口城と羽黒城に移動した。徳川方は物見を出して様子をみていたが、その後、戦局がどのように推移したのかはよくわからない。

だが、八月二十六日、家康は状況を心配し、織田長益、滝川雄利、中川祐忠、土方雄久、飯田半兵衛尉ら信雄重臣への書状を飛脚に託し、問うているので（長三七六号）、秀吉方の動きに目立ったものがあったのだろう。この日、秀吉が木曾川を越えて尾張に侵攻したとの情報があったのは確かである（『貝塚御座所日記』）。そして二十八日、秀吉軍は小折筋（愛知県江南市）に押し出し、各地に放火したという。ただ、『太閤記』によると、秀吉自身は美濃の二宮山（本宮山、愛知県犬山市）に登って指揮を執っていたとある。また、秀吉の軍勢は、五郎丸（犬山市）、上奈良《かみなら》（江南市）、小口（愛知県大口町）、三井（一宮市丹陽町）、重吉（同）などに布陣したという。

家康は、ただちに清須から岩倉に移動した（『家忠日記』）。岩倉には、かつて岩倉織田氏の居城岩倉城があったが、永禄二年、織田信長に攻略された後は、廃城となり、この時は使用されていないといわれている。岩倉には、家康が滞在した伝承を持つ龍潭寺《りゅうたんじ》があり、家康はここに陣所を置いたのではないかとする説もある（内貴健太・二〇二三年）。ただ、織田・徳川軍は、古城の修築を方々で行っており、松平家忠も岩倉に行った記録が複数あるので（『家忠日記』天正十二年五月二十三日、七月十五日条）、岩倉城が再興された可能性も捨てきれない。家康は、秀吉軍の尾張侵攻に対処すべく、信濃国佐久郡に配置していた武川《むかわ》・津金《つがね》衆の折井・山高・山寺・柳沢氏らを、急遽《きゅうきょ》尾張に招集し、一宮城に加勢として派遣したという（『寛永伝』『譜牒余録』他）。

秀吉軍が襲来した小折には、小折城があり、三月には小折城、重吉城などの築城や改修が行われていた。小折城には生駒家長が在城していた（『長久手合戦記』『張州府志』他）。生駒の様子を心配した家康は、尾張衆坪内家定の求めを許し、坪内勢を加勢として小折に派遣した。生駒家長は家定の舅《しゅうと》であったといい、また小折周辺は土地勘があったからだという。家定は、小折城付近で、敵の忍び三人を討ち取ったという（『寛永伝』『坪内系譜』）。

秀吉方は、堀秀政らの軍勢が河田を制圧し、ここに河田城を築いたといい、また、稲葉一鉄は下奈良に進み、下奈良城を築いたという（『豊鑑』他）。秀吉方は、下奈良、赤見周辺に放火し、一宮方面から出撃してきた織田勢を撃破した（秀吉一一八八号）。この時、秀吉方と交戦したのが誰であったかは定かでないが、九月一日早朝にも、この方面で戦闘があった。これは、信雄家臣沢井雄重らによるものであった。沢井は、嶋《しま》（一宮市島村）の東で秀吉方と戦闘になり、これを討ち取ったといい、信雄から褒賞されている（長三七九号）。沢井は、既述のように、黒田城主であり、六月に竹ヶ鼻城とともに、水攻めにされていたとの伝承を持つ人物である。彼は頑強に抵抗し、秀吉方の堤を切って、危機を乗り切ったといわれている（『武徳編年集成』）。

秀吉方は、この他に大野城の普請も始めたらしい。『当代記』は「八月、秀吉公、尾州中通奈良表エ出張、取出ヲ五三箇所有普請」と記し、『勢州軍記』『尾州表一戦記』なども、この時秀吉は、上奈良・河田・大野に城を築いたとしている。この他に、秀吉自身が「仍此表事、奈良・宮後・甲田ニ城取申付候」とあるので、宮後城《みやうしろ》が築かれたのもこの時のことであろう（秀吉一二〇九号）。

秀吉の狙いは、河田や下奈良を制圧することで、木曾川の渡河地点を押さえつつ、小牧山城と清須城の間に楔《くさび》を打とうとするものであったと考えられる。そのため、小折・重吉・岩倉・大赤見・一宮の諸城は、秀吉方の脅威にさらされることとなった。

家康は、八月、領国の一五歳から六〇歳の男子に軍事動員をかけたらしい。これは、一揆《いっき》と呼ばれる動員方法で、俗に「一揆を催す」と呼ばれるものである。駿河国志太《しだ》郡では、方上《かたのかみ》惣郷ら六ヶ郷に対し、徳川家奉行衆より村々へ通達がなされ、①大旗一本、②各人腰刀一本ずつ、③紋は中黒、④持ち道具は弓、鉄砲、槍、⑤村の年寄衆は騎馬、を準備し、物主原河新三郎の指揮下に入り、その命令に従うよう指示がなされた（長三七七号）。この「一揆を催す」という動員方法は、戦国大名が領国の危機に直面したときになされるものであり（平山・二〇二〇年）、如何《いか》に家康が秀吉との対決に緊張していたかが窺《うかが》われる。

和睦の噂

秀吉軍による大規模な尾張侵攻直後の、九月二日、織田・徳川方に「惣無事之沙汰」（秀吉との和睦《わぼく》）の噂が流れた（『家忠日記』）。実際に、両者は和睦交渉に入っていたのである。

その条件については、秀吉側の史料でしか窺うことが出来ない。

それによると、秀吉が提示したのは、①織田・徳川方は秀吉に人質を提出する、②人質は信雄息女、家康の息子於義伊《おぎい》（後の結城秀康《ひでやす》）、家康の弟初（後の久松定勝《ひさまつさだかつ》）、③この他石川数正・織田長益・滝川雄利を始め家老からも全て提出させる、④尾張一国の割譲、だったらしい（秀吉一二〇九号）。

いっぽうで、織田・徳川方の返答の詳細は明らかでないが、秀吉が九月六日の段階で「又三助殿・いゑやす人しち、いこうほうき人しち、いぬ山・なかしまのしろぬし人しち、合五人まていたし候ハんよし申候まゝ、はや大かたさしおき申候」と書状に記している（秀吉一一九一号）。ここでも、信雄・家康・石川数正の人質と、家老の人質二人の計五人を提出する方向で調整が進められていたことがわかり、かなり絞られてきた様子が窺われる。秀吉も了承の方向であったらしく、また徳川方でも同日「無事の沙汰候」と和睦が成立したと取り沙汰されていた（『家忠日記』）。

ところが、翌九月七日、双方の和睦交渉は突如決裂した。家康は、和睦交渉決裂を受け、ただちに徳川軍を重吉城に移した（『家忠日記』）。

ではなぜ和睦交渉は決裂したのだろうか。はっきりした理由は定かでないが、どうも尾張国の扱いが問題になったようだ。これは秀吉自身が、「尾張国ニおゐて雖懇望候、不能許容候処、色々越前守（丹羽長秀）異見被申候条、思案半之儀ニ候」（秀吉一一九九号）、「尾州半国早速任存分事候間、不相免候」（同一二〇九号）と述べていることから推察できる。信雄・家康側は、人質は進上するが、尾張一国を信雄領と認めよと主張したようだ。だが、秀吉方は加賀野井・大浦・竹ヶ鼻を始め、河田・大野・宮後・下奈良などをも新たに占領しており、「尾張半国」を実力で入手していた。これを信雄側は、秀吉に返還せよと言っているわけだ。このことについて、丹羽長秀は秀吉を説得しようとしていたらしく、さすがの秀吉も熟慮せざるを得なかった。

結局秀吉は、尾張一国を信雄領とするという条件を拒否したらしく、これが和睦交渉決裂へと繋がったと考えられる。このことは、『多聞院日記』天正十二年九月十二日条で「和談去八日ニ又破了、如何可成行哉、只一ヶ条ニテ破了ト、定テ又可調歟」（和談は去る八日にまた破談となった。どのような成り行きだったのだろうか、たった一ヶ条で合意できず破談になったそうだ、きっとまた調整されることだろうか）と記されており、恐らく尾張帰属問題だったとみて間違いあるまい。

なお、この他にも、信雄がどうしても和睦条件として呑めなかったものに、重臣佐久間正勝の切腹があったといわれる。信雄は、忠臣の切腹に同意できなかったため、和睦が流れてしまったといい、そのため正勝は剃髪《ていはつ》して不干斎と号し、三河国笹原（豊明市）に隠棲《いんせい》したというが（『寛永伝』他）、事実かどうかは確認できない。ただ、正勝は、弟道徳・兵衛介が京で謀叛を企てたり、紀州の雑賀・根来衆や保田安政らへの調略を自ら実施するなど、秀吉の恨みが各別であったことから、事実の可能性はあるだろう。記して後考をまちたい。

膠着状態へ

秀吉は、九月九日の時点でなおも和睦については「思案半」としているが、結局、双方が合意することはなく、戦闘は継続されることとなった。

ただ、信雄はかなり和睦には未練があったように見受けられる。それは、九月晦日《みそか》に紀州雑賀の土橋平丞に宛てた書状に「依種々此中羽柴雖申理、終不能承引候、外ニ取曖《あつかい》筋目も候ける、其段者計謀之子細歟、匆論於相卜《しめす》者、如右約諾可為惣和睦候」と記していることから窺われる（長四一五号）。信雄は、秀吉が和睦の条件について、色々と言ってきたが遂にそれには承知しなかった。彼には他にも調停に向けた目論見《もくろみ》があるようだが、それらは謀略かもしれない。もちろん、それらが示されれば、かつての約束のように和睦に応じるでありましょう、と述べており、九月の条件に加えて納得できるものが示されれば、和睦したいと考えていたようだ。

双方の小競り合いは、楽田と小牧周辺での刈田や放火などが数度認められる（『家忠日記』

『武徳編年集成』他)。家康は重吉城にあり、秀吉は九月十八日には河田城に在城しにらみ合いを続けていた(長四〇二号)。その後、家康は九月二十七日には、清須城に移っているので、秀吉が本陣を河田城から他に移したのだろう。秀吉は、このころには大坂に帰陣する予定であったようだ。

信雄・家康は、秀吉を牽制《けんせい》すべく、紀伊国金剛峯寺衆徒や、河内保田安政らに秀吉方を攻めるよう要請し、また雑賀・根来衆も四国長宗我部元親と連絡を取り、秀吉方を攻めるための調整を行っていた。

この間、双方の戦闘は、越中佐々成政(織田・徳川方)と前田・丹羽・上杉(秀吉方)の抗争や、既述の東美濃における森方(秀吉方)と串原・明知・苗木遠山方(織田・家康方)との抗争、信濃における両派の抗争などが繰り広げられており、容易に決着がつかなかったのである。

戦局が落ち着き膠着《こうちゃく》したことを受けて、秀吉は十月一日に近江坂本に退き、二日に京を経て、九日には大坂に帰った。秀吉が撤退したのは、朝廷より叙爵されることになったためである(後述)。

秀吉が尾張を去ったことを受けて、徳川方では劣勢となっている伊勢に出陣するのではないかと、十月一日には陣中で噂になっていたらしい。だが家康は、十月四日、小牧山城の普請を実施させている（『家忠日記』）。

　秀吉も、丹羽長秀が十月五日に越前に帰国したことを受けて、美濃に在陣する諸将に書状を送り、軽挙妄動を戒めた。同七日に、美濃大垣三塚《みつづか》城を守る瀬田左馬允、氏家行継、氏家行広《ゆきひろ》、美濃に在陣する古田彦三郎、大垣城の加藤嘉明《よしあき》、池田教正らに、城普請などをしっかりと実施するよう要請している（秀吉一一二一～一一二五号）。

　いっぽうの家康は、尾張の情勢が静かになったことから、遠山方が奮戦する東美濃にテコ入れをすべく、十月には重臣石川数正を派遣したらしい。家康は、小里城奪回を目論む和田助右衛門尉（もと小里城主小里助右衛門尉光明）に、数正の指図に従って行動するよう命じている（家康六五〇）。

　そして、十月十一日に家康は、小牧山城を検分し、小幡城の定番として松平家忠を任じた。同十六日、家康は清須城に酒井忠次、小牧山城に榊原康政、小幡城に菅沼定盈、松平家忠、大赤見城には西郷家員を五百人分の扶持《ふち》を与えて配置し、自身は十七日に岡崎城に帰還した（『家忠日記』、長四二七号）。


石川数正の内通？

　ここで、小牧・長久手合戦時に発給された、二点の秀吉書状について検討してみたい。それは、家康重臣石川数正と、信雄重臣滝川雄利に関するものである。周知のように、石川数正は、天正十三年十一月十三日に、三河岡崎から出奔し、徳川氏から離叛《りはん》して秀吉方となった人物である。そのため、『三河物語』は、長久手合戦直後、敗戦を知った秀吉が、楽田城から出陣すると、その留守を攻撃しようと考えた酒井忠次、本多忠勝を数正が諫《いさ》め、中止させたことについて、すでにこのころから秀吉に心を寄せていたからだと記している。

　このことを窺わせるものとも読める文書が、伝えられている（秀吉一一〇三号）。

去八日御状、今日十日、於竹鼻表令拝見候、其方へ八従散（前カ）々別而無等閑仕候儀、其御家中之宿老衆事者不及申、下々迄存知事候、為御音信、馬鎧一走（ママ）被懸御意候、自然家康御耳ニ立られ、其方不相届様ニ候へ者如何敷候条、是以後者書状之儀者、中々下々之者迄通達義御無（用脱カ）候、尚自左衛門督（堀秀政）方可令申候、恐々謹言

六月十日　羽筑

秀吉御判

石川伯耆守殿

　これは、原本ではなく、写本であり、筆跡や花押などから文書の是非を論じることが出来ないため、内容から判断せざるを得ないものである。文意が通りにくいところもあるが、一見して、石川数正から六月八日付で秀吉宛の書状が出され、しかも数正から秀吉へ「馬鎧」が同時に贈られたらしい（多くの史料集には「馬・鎧」と分けて解釈されているが、これは「馬

鎧」とすべきである。さすれば続く「一走」とは「一両」の誤記であると判断でき、不自然ではなくなるだろう）。それを秀吉は六月十日に竹ヶ鼻城攻めの陣中で読んだという。これは、その返書である。

この書状で、秀吉は次のように述べている。

「あなたとは前々から等閑なきお付き合いをしてきたことは、そちらの御家中の宿老衆はもちろん、下々まで存じ上げているところです。御音信として馬鎧一両を頂戴しました。おのずと家康の耳にも入るでしょうから、あなたが（家康にこのことを）届けていなければ、如何《いかが》わしくおもわれるでしょうから、今後は、書状を下々の者にまで通達することはご無用です。なお、堀秀政が申し伝えます」

一読して、実にもってまわった不自然な物言いが綴《つづ》られているといえるだろう。これでは、あたかも石川数正が、家康に内密で秀吉と連絡を取ったといわんばかりだ。敵対関係にあっても、外交は実施されている場合が多く、数正は羽柴家との取次役であるので、彼が秀吉に書状を送ることは不自然とは言えない。

ところが、この文書は、数正が家康に内緒で書状と贈答品を送ってきたといわんばかりで、あなたが疑われるようなことにならぬよう、今後は無用だとまで言っているところに、私は作為を感じるがいかがであろうか。この文書を根拠に、すでに数正が秀吉に内通していたとか、心を寄せていたと論じることには慎重でありたいと思う。はっきり申し上げれば、この文書は偽文書か、もしくは正文であるとすれば、徳川家中の離間と動揺を誘うための謀書の類《たぐ》いではないかと思う。記して後考をまちたい。

真の内通者、滝川雄利

もう一通は、滝川雄利に宛てた秀吉書状写である（秀吉一〇八八号）。

御状拝見申候、仍萱生へ取出仕候由、得其意候、如先書申候、桑名加（如）意たるへく候、其元相替儀候者、追々可承候、被入念候て、切々御飛脚本望候、城々不可有由（油）断旨可被仰付候、尚期後音候、恐々謹言

五月廿四日　羽筑

滝三（滝川三郎兵衛雄利）殿　秀吉（花押影）

既述のように、滝川雄利は、信雄に粛清された三家老岡田重孝・津川雄光・浅井新八郎と並んで、秀吉に近い人物とみなされており、織田家中で当時唯一「羽柴」の名字を授与されてもいた。だが、雄利は、三家老ほど秀吉寄りの動きをしなかったので、粛清を免れたといわれる。

だが、この文書を見る限り、雄利が秀吉と秘かに繋がっていたのは確かなようだ。雄利は、

四月に在城していた伊勢松ヶ島城を羽柴軍に攻略され、尾張に退去し、その後は伊勢国四日市西城に移っていた。この書状は、その頃のものである。これによると、雄利と秀吉は、数度にわたって書状の遣《や》り取りをしており、信雄方の動きを共有していた。特に、信雄方が萱生に砦（萱生城）を造る予定であることを、雄利は秀吉に知らせているのである。そして秀吉は、桑名を意のままにするつもりであると報じ、雄利の周辺で変化があれば追々知らせて欲しいと述べている。両者ともに、事あるごとに飛脚を派遣していたというのだから、雄利の面従腹背ぶりには驚くほかない。

そのような視点でみると、後に雄利は、浜田城に在城し羽柴軍と籠城戦を展開するが、秀吉は付城を構築し、動きを封じるのみで、まともに攻撃していた形跡が見えないのである。浜田城は、結果的に、最後まで雄利が守り切り、十一月の和睦を迎えたように見えるが、実は秀吉は攻撃する擬態を弄《ろう》し、雄利は籠城戦を戦い抜いた演出をして、信雄や家康に疑われぬようにしたのではなかろうか。

秀吉、伊勢に出陣す

合戦の舞台は、またもや伊勢に移る。そしてここでの戦闘が、小牧・長久手合戦を終結に導くのである。

事態が動いたのは、八月のことである。伊勢国一志郡小倭の岡部修理亮が、羽柴方に内通した。蒲生賦秀らは、これを逃さず、同十四日に数千の軍勢を率いて小倭表に出陣した。口佐田城の森長越前守は奮闘したが敗走し、城は陥落した。一説に、佐田南出城にいた吉懸入道も、城を攻め落とされ戦死したといわれる。蒲生軍は、さらに奥佐田城にも攻め寄せた。ここには、堀山次郎左衛門らが籠城していたが、蒲生軍の猛攻に追い詰められた。そこで、伊賀に在国していた北畠具親《ともちか》（朝親）が仲裁に入ったため、堀山は城を蒲生に明け渡し、小倭を去ったという。蒲生は、戸木城の木造らが後詰めに駆けつけたら、ただちに撃破しようと待機していたが、その動きはなかった（『勢州軍記』『武徳編年集成』『勢陽五鈴遺響』他）。

その後、大坂城に戻っていた秀吉は、十月九日に、来る十月二十七日に「南方」（伊勢）に出陣する意向を示し、一柳直末らに、二十四、五日頃には大坂に来るように指示している（秀吉一二二九・三〇号）。

ところが、東美濃における串原・明知遠山方の攻勢が激化したことを受けて、秀吉は十月十九日に、東美濃に向けて二十日に急遽出陣することとした（秀吉一二三八号）。秀吉が東美濃の森忠政を心配したのは、高山（岐阜県土岐市土岐津町）に敵が出てきたとの報告を受けたからであった。東美濃の徳川方が勢いづいていたのは、奥三河の作手《つくで》奥平信昌、足助鈴木重次らが、遠山方の加勢として合流したからであった（長四四一号）。

秀吉が、十月二十二日、近江坂本に到着すると、高山に押し出してきた敵は撤退したとの知らせが待っていた。そこで彼は、東美濃出陣の予定を変更し、翌日にも北伊勢に転じることとした（秀吉一二四〇・四一号）。

秀吉が、北伊勢に移動中であることを、信雄は十月二十三日に方々からの注進で知った（長四三七・三八号）。信雄は、この情報を、ただちに清須城の酒井忠次に報じた（『家忠日記』）。そこで、北伊勢の防備を固めるために、信雄は、坂井《さかい》利貞《としさだ》に命じて、北伊勢小山《おやま》城（桑名市多度町）の普請を命じ、城を徳川家臣の石川康通に預けるよう指示した（長四三九号）。

その間、秀吉本隊は、十月二十四日に近江土山に着陣し、二十五日には北伊勢の神戸表に進軍した（秀吉一二四二・四三号）。秀吉は、片桐半右衛門尉（池田照政家臣）に尾張衆への調略を、伊勢神宮外宮権禰宜《ごんねぎ》上部越中守に兵糧や軍事物資の調達を、また伊賀の脇坂安治には伊賀衆から人質を取り、諸城を破却するよう指示した（秀吉一二四二・四三・四七号）。

押される織田・徳川方

秀吉軍は、十月二十八日頃、桑名表に到着すると、各地に放火し、刈田を実施し、桑名方面に付城四、五ヶ所を築き、浜田表に転じた（秀吉一二四六・四七・四八号）。この時、秀吉は、東美濃で徳川方が大規模な攻勢に出てきたことを知ったが、羽柴方が迎撃に向かったところ、逃げ散ったとの報告を得たので、そのまま浜田に在陣することにしている。浜田城には、滝川雄利が籠城していたが、秀吉軍は周囲に付城を四、五ヶ所築き、包囲を完成させた。秀吉が北伊勢に出現したことを知った家康は、十月二十九日に信雄重臣の飯田半兵衛尉に、明日には出陣すると伝えた（長四四七号）。家康が、清須に到着したのは、十一月九日のことである（『家忠日記』）。

この間、十月下旬、南伊勢における信雄方の唯一の拠点戸木城は、織田信包ら羽柴軍の重囲のなか、後詰めも到着せず、兵糧も尽きていた。これを見かねた一向宗の高田《たかだ》派専修《せんじゅじ》寺の堯慧上人《ぎょうえ》が戸木に来て、城内の木造具政・長政父子を説得したところ、彼らはこれに応じ、羽柴方に降伏、開城したのである。木造父子は、信雄に合流するため、清須に去ったという。こうして南伊勢は、羽柴方に制圧され、戸木、小倭を始めとする木造氏の旧領は、ことごとく織田信包の占領下にはいったのである（『木造記』他）。

秀吉は、浜田城の包囲を実施しながら、伊賀の様子を心配していた。伊賀では、脇坂安治が、伊賀衆の城破却を進めようとしていたが、うまくいっていなかったらしく、秀吉は伊勢が片付き次第、自ら伊賀に乗り込み、これを実施すると述べている（秀吉一二四九号）。

浜田城攻めのために、秀吉が築いた付城は、羽津《はづ》・泊《とまり》・河尻《かわじり》（以上四日市市）・萩原（亀山市関町）の四ヶ所であった。これらの付城は、十一月六日までには完成している。

いっぽう秀吉は、付城と攻城戦の指揮を執りつつ、羽津より桑名に本隊を転じ、十一月六日に、桑部《くわべ》（桑名市）と柿多（朝日町柿）の敵を追い払い、城を乗っ取っている。そのうえで、桑部城と縄生《なお》城の普請に着手した（秀吉一二五二・五三号）。こうして秀吉軍は、北伊勢五郡を平定する勢いを見せていたのである。

秀吉軍の攻勢は、信雄方を動揺させた。尾張では、十一月七日までに、長久保城主福田氏が信雄から秀吉方に転じ、秀吉を大いに喜ばせた（長四五一・五五号）。これに驚いたのは、信雄と松ノ木城主吉村氏吉であった。長久保城は、松ノ木城と伊勢長島城の中間に位置し、この城が羽柴方になったことで、松ノ木城の吉村は孤立することとなった。信雄は、急遽、吉村に人質を提出することを求め、援軍として柘植大炊助を日原に派遣した。柘植は、まもなく松ノ木城に合流したようだ（長四五一・五二号）。吉村は、十一月十日までには、長久保城を奪回し、信雄を喜ばせた（長四五八号）。その直後の十一月十日頃、松ノ木城周辺に、羽柴秀長の軍勢が姿を現した。秀長は、攻撃はしなかったようだが、吉村氏吉は危機感を露《あら》わにしている（長四五八・五九号）。かくて、羽柴方の勢力は、伊勢長島城の北方に迫ったのである。

信雄・秀吉の和睦

再び、北伊勢に筆を戻そう。浜田城を包囲し、桑名に迫った秀吉軍は、付城として稗田《ひえだ》(桑名市)、鳥山(位置不明)を増設し、羽津城、泊城、河尻城、萩原城、桑部城、縄生城を完成させた(長四五〇・五五号)。桑名城には、徳川重臣酒井忠次と、東美濃から戻った石川数正、水野忠重、同勝成らが在城していたが、もはや退勢を挽回《ばんかい》することは困難であった(『水野勝成覚書』他)。

秀吉は、付城が完成したので、伊賀に戻り仕置をした後に帰国するか、縄生城で越年し伊勢長島城を攻略するかで迷っていたらしい(秀吉一二五五・五六・六二・六三号他)。そこへ、十一月十一日、信雄から秀吉に和睦の申し出があったのである。秀吉によると、信雄は数日前から和睦の申し出をしていたらしいが、秀吉が様子をみていたという(秀吉一二六〇号)。軍記物などでは、秀吉が家臣富田知信・津田信勝《つだのぶかつ》を、信雄のもとへ使者として派遣し、和睦を説いたといい、さらに信雄と秀吉が、矢田川原《やだがわら》で会見したことが、『太閤記』などの軍記物や、『享禄以来年代記』などに記されているが、事実かどうかは確認できない。信雄と秀吉の対面が、十一月十五日に実施されたことは事実であり(大日⑩一六三)、どうもその場所は、縄生城であったらしい。秀吉書状に「信雄種々御懇望ニて馬二騎・三騎ニて秀吉陣取(所)まて被懸入候之条、我々も涙をこほし不及是非令同心候、人質悉下置候事」とあり、信雄はわずかな供を連れただけで、秀吉の陣所を訪れ、二人は涙に暮れたと記録されている(秀吉一二七〇号）。二人が対面して泣いたというのは、『太閤記』等の軍記でも印象深く記されており、このあたりは事実だったようだ。

この時の対面で話し合われた内容が、『貝塚御座所日記』に記されている。それによると、①信雄からの要望で和睦が結ばれること、②信雄は妹「岡崎殿」（五徳、松平信康未亡人）、織田長益も人質を出す、③家康は実子を、酒井忠次・石川数正も人質を出す、④秀吉から信雄には紙子二ツ、金三十枚、北伊勢一揆が放棄した兵糧二万五千俵を贈る、⑤信雄から秀吉には新身《あらみ》の不動国行《ふどうくにゆき》の脇指《わきざし》、腰刀を贈る、⑥信雄と秀吉は「父子ノ約束」をする、⑦徳川家康については、信雄の懇願により赦免する、⑧双方が新規に築いた城はすべて破却する、というものであったという。

信雄と秀吉が和睦したことを受け、家康もこれを了承した。秀吉は、家康を許すことには不満だったようだが、信雄の懇願もあり、十五日には秀吉と家康の和睦も成立したのである（大日⑩一六四、長四七〇号）。

さて、それでは信雄・秀吉双方が合意に達した和睦条件についてみてみよう。その内容は、秀吉が十一月十三日付で伊木長兵衛らに与えた朱印状と、十一月十八日付で前田利家に与えたそれを合わせることで明らかとなる（秀吉一一六二～四・一二七〇号）。

それらは、①織田信雄、徳川家康は実子を人質として出すこと、②織田方は、織田長益は実子を、滝川雄利、中川定成、佐久間正勝、土方雄久、雑賀松庵は実子もしくは母を人質として提出し、秀吉に従うと誓う起請文を提出すること、③徳川方は、石川数正が実子を人質として提出すること、④北伊勢は、秀吉が奪取した桑名・員弁・朝明・三重四郡を信雄に返還すること、また敵味方ともに城砦《じょうさい》は破却すること、⑤尾張国は、犬山城と河田城は秀吉方に割譲し、軍勢の駐留を認め、今回新規に築いた城砦は双方ともに破却すること、⑥小牧山城は今少しの間だけ残しておくが、後日必ず破却すること、⑦信濃国川中島（川中島四郡）は上杉領国とすること、などであった。

「織田体制」の崩壊

これにより、信雄は尾張（犬山・河田を除く）、北伊勢四郡を支配する一大名に転落した。しかも、秀吉による国分《くにわけ》を了承し、安堵された恰好《かっこう》なので、主従関係が事実上逆転した形になった。また、秀吉と家康の協定で、北信濃を上杉領国とすることが確定したことにより、上杉景勝が秀吉の従属下に入ったことが内外に示されたのである。

そして、十一月十五日に秀吉は、尾張国の城砦破却と資材の処置を通達した。それによると、①楽田城の諸道具、兵糧は犬山城の加藤光泰に預けること、②小口城の塀・柵は犬山町に与え、兵糧は伊勢長島城に移すこと、③下奈良城の諸道具は河田城へ移し、兵糧・薪などはすべて伊勢長島城に移すこと、④宮後城は生駒家長に引き渡し、兵糧・薪などはすべて伊勢長島城に移すこと、などが実行に移された（秀吉一二六六号）。この他に、美濃大垣城に在城していた加藤嘉明は、城を稲葉一鉄に引き渡し、帰国してもよいと指示されている（同一二六七号）。

こうして、信雄・家康との和睦を成立させた秀吉は、十一月十七日には、近江国坂本に戻り、まもなく挙行される養子羽柴秀勝と毛利輝元息女との婚儀の準備に奔走している。秀吉が、大坂城に凱旋《がいせん》したのは、十一月二十七日のころである。なお、秀勝と輝元息女の婚儀は、十二月二十六日に大坂城で挙行されたが、この時すでに秀勝は病身であり、彼は翌天正十三年十二月十日、丹波亀山城で病歿《びょうぼつ》している（享年一八）。

家康も、天正十二年十一月十六日、清須城を出て、岡崎城に戻った。小幡城に在城していた松平家忠も岡崎に戻っている。その後、家康は、同二十一日には西尾、深溝《ふこうず》を経て浜松城に帰った（『家忠日記』他）。尾張、伊勢に配置されていた徳川方諸将も撤収したと思われる。

そして家康は、十二月十二日、和睦時の約束に従い、息子於義伊（当時一一歳、後の結城秀康）、石川数正の息子勝千代（後の石川康勝《やすかつ》）、本多重次《しげつぐ》の息子仙千代（後の本多成重《なりしげ》）を大坂城に送った。この時、重臣酒井忠次・石川数正が同行している（長四七〇号、『譜牒余録』他）。ただ、於義伊は、人質ではなく秀吉の養子として送られている（『家忠日記』他）。於義伊らは、二十六日に大坂城に到着し、筒井定次《さだつぐ》の屋敷を宿所としている（『貝塚御座所日記』）。

家康が、於義伊を大坂に送り出した直後、彼は意外な人物からの突然の訪問を受ける。それは、越中佐々成政であった。彼は、十二月上旬に越中を発ち、厳冬期の飛驒の山岳地帯を抜ける難行軍（いわゆる「ザラ峠越え」）のすえ、浜松にやってきた。彼の目的は、あくまで家康を反秀吉陣営に繋ぎ止め、協力を得たいがためであった。彼の浜松訪問は、成政の要請を受けた村上義長《よしなが》（村上義清の子で、景国の弟で、当時、越後上杉氏から出奔し、飛驒で牢人《ろうにん》をしていた）と、信濃国佐久郡小諸《こもろ》城代大久保忠世による調整のすえに実現したものであった（服部英雄・二〇一〇年）。

十二月二十五日に浜松に来た成政を、家康は出迎え、そして吉良で鷹《たか》狩りに来ていた織田信雄と引き合わせたのである（『家忠日記』）。これは、あらかじめ信雄と家康が予定していたものであろう。どのような遣り取りがあったかはわからないが、成政は秀吉への従属を決めた主君信雄と、人質を出し和睦した家康の協力を得られず、空しく帰国したようだ。その後、成政は孤立無援となり、秀吉に臣従することとなる。

かくて、小牧・長久手合戦は終了したのである。だが、この和睦は、事実上の織田信雄の敗北と降伏を意味していた。これにより、信長以来の「織田体制」は崩壊し、秀吉が織田氏を屈服させたことを内外に示すこととなったのである。

二、関白政権の樹立と徳川家康

秀吉の任官

小牧・長久手合戦が終盤に差し掛かった十月二日、朝廷は秀吉を叙爵《じょしゃく》させる決定を下し、これを伝達した。それまで「平人」であった秀吉は、いよいよ朝廷から公的に認定された権力者の道を登り始めた。秀吉が任ぜられたのは、少将である（『兼見卿記』『言経卿記』他）。この動きには、二つの背景があったと考えられる。一つは、正親町天皇が譲位の意向を示しており、そのためにも仙洞御所《せんとうごしょ》の造営が必要であったからである。それを実施できる人物は、当時、秀吉を措《お》いて他にいなかった。そして二つ目は、先頃摘発された佐久間道徳謀叛事件との関連である。この事件に、朝廷が関与しているのではないかと秀吉は疑っていた。結局、その嫌疑は晴れたわけだが、朝廷は秀吉に接近する道を選んだといえるだろう。すでに戦局は、織田・徳川方の不利が見えていたからでもある。

秀吉は、十一月四日、京で仙洞御所の縄打ちを実施させ、知行地として山科で千石を与え、自らが朝廷の庇護《ひご》者であることを内外に示そうとした（『兼見卿記』他）。

そして、秀吉が織田信雄・徳川家康を屈服させた直後の、十一月十三日、朝廷は秀吉を従《じゅ》三位《さんみ》・権大納言に叙任した。これにより、当時、正五位下・左近衛中将であった主君織田信雄を、官位の上で追い抜いたのである。ところが、これを記す綸旨《りんじ》と口宣案は、天正十年十月三日と、日付を遡《さかのぼ》って作成されている。秀吉が、急激に成り上がったことを、少しでも薄めようとの配慮であると指摘されている（三鬼清一郎・一九九一年、水野智之・二〇〇六年下）。いずれにせよ、この叙任によって秀吉は、織田家に代わる事実上の「天下人」と認定されたのであった。

織田信雄の臣従と紀州・四国平定

明けて天正十三年一月、秀吉は、安芸毛利輝元から人質として預かり、小牧・長久手合戦にも毛利援軍とともに帯同した小早川秀包を帰国させ、また毛利氏との備前国など領国の国分を画定した。これにより、毛利氏との懸案は解決した。そのうえで秀吉は、来る紀伊国雑賀および四国出兵への参陣を求めている。

同じく一月、秀吉は家臣富田知信を使者として、伊勢長島城の織田信雄のもとへ派遣し、上洛を促した。信雄はなかなか承知しなかったらしく、富田は大坂に戻らなかった。そこで秀吉は、弟秀長を名代として信雄のもとに派遣し、交渉を重ねた。これにより、信雄は遂に、上洛と大坂城下向を承知したのである。秀吉は、これを喜び、信雄重臣飯田半兵衛尉に、秀長と富田をもてなしてくれたことに感謝するとともに、信雄の上洛を心待ちしていると記した書状を送った。また秀吉は、信雄が京から大坂へ下向するための御座船の建造と、大船九艘《そう》の支度、さらに茶の湯の準備を指示している（大日⑬二三七～八）。二月十日には、来月十五、六日ごろに予定されている信雄の上洛のために、石清水八幡宮惣中《そうちゅう》に路次普請を指示した（同二六二）。

　秀吉の紀州攻めに応じるべく、二月には毛利氏は村上水軍などへ出陣を命じた。秀吉は、紀州出陣を三月二十一日と決定し、領国の軍船を残らずその日までに和泉国岸和田に着船させるよう指示した。

　信雄の上洛と大坂下向、そして紀州攻めが迫るなか、家康は二月十四日、信雄重臣滝川雄利に飛脚をもって書状を送り、信雄が上洛するのかどうかを問い合わせている（大日⑬二八五）。家康も、信雄が秀吉に臣従するとの情報が事実かどうかを探ろうとしたのだろう。信雄側の返事は伝わっていないが、上洛する意向を正式に伝達したと思われる。

　二月二十日、信雄は大坂城に到着した。秀吉は信雄を大いに歓待した。信雄は大坂城で秀吉に出仕、臣従し、これにより主従関係は名実ともに逆転したのである。家康は、二月二十四日付で、信雄重臣飯田半兵衛尉に書状を送り、信雄の上洛後の様子を問い合わせている（大日⑬三二〇～二三）。

秀吉に臣従した信雄は、二月二十六日、大坂より上洛し、頂妙寺《ちょうみょうじ》を宿所とした。三月一日、信雄は秀吉の推挙により、従三位権大納言に叙任された。秀吉もまた三月十日、内大臣近衛信輔が左大臣に遷任された後を襲って、正二位内大臣に叙任され、初めての参内を実現したのである（大日⑬三二九～三三一、同⑭四二～四八）。これにより、秀吉と信雄の主従関係は、朝廷により認定された恰好となり、羽柴氏は主家織田氏を臣従させたことを内外に誇示した。

三月二十日、秀吉は織田軍を含む諸国の軍勢を率いて紀州に侵攻し、四月には根来寺、雑賀衆、高野山金剛峯寺などを降伏させ、紀州平定を果たした。この時、織田信雄は、四月十七日に雑賀に在陣する秀吉の見舞いに訪れている。わずか半年前とは、まるで逆転してしまった双方の立場を象徴していた。次いで、大坂にいた秀吉養子・家康次男於義伊も、徳川重臣石川数正に伴われて、四月十八日に秀吉のもとを訪問している（『貝塚御座所日記』）。

紀州平定を果たした秀吉は、すぐに大軍を四国に派遣した。秀吉自身は大坂に留《とど》まり、弟秀長を総大将として六月に四国に渡海させている。信雄も、家臣に命じて織田軍を参陣させている（大日⑮一二七）。長宗我部元親は、八月に降伏し、土佐一国を安堵され、秀吉に臣従した。こうして秀吉は、四国平定を果たしたのである。

関白政権の樹立

秀吉は、小牧・長久手合戦の最終期の天正十二年十月以来、仙洞御所造営を進め、さらに紀州攻めのさなかの天正十三年三月には、延暦寺再興にも尽力した。これは「内大臣秀吉」として行っている（大日⑭三五三）。また、佐久間道徳謀叛事件で揺れた禁裏六丁町に対する諸役・徳政・寄宿等の免許特権を認めている（秀吉一三七六号）。

こうして、秀吉が天下人として振る舞うなか、天皇は紀州攻めに従事する秀吉のために、三月二十二日、綸旨を伊勢神宮、石清水八幡宮、上下賀茂社、大和興福寺、近江園城寺などの諸寺社に下し、その戦勝祈願を行わせた。天皇が、秀吉の戦勝祈願を諸寺社に命じたのは、これが初めてのことである（大日⑭二四〇～四七）。

さて、四国平定が目前に迫った七月、朝廷内部では、左大臣近衛信輔と二条昭実《にじょうあきざね》との間で、関白職をめぐる抗争が起こっていた。前関白近衛前久が関白・太政大臣を辞したので、五摂家の二条昭実が関白に就任しようとしたのであるが、ここに前久の子信輔が割って入ったのである。関白職は、五摂家の回り持ちであったが、その筆頭たる近衛信輔が慣例を破ろうとしたことで、揉《も》め事となった。この仲裁を行ったのが秀吉であった。秀吉は、右大臣菊亭晴季と結び、彼の奔走などもあって、自身を近衛前久の猶子とすることに成功した。そのうえで、近衛、二条らを説得し、秀吉自らが関白職に就任することを了承させたのである。

かくて秀吉は、七月十一日、従一位《じゆいちい》関白に就任した（大日⑭五六〜一〇六）。後に秀吉は、自らが関白になったことの意義について「関白職は、近衛・九条・二条・一条・鷹司《たかつかさ》（五摂家）の持ち回りだとのことだが、天下のことを五家で持ち回るなど可笑《おか》しなことだ。関白職は、天皇から御剱《みつるぎ》を預かり、天下を伐《き》り従えるべき役だと聞き及んでいる。ところが、天下は言うに及ばず、一在所すら伐り従えることが出来ぬ彼らより、秀吉が天皇より御剱を預かり、国を一つずつ伐り従えたほうが、よっぽどましである。だから、実力ある自分が関白職を預かることにしたのだ」と、述べている（秀吉四八九四号）。

秀吉は、天皇に次ぐ地位の関白職を得たのであり、初の武家関白となった。これにより、彼は公家・武家の最高位となり、天下人としての立場を確固たるものにした。こうして、秀吉政権は、関白政権として動き出すことになった。それでも、近衛前久の猶子となり、「藤原」姓となったことで、藤原一門の関白職として行動せねばならなかった。この制約を取り払うべく、秀吉は、九月九日付で「豊臣」改姓を勅許され、五摂家に並ぶ豊臣氏を創設したのであった。

同時に秀吉は、大村由己《おおむらゆうこ》に命じて『関白任官記』などを書かせ、自らを天皇の御落胤《ごらくいん》とする血統だとの話を創作し、関白職と豊臣姓の正統性を喧伝《けんでん》したことはよく知られている。

秀吉の越中・飛驒平定

小牧・長久手合戦時に、越中の佐々成政は、信雄・家康と結び、北陸で前田・丹羽、上杉と交戦していた。成政の行動には、飛驒の三木自綱《よりつな》・秀綱《ひでつな》父子や内ケ島《うちがしま》氏理《うじまさ》も同調していた。秀吉は、天正十三年五月には、越中出陣を予定しており、佐々を討った後は、上杉景勝とともに関東の北条氏を打倒することで一致していた（上越三〇二一・三七号）。家康と同盟を結ぶ北条氏を屈服させることで、徳川を攻め潰そうと考えていたのだろう。だが秀吉は、紀州攻めや四国攻めを優先し、越中出陣は八月に延期されたのである。

越中出陣を前に、秀吉は信雄を通じて、家康に圧力をかけた。六月十一日、秀吉の意を受けて、信雄は家康に書状を送り、①秀吉の越中出陣は間近であるが、家康は成政と共謀しているとの噂が頻《しき》りだ、②疑念を晴らすためにも、家康重臣を二、三人人質として清須に提出するほうがよい、③すでに家康息子於義伊、石川勝千代を出しているではないかと言われるかも知れないが、秀吉は於義伊を人質とは思っていない、④今回は特別のことでもあり、人質を出すのが賢明だ、秀吉はその代わりに、於義伊と石川勝千代を、一度岡崎に戻してもよいと言っている、⑤もし成政が家康の領国に逃げ込んでも匿《かくま》うことなく、秀吉に身柄を差し出すようにして欲しい、などと勧告した（大日⑯一〇五）。

家康が、これにどう対応したかは定かでないが、成政のために直接動くことはなかった。

秀吉は、関白として物見遊山に行くようなものだと、余裕で越中に進軍し、呉羽山《くれはやま》（富山県富山市）に着陣した。これに呼応して、上杉景勝も越中に出陣した。秀吉の大軍と、上杉軍に挟撃される恰好となった成政は、八月二十日、戦わずして降伏した。成政は、新川郡《にいかわ》のみを安堵され、残る砺波《となみ》・射水《いみず》・婦負《ねい》郡は前田利長《としなが》に与えられた。

さらに秀吉は、金森長近に命じて飛驒平定に着手し、閏《うるう》八月六日、三木氏を降伏させた。帰雲《かえりくも》城主内ヶ島氏理も降伏し、飛驒もまた秀吉によって平定されたのである。

徳川家康の危機

天正十二年十一月、小牧・長久手合戦の終了後、家康は困難に直面していた。同盟者織田信雄が、秀吉に屈服したことで、信長以来の織田・徳川同盟（いわゆる清須同盟）は、完全に有名無実化した。そのため、家康は、今後迫り来るであろう秀吉の脅威に対抗するためには、北条氏政・氏直父子との同盟を頼りにする他なかった。

だが、北条氏との同盟を強化するためには、天正壬午の乱終結以来の懸案を解決しなければならなかった。それは、上野国沼田・吾妻領問題である。家康は、北条氏と和睦、同盟を成立させた時に、上野国一国は北条領国とすることで合意していた。ところが、上野国沼田・吾妻領は、信濃国衆真田昌幸が自力で確保した領域であり、昌幸は容易にこれを手放そうとはしなかった。家康は、天正十一年以来、昌幸の説得を続け、徳川軍が対上杉戦の拠点として築かせた上田城を下賜した引き換えに、上野国沼田・吾妻領割譲を求めたが、昌幸は上田城を自分のものにしただけで、家康の要求にはまったく応じようとしなかった。

業を煮やした家康は、天正十二年六月、信濃国衆室賀正武に命じて、昌幸暗殺を仕掛けたが返り討ちにあい、家康と昌幸の関係は悪化した。

天正十三年二月五日、家康は、三河惣国の人足で三河吉良城の修築を実施し（『家忠日記』）、秀吉との対決に備え始めた。家康が秀吉との決戦に備え、修築したと推定される城は、三河・遠江・駿河の各地に及んでいるといわれる。

緊迫したなか、家康は天正十三年四月から六月七日にかけて、甲斐に出陣し、甲府に滞在した。これは真田説得のための出陣であったといわれ、軍事力を背景に昌幸に圧力をかけたのであろう。家康は、昌幸説得のため使者を派遣したが、交渉は決裂し、遂に昌幸は徳川氏から離叛したのである。

真田昌幸は、上杉景勝と交渉し、七月、対徳川戦のための支援を取り付けることに成功した。家康は、自身は浜松城に戻っていたが、遂に甲斐・信濃の軍勢を真田攻めに出陣させた。閏八月、徳川軍は、上田城に籠城する真田昌幸・信幸《のぶゆき》父子を攻めたが敗退した（第一次上田合戦）。

真田軍は、上杉援軍と合流し、小諸城に退却した徳川軍に再戦する隙を与えなかった。信濃国佐久郡は、徳川の敗北に動揺していた。家康は、思わぬ危機に見舞われたのである。

緊迫する徳川家中と石川数正の出奔

だが、家康の危機はさらに深化した。秀吉から、上洛し臣従するよう迫ってきたからである。拒否すれば、秀吉との対決は避けられないが、徳川家中は、あくまで臣従を拒否する姿勢を固めていた。

こうしたなか、徳川家中において唯一、秀吉に臣従すべきことを説いたのが、重臣石川数正であった。数正は秀吉との取次役であり、彼は京や大坂を頻りに往復していたこともあって、大坂城を見聞するなど、秀吉の実力をよく理解していた。数正は、戦えば徳川は滅亡の危機に陥ることを、熟知していたのである。

天正十三年十月二十八日、徳川家中では、秀吉の要求に従うか、拒否するかをめぐって、評議が開かれた。徳川の重臣らは、あくまで拒否することで一致し、反対は数正ただ独りという状況であった（『家忠日記』『三河物語』他）。

この評議が行われる直前、信濃国松本城主小笠原貞慶が、秀吉の調略に応じ、徳川方から離叛したことが発覚した。このため、信濃で徳川氏が維持できていたのは、わずかに佐久・

諏方・伊那の三郡のみで、残る八郡は秀吉方となってしまったのである。徳川の領国は、大きく縮小するのを余儀なくされた。

新たに離叛した小笠原貞慶の取次役もまた、石川数正であった。貞慶の離叛は、取次役としての数正の面目を失墜させるとともに、その責任問題にも発展することとなったのである。

家康は、天正十三年十一月十一日、本国三河における一向宗寺院の赦免を決定し、秀吉との対決に備え、一向宗の協力を得ようとした。その直後の、十一月十三日夜、徳川重臣石川数正は、妻女ら一族と小笠原貞慶の人質幸松丸《こうまつまる》（後の小笠原秀政《ひでまさ》）を連れて、岡崎を出奔し、尾張に退去したのである（『家忠日記』）。徳川家中は大混乱に陥った。

家康は、信濃小諸城で再度の上田攻めを窺っていた大久保忠世、平岩親吉、芝田《しばた》康忠《やすただ》に、浜松に帰還するよう命じた。信濃には小諸城に大久保忠教が、伊那郡には菅沼定利、甲斐には鳥居元忠だけが残留した。これに対し、上田城主真田昌幸は、佐久郡への侵攻を企図し、その後は甲斐を奪取する目論見を立てていた。そればかりか、昌幸は、景勝を通じて秀吉とも結び、その支援を取り付けることに成功し、松本城主小笠原貞慶も昌幸支援に動き出しつつあったのである。また、秀吉の調略により、信濃伊那郡では、市田城主松岡貞利が謀叛を企てて鎮圧されるなど、動揺は広がりつつあった。

徳川氏は、十一月十八日より、三河岡崎城の大改修に着手し、城代として本多重次を配置した。十一月二十三日には、三河衆の妻女らを、遠江国二俣《ふたまた》城に移し、譜代らの離叛を防ごうとはかっている。

十一月二十八日、石川数正出奔を受け、織田信雄は、織田一門織田長益、重臣滝川雄利、土方雄久を使者として家康のもとに派遣し、家康に秀吉との講和を勧告した。だが、家康はこれを拒否している（『家忠日記』他）。これで、秀吉との対決はますます避けられない情勢となった。

歴史を変えた天正地震

ところが、ここで歴史を変える大災害が発生する。十一月二十九日亥《い》刻（午後十時頃）、内陸部を震源とするマグニチュード七・二～八と推定される巨大地震が、中部、北陸、東海地方西部、近畿地方を襲った（天正地震）。さらに巨大な余震が三十日丑《うし》刻（午前二時頃）にも発生し、それは十二月二十三日まで続いたという（『家忠日記』他）。この地震は各地に大きな被害をもたらした。飛驒では帰雲山《かえりくも》が大崩落を引き起こし、土石流により国衆内ヶ島氏理は居城帰雲城もろとも巻き込まれ、一族、家臣とともに滅亡したことは著名である。この他に、越中木舟《きぶね》城が崩落し、城主前田秀継《ひでつぐ》とその夫人、家臣の多くが圧死したほか、近江長浜城も御殿などが倒壊し、山内一豊の息女与禰《よね》姫が圧死している。

秀吉が、来るべき徳川との戦いのために、兵糧や玉薬などを備蓄していた美濃大垣城も全壊焼失してしまった。織田信雄の本拠である伊勢長島城も焼失している。秀吉の居城大坂城にも被害が出ており、秀吉方の諸大名の多くが被災し打撃を受けた。

いっぽう徳川領国の被害は極めて軽微であった。この天正地震により、秀吉は家康を攻撃することが困難となったのである。天正十三年は、各地を大飢饉《ききん》が襲った年でもあったため、秀吉は、家康を軍事力で打倒する強硬路線から一転して、上洛を促す融和路線へと舵《かじ》を切ることになった。

家康、秀吉に臣従す

天正十四年一月、秀吉と信雄は、家康のもとへ富田知信、滝川雄利を派遣したが、徳川方は頑《かたく》なであったようだ。そこで、織田信雄は、一月二十七日、自ら三河岡崎城にやってきた。家康も浜松城から岡崎に出向き、対面した。信雄は秀吉への臣従を勧め、上洛を促したようだ。信雄は二十九日に伊勢に帰っている。ここに家康は、信雄の仲裁を諒解《りょうかい》し、秀吉との和睦を受諾した（『貝塚御座所日記』他）。秀吉は、二月八日に「家康を赦免した」と諸将に報じている（秀吉一八四九・五〇号）。さらに秀吉は、徳川領国の切り取りを目論む真田昌幸に、二月三十日付で「矢留」（停戦）を命じている（秀吉一八五九号）。

家康は、三月、同盟者北条氏政・氏直父子と駿豆国境の沼津・三島で会談を行い、万一、秀吉と戦争になった場合には協力することで合意している。

秀吉は、家康の上洛と臣従を促すべく、四月、秀吉の妹旭《あさひ》姫を家康の正室とすることとした。その後、双方の行き違いなどで一時緊張が走ったが、家康と旭姫の婚儀は、五月十四日から三日間、浜松城で実施された（『家忠日記』他）。当時、家康は四五歳、旭姫四四歳であった。

家康は、五月二十四日、遠江二俣城に移していた三河衆の人質をすべて返し、東部《とうべ》城の破却を命じた（『家忠日記』他）。こうして家康は、臨戦態勢を解除したのである。

いっぽう、六月、越後の上杉景勝、信濃の木曾義昌などが続々と上洛し、秀吉に正式に臣従した。信濃松本城主小笠原貞慶は、彼らより早く天正十四年春には上洛、臣従を果たしている。

秀吉のもとへ参上していないのは、家康と真田昌幸だけとなった。秀吉は、家康の歓心を買うために、真田討伐を許可し、上洛してこない昌幸を見限る姿勢を取ったが、上杉景勝の取りなしと、昌幸の要望を受け入れ、家康に真田攻めの延期を勧告した。家康はこれを受け入れている。秀吉は、家康が鉾《ほこ》を収めたのをみて、昌幸を赦免した。

九月、秀吉は家康に上洛を促すとともに、秀吉の生母大政所《おおまんどころ》を三河に下向させることを申し入れた。これには、羽柴秀長が反対したらしいが、秀吉は家康を上洛させ、臣従させることを優先させた。これを受け、徳川家中は、九月二十六日に岡崎城で評議を行った。なおも根強い反対論が噴出するなか、家康自身がそれを押さえ、上洛を決定したという(『三河物語』他)。

十月十三日、大政所が大坂城を出発すると、家康も十四日に浜松城を発《た》った。大政所は、十八日に岡崎城に到着した。家康は、上洛の途中、岡崎城で大政所と対面し、二十日には上洛の途についた(『家忠日記』他)。

家康一行は、十月二十四日に上洛を果たし、二十六日に大坂に到着して羽柴秀長邸に入った。この時、秀吉がお忍びで家康と対面した逸話は有名である。翌十月二十七日、家康は大坂城に登城し、秀吉の引見を受け、正式に臣下の礼を取った。こうして家康は、豊臣大名として関白政権の一員となっただけでなく、豊臣一門の待遇を与えられたのである。

十月三十日、秀吉は家康を伴って上洛すると、十一月五日、宮中に参内し、家康を正三位権中納言に叙任させた。この時、重臣酒井忠次は従四位左衛門督《さえもんのかみ》に、榊原康政は従五位下式部大輔《たいふ》に叙任されている。

この直後の十一月七日、正親町天皇は譲位式を実施した。同二十五日、後陽成《ごようぜい》天皇が即位した。これにあわせて、天皇は秀吉を太政大臣に任じている。

秀吉は、家康に信濃の真田昌幸・小笠原貞慶・木曾義昌を与力大名として預け、「関東・奥両国惣無事」（関東・奥羽の諸大名・国衆の停戦及び統制と従属）のために尽力することを命じた。それまでは、越後の上杉景勝がその役割の一角を担っていたが、家康は、北条氏と同盟を結んでいた縁戚《えんせき》であり、さらに北関東の諸大名とも結びつきが強かったこともあって、東国・東北平定のための、関白政権における支柱としての活動を期待されたのである。

家康は、十一月八日、京を出立し、途中大高で三河衆の出迎えを受けつつ、十一日に岡崎城に帰還した。こうして、小牧・長久手合戦における対立を経て、家康は秀吉に臣従することとなり、これ以後は豊臣政権の重鎮として重きをなしていくのである。

終章　小牧・長久手合戦の歴史的意義

「織田体制」の成立と混迷

小牧・長久手合戦の経緯について、その前提（本能寺の変）から結末（徳川家康の秀吉への臣従）までを紹介してきた。全体を通じて浮かび上がってきたのは、この合戦はどこまでいっても信長死後に形作られた「織田体制」内部の権力闘争であったことである。

信長存命中の織田政権は、天下人信長がその頂点に存在し、その後継者であると、誰しもが認定していた織田家家督信忠がこれに続き、家中を統制していた。そして、織田家中は信長の意思と命令のもと、領国の外縁に存在する敵と戦っていた。しかも、天下人信長は、朝廷よりそれに相応《ふさわ》しい官位を受け、名実ともに京を始め畿内（「天下」）を統治する中央政権の担い手であった。

しかし、信長・信忠父子の死後、「織田体制」の頂点を担うこととなった織田家家督三法師も、名代織田信雄も、名実ともにその実態を持ち合わせてはいなかった。さらに、朝廷を始め、畿内の有力寺社からの輿望《よぼう》を集める対象ともみなされていなかった。信雄に至っては、織田家家督に就任して以後も、朝廷と積極的に交流した形跡すら認められない。

つまり、「織田体制」は、公儀としての中央政権の性格が希薄となっていたといえる。いったい誰が頼りになる存在なのか、世間の関心はそこに集中していた。中央政権としての資質が問われる状況下で、「織田体制」は、権力抗争に明け暮れ、次第に分裂の度合いを深めてしまった。

いみじくも、柴田勝家が「(信長の死後も) いまだ四方に敵がいるので、内輪の揉《も》め事は一刻も早く停止し、その力を外敵 (「四方」) に向けることで、上様 (信長) 亡き後も、(私たちが) その本意を達すべきである」と述べ、さらに「上様 (信長) がこれまで苦労のすえに治めてきた御分国を、行き届かないところがあろうと守り抜くべきなのに、結局のところは、共喰《ぐ》いの果てに、他人に国を奪われてしまうことになるかも知れない。こんなことは、私の本意ではなく、天道にも背くことで、残念で仕方がない」と嘆いていたのは、「織田体制」の内情を的確に表現しているといえよう (丹羽参考五一号)。

そして、「織田体制」の分裂は、二つの分派を生み出した。それは、織田信雄・羽柴秀吉・堀秀政・丹羽長秀・池田恒興と織田信孝・柴田勝家・滝川一益である。これが、賤ヶ岳合戦へと発展した。この合戦で、信長生前の四方の敵との関係に変化が訪れる。

これまで、四方は外敵であり、戦争は織田領国の外縁部で展開されていた状況が一転し、信孝・勝家方と信雄・秀吉方ともに、外敵との関係改善を模索し、同時に、彼らに敵陣営への攻撃、牽制《けんせい》を要請するに至ったうえで、内戦を展開したのである。「織田体制」の二つの分派が、相手を打倒すべく、それまでの外敵を味方につけ、利用することで、内戦に勝利しようとする図式は、そのまま小牧・長久手合戦に引き継がれることになる。さらに、「織田体制」の二つの分派から誘いを受けた戦国大名や国衆らは、自らの利害のもと、どちらかに加担し、勢力拡大を目論《もくろ》んだ。このことが、各地域の戦国争乱を激化させていくこととなる。

賤ヶ岳合戦の過程で最も軍功があったのは、いうまでもなく秀吉であった。そのため、賤ヶ岳合戦の戦後処理は、織田領国の再編も含めて、秀吉によって実施された。そこには、三法師に代わって織田家家督に奉戴されたはずの信雄の影はまったく見えなかったのである。ここに至って、朝廷や有力寺社は、秀吉を頼るようになり、また織田家宿老の人々も、秀吉が自分たちの上位に位置することを容認していった。ここに、賤ヶ岳合戦の勝利によって再編されたはずの「織田体制」は、早くも変質し始めたのである。

合戦で変動していく濃尾国境

天正十年の清須会議後、「織田体制」の裁定により、美濃と尾張の国境は、境川(古木曾川)を境界とした、古代以来の形で解決されたことは既述の通りである。

小牧・長久手合戦の過程で、秀吉はこの国境地帯を徐々に制圧していった。同時に秀吉は、古代以来の濃尾国境の変更に乗り出したようだ。このことは、すでに山本浩樹氏が指摘していることであるが、秀吉はいち早く制圧した境川流域の村々について、村の帰属を変更しているのである(山本浩樹・二〇〇八年)。それは、天正十二年六月日付の伏屋郷宛の禁制に明記されている(秀吉一一二二号)。伏屋郷は、尾張国葉栗郡に帰属していたはずなのだが、この禁制では「濃州伏屋郷」となっている。これは誤記などではなく、木曾川の本流となっていた「大河」を新たな濃尾国境とする意図を、秀吉が明確にした初めての事例と考えられる。

既述のように、秀吉は、天正十年の織田信孝・信雄の濃尾国境争論において、「大河切」を主張する信孝の意見を支持していた。秀吉は、小牧・長久手合戦の過程で、濃尾国境の変更を自らの手で実行に移そうとしたのであろう。

その後、秀吉は、竹ヶ鼻城、加賀野井城などを攻略し、境川(古木曾川、飛驒川)、長良川(墨俣川)と、木曾川に挟まれた輪中地域を次々に奪取している。ところが、この地域も、後に美濃国に編入されているのだ。

通説だと、国境の変更は、天正十四年の大洪水による木曾川河道の変動を受けて、秀吉が決定したものといわれているが、実際には小牧・長久手合戦の過程で、事実上変更に着手していたと考えられる。その結果、尾張国葉栗郡は、美濃国葉栗郡と尾張国葉栗郡に、また尾張国中島郡、海西郡はそれぞれ東西に分割され、美濃国中島郡、海西郡がそれぞれ分立したのである。国境変更の確定は、天正十七年とされるが、この合戦の過程で、秀吉軍による軍事占領という形態で事実上始まっていたといえる。

小牧・長久手合戦は、古代以来の濃尾国境の変更に大きく影響したのであった。

徳川家康と家中にとっての小牧・長久手合戦

小牧・長久手合戦で、秀吉が最も警戒し、憎んだのは徳川家康であった。家康が、「若輩」の信雄を引き込んで、秀吉に戦いを挑んだ首謀者であると、秀吉は認識していた（谷口央・二〇〇六年上）。それゆえに、秀吉は、要害堅固な小牧山城に在城して動かぬ家康を何とか誘《おび》き出し、決戦にて殲滅《せんめつ》することを、常に志向していた。だが、家康は挑発にも、陽動作戦にも乗らず、逆に羽柴方の中入策の裏をかいて、長久手合戦で勝利を収め、秀吉の面子《メンツ》を潰《つぶ》すことに成功したのであった。

こうした実績から、秀吉は家康を臣従させた後は、彼を羽柴一門大名、かつ大老筆頭として処遇したのである。家康が後に天下人へとのしあがるのは、小牧・長久手合戦で、後の天下人秀吉と互角以上の戦いを展開したこと、そしてそれが広く国内の諸大名に知れ渡ったことが大きいだろう。

もちろん、それだけではない。秀吉死後の政局を、家康が諸大名の支持を得る多数派工作などを行いながら、「豊臣体制」の運営を的確に実施したからこそ、その結果として彼は天下人になったのである。

いっぽう、家康を支え続けた家中の人々は、この小牧・長久手合戦を家の誇りと認識していた。『寛永諸家系図伝』『寛政重修諸家譜』などをみると、とりわけ三河譜代は、三方原《みかたがはら》合戦、長篠合戦、小牧・長久手合戦、大坂の陣を特記している。三方原合戦は、神君家康の敗戦であるが、三河譜代は命を落とす寸前であった彼を守り戦ったという自負があった。長篠合戦は、宿敵武田氏を撃破し、徳川の命運を拓いた重要な合戦であった。そして、小牧・長久手合戦は、太閤《たいこう》秀吉と渡り合い、その軍勢を撃破した記念碑的な合戦とみなしていた。

小牧・長久手合戦を、他の合戦とは各別のものと認識していたのは、江戸幕府においてもまた同じであった。家康の天下取りの起点は、関ヶ原合戦ではなく、小牧・長久手合戦だという認識である。

実は、三河譜代、甲斐・駿河・信濃出身の旗本や大名は、関ヶ原合戦よりも小牧・長久手合戦における祖先の戦功を大きく取り上げる傾向が強い。いや、正確にいえば、関ヶ原合戦の戦功を語る譜代、旗本らは極めて少ない。なぜならば、彼らのほとんどは、家康とともに関ヶ原合戦に参戦していないからだ。徳川氏の譜代や旗本らのほとんどは、関ヶ原合戦の際には、徳川秀忠《ひでただ》率いる本隊とともにあり、家康に従っていたのは、本多忠勝、井伊直政などごくわずかに過ぎなかった。

家康の天下掌握を決定づけた、天下分け目の戦いが関ヶ原合戦という評価は、参戦できなかった譜代、旗本の多くは受け入れがたかったのだろう。それゆえに、家康が天下を取ることができたのは、それより以前の小牧・長久手合戦で、太閤秀吉に勝利したがゆえであることでなければならなかった（なお、勝利したのは長久手合戦という局地戦においてであって、全般的にみれば徳川は敗北したのである）。彼らの知行、家禄《かろく》は、それらの戦歴の賜物でもあった。そして、江戸幕府の天下が最終的に固まった大坂の陣への参戦によって、譜代、旗本の戦功譚《たん》は幕を閉じるわけである。

小牧・長久手合戦は、家康と徳川家中の人々にとって、豊臣政権下における徳川氏の地位を確固たるものにした。いっぽう、老境にさしかかった合戦経験者の譜代、旗本や、その子孫たちにとっては、神君家康の天下取りの起点となった記念すべき合戦として、それは重要な出来事とみなされた。とりわけ、尾張藩では、研究や顕彰活動が盛んとなった。付家老安藤直次《なおつぐ》は、この合戦で池田元助を討ち取っており、同じく付家老の成瀬《なるせ》正成《まさなり》も敵の首級を二つ取る戦功を挙げている。高橋修氏が指摘するように、『長久手合戦図屏風』（本書口絵）が、犬山藩（成瀬家）で作成され、尾張藩を通じて広がっていったことには、こうした背景があったのだろう。同じように、紀州藩も、家康の天下取りの事業の起点を小牧・長久手合戦に置き、その研究が盛んだったという（高橋修・二〇〇六年下）。

このように、小牧・長久手合戦は、時代が下るにつれて、徳川の譜代、旗本たちにより、様々な形で語られるようになり、変容を遂げていった。そして、それが繰り返し近年まで語られ続けていたといえる。物語としての小牧・長久手合戦像を検証しなおし、確かな史料にもとづいた小牧・長久手合戦の実態の究明は、今後も続けられていくことであろう。

歴史の分岐点――「天下分け目の戦い」としての小牧・長久手合戦

最後に、この小牧・長久手合戦を総括したい。

天正十一年に秀吉は、「織田体制」の簒奪《さんだつ》へと一気に動く。同年六月もしくは七月、主君信雄を、京を中心とする畿内と、天下の政庁たる安土城から退去させたのである。信雄は、天下から切り離され、尾張・伊勢・伊賀三ヶ国を統治する「清須様」に転落した。同時に秀吉は、三法師も安土から近江坂本城に移し、庇護《ひご》下に置いたのである。

その直後、秀吉は京の洛中に、妙顕寺城を築き、京を支配下に収め、著名な糸印を用いた朱印状の発給を開始し、織田家に代わる「天下人」として振る舞い始める。

いっぽうの信雄も、亡父信長の朱印「天下布武」に酷似した「威加海内」朱印の使用を開始し、自分こそが、信長の跡を継ぐ「天下人」であることを主張しようとした。

もはや、信雄と秀吉の対立は明らかとなった。さらに秀吉は、天正十二年二月、和泉・紀伊（根来寺、雑賀衆）攻めに、信雄の参陣を求めた。信雄もしくは織田軍がこの要請に応じれば、主従関係の逆転は誰の目にも明らかとなる。

ここに信雄は、同盟者家康の協力を得て、上洛の軍勢を挙げてこれを果たし、秀吉を京から放逐することで、父信長のように、天下を掌握し、自らを頂点（天下人）とする中央政権を樹立しようと考えたとみられる。これこそが、「織田体制」の再々編であり、新生「織田政権」の成立となるはずであった。

信雄は、上洛の兵を挙げるべく、織田家中の親秀吉派の家老三人を粛清した。上洛の行動を起こそうとすれば、当然彼らが妨害工作をするだろうと予想し、これを未然に防ごうとしたのだろう。かくて、賤ヶ岳合戦で再編されたはずの「織田体制」は、再び二派に分裂したのである。

だが、これは逆に秀吉に利することとなった。それは、①信雄が不当にも秀吉を討とうという「逆意」を企てたため、それを防衛するために軍勢を動かさざるをえなくなった（主君信雄への謀叛《むほん》ではない）と主張する根拠を、秀吉に与えたこと、②いかなる理由があるにせよ、織田家中の家老を殺害する手段に出たことで、織田家臣に対する信雄の求心力が決定的に損なわれたこと、である。織田領国の家臣らのほとんどが、秀吉方についてしまったのは、その帰結であった。天下人信長の息子だからといって、その権力と権威がそのまま引き継がれるものではないことを、当たり前のことながら、小牧・長久手合戦の経緯はよく示している。

信雄に残された手段は、小牧・長久手合戦で秀吉を打倒するほかなかった。だが、信雄は追い詰められ、遂に秀吉に膝《ひざ》を屈し、臣従を余儀なくされた。これにより、「織田体制」は名実ともに崩壊し、秀吉政権が樹立されたのである。

これまで見てきたように、小牧・長久手合戦は、「織田体制」の二派それぞれが、関東・北陸・畿内・西国・四国の戦国大名、国衆、一揆などを巻き込みながら展開した抗争であった。そして、その勝者こそが天下を掌握する天下人となることが明確に予想されていた、まさに「天下分け目の戦い」だったといえるだろう。

小牧・長久手合戦の帰趨《きすう》が、天下の行方を左右することは、同時代の人々にも認識されていた。このわかりやすさでいえば、関ヶ原合戦の比ではない。関ヶ原合戦の勝者が、豊臣秀《ひで》頼《より》にとってかわる天下がかかった争乱であると考えた者は誰もいない。それは、あくまで秀吉死後の「豊臣体制」内部の権力抗争であって、秀頼を頂点から引きずり下ろすことなど夢想だにされていなかった。家康が「豊臣体制」から離脱し、天下人になったのは、その後の政局の流れと積み重ねの結果である。それゆえに関ヶ原合戦を「天下分け目の戦い」とする評価は、多分に後知恵に属するといえる。だからこそ、織田と羽柴の地位の逆転をかけた小牧・長久手合戦は、同時代の人々にも共有されていた、真の意味での「天下分け目の戦い」だったのである。

あとがき

本書のテーマである小牧・長久手合戦は、その背景と全容がつかみにくく、かつその意義が不当に低く評価されている歴史事象である。

私は、予備校講師や高校教諭を勤めた経験があり、担当していた高校日本史の授業で、当然のことながら、小牧・長久手合戦を扱ったことがある。だがその当時から、教科書の記述内容や扱いに、違和感を拭《ぬぐ》えなかった。定時制高校で勤務していたころ使用していた、ある『日本史B』の教科書には「(秀吉は)一五八四(天正一二)年の小牧・長久手の戦いで徳川家康を服属させ」たとあった。あまりにも不正確な記述ではないかと、頭を抱えたものである。秀吉は、小牧・長久手合戦で家康を服属させたわけではないからだ。また、『日本史用語集』では「一五八四年、家康が信長の二男信雄をたすけて秀吉に対抗、尾張の小牧・長久手で戦った。互いにその実力を認め、講和した」との解説がある程度で、生徒への補足説明が大変だった印象が強く残っている。

高校日本史において、小牧・長久手合戦とは、秀吉と家康が勝敗を決することなく、引き分けに終わったという出来事だと、強く認識されている。しかしながら、この戦いで家康が秀吉に屈服したことも、両者が引き分けで終わったことも、この歴史事象の正確な理解とはいえない。

ではなぜ、小牧・長久手合戦に関して、不正確さが歴史教育の場においてつきまとうのか。それは、本能寺の変をもって織田政権が崩壊し、明智光秀討滅後、彼を討った秀吉が新たな政権樹立に一直線に成功したかのような誤解が横たわっているからであろう。「はじめに」で述べたように、信長死後の「織田体制」において、秀吉も家康もそれを構成する大名であった。そして、紆余曲折《うよきょくせつ》のすえ、「織田体制」の頂点に立っていたのが、織田信雄である。小牧・長久手合戦は、「織田体制」の分裂が契機となり、勃発したものなのだ。繰り返すが、この合戦は、織田信雄対羽柴秀吉が主軸であり、徳川家康は信雄との同盟にもとづきこれに参戦したのであって、家康対秀吉の戦いという理解は一面的といわざるをえない。

つまり、織田信雄と秀吉の主従逆転の危機こそが、小牧・長久手合戦を理解する鍵なのである。そして、信雄が事実上、秀吉に屈したことで、主従関係は逆転し、秀吉政権の成立につながったわけである。これは、本能寺の変に続く、戦国史の重要な分岐点といえる。

こうした話題を、社会科の同僚に向けると、驚かれることが多かった。教員用の指導書にも記述がないこの歴史事象の詳細を知りたいから、適切な著作を教えて欲しいと依頼されたことも少なくない。しかし、残念ながら、小牧・長久手合戦を詳しく知りたい方々の要望に応《こた》えられるような単著は、これまで存在しなかった。実は、『小牧・長久手の戦い』と題した著作が出版される予定が、かつて存在した。それは、一九五八年から六〇年にかけて、高《たか》柳《やなぎ》光壽《みつとし》氏が執筆していた戦国戦記シリーズの中にラインナップされていたのだが、それは高柳氏の死去により、幻となってしまったのである。

　小牧・長久手合戦の背景や、経緯などの全貌《ぜんぼう》を提示する著作の必要性は、江湖《こうこ》から求められて久しかったといえるだろう。私は、大河ドラマの放送に伴う二〇二二年～二三年にかけての「家康ブーム」において、きっと誰かが小牧・長久手合戦の著作を、世に送り出すことだろうと考えていた。しかし、そうした話題を耳にすることなく、時間が過ぎていった。その間、私は、大河ドラマの時代考証を担当していたこともあり、小牧・長久手合戦に関する史料や論文を紐解《ひもと》くうちに、それに魅了されていた。仮に誰かがその著作を出版しても、自分なりの小牧・長久手合戦論を世に問おうと考えていた。しかし、「家康ブーム」のなかでも、わずかに、内貴健太『小牧・長久手の戦いの城跡を歩く』（風媒社・二〇二三年）が刊行されたに過ぎない。内貴氏の著作は、地元の学芸員が地道な調査研究を重ねた集大成である。一読すると、まさに足で稼いだ貴重な成果といえ、城砦《じょうさい》跡、古戦場、伝承地などを、史料や絵図と現状とを比較検討したうえで紹介し、地元でしか語られていない伝説にも目配りした労作で、本書の導きの糸にもなった。

私は、「家康ブーム」を横目でみながら、膨大な史料を読み込み、鵺《ぬえ》のような全貌をつかむべく格闘を重ね、三年の歳月を費やして、ようやく本書を送り出すことができた。ほんらいであれば、大河ドラマ放送中に刊行する予定であったのだが、遅筆の私には荷が重すぎた。それでも、戦後初めて刊行される小牧・長久手合戦を扱った専著を、合戦から四四〇年の節目に世に問うことができたことに満足している。

本書の執筆に際して、小野友記子、加藤理文、柴裕之、内貴健太、中井均の諸氏に、様々な事柄についてご教示をいただいた。香川元太郎氏には、小牧山城推定復元図のイラストをご提供いただいた。衷心より感謝申し上げたい。今回から、私の編集担当となった井上直哉氏には、本当にご迷惑をおかけした。私が締め切りを守らぬ札付きであることは、前任者から申し送りがあったと思うが、これほどとはと思い知らされたことだろう。この場をかりてお詫《わ》び申し上げる。末筆ながら本書の執筆は、金精軒製菓株式会社の研究助成に支えられたものである。感謝を捧《ささ》げたい。

二〇二四年十月二十九日

平山　優

主要参考文献一覧

著書・編著

愛知県埋蔵文化財センター編『岩倉城遺跡』同センター・一九九二年
青木忠夫『本願寺教団の展開―戦国期から近世へ―』法蔵館・二〇〇三年
朝尾直弘『体系日本の歴史8　天下一統』小学館・一九八八年
跡部　信『豊臣政権の権力構造と天皇』戎光祥研究叢書7・戎光祥出版・二〇一六年
天野忠幸編『戦国武将列伝』8畿内編下、戎光祥出版、二〇二三年
一宮市浅井町史編纂委員会編『一宮市浅井町史』同会・一九六七年
井上鋭夫『一向一揆の研究』吉川弘文館・一九六八年
榎原雅治『中世の東海道をゆく―京から鎌倉へ、旅路の風景』中公新書・二〇〇八年
大口町教育委員会編『小口城跡』同会・二〇〇五年
同　　『小口城跡範囲確認発掘調査報告書』同会・二〇一二年
小笠原春香『戦国大名武田氏の外交と戦争』戦国史研究叢書17・岩田書院・二〇一九年
笠原一男『一向一揆の研究』山川出版社・一九六二年
加藤理文『家康と家臣団の城』角川選書・二〇二一年
木曽川町史編集委員会編『木曽川町史』同会・一九八一年

北西　弘『一向一揆の研究』春秋社・一九八一年
岐阜県『岐阜県治水史』上・下・同県・一九五三年
岐阜県郷土資料研究協議会編『濃飛河川資料』Ⅰ・Ⅱ・同会・一九七九・八〇年
木曽三川―その流域と河川技術編集委員会編『木曽三川―その流域と河川技術』建設省中部地方建設局・一九八八年
岐阜市稲葉郡用排水普通水利組合編『岐阜市稲葉郡用排水普通水利組合と其関係事業概要　付録　岐阜県河川変遷図』同組合・一九三三年
金龍　静『一向一揆論』吉川弘文館・二〇〇四年
久保田昌希編『松平家忠日記と戦国社会』岩田書院・二〇一一年
黒田基樹『羽柴を名乗った人々』角川選書・二〇一六年
同『家康の正妻　築山殿―悲劇の生涯をたどる』平凡社新書・二〇二二年
同『お市の方の生涯―「天下一の美人」と娘たちの知られざる政治権力の実像』朝日新書・二〇二三年
桑田忠親『豊臣秀吉研究』角川書店・一九七五年
小牧市教育委員会編『小牧の道―旧道を歩く』小牧叢書12・同会・一九九〇年①
同『小牧山城発掘調査報告書』同会・一九九〇年②
同『小牧山城―散策コースと小牧・長久手合戦の砦跡』小牧叢書16・同会・一九九八年①
同『小牧城下町発掘調査報告書―新町遺跡』同会・一九九八年②

同　『小牧の地名I』小牧の文化財第十八集、同会・二〇〇一年
同　『史跡小牧山（小牧山城）発掘調査報告書2―主郭地区第1〜8次発掘調査』同会・二〇一九年
齋藤慎一『戦国時代の終焉―「北条の夢」と秀吉の天下統一』中公新書・二〇〇五年（後に吉川弘文館が復刊・二〇一八年）
参謀本部編『日本戦史　小牧役』元真社・一九〇八年
柴　裕之『徳川家康―境界の領主から天下人へ』中世から近世へ・平凡社・二〇一七年
同　『清須会議―秀吉天下取りへの調略戦』シリーズ・実像に迫る17、戎光祥出版・二〇一八年
柴　裕之編著『図説　豊臣秀吉』戎光祥出版・二〇二〇年
柴　裕之・小川雄編『図説　徳川家康と家臣団―平和の礎を築いた稀代の〝天下人〟』戎光祥出版・二〇二二年
柴　裕之編『戦国武将列伝6　東海編』戎光祥出版・二〇二四年
新行紀一編『戦国期の真宗と一向一揆』吉川弘文館・二〇一〇年
鈴木正貴・仁木宏編『天下人信長の基礎構造』高志書院・二〇二一年
高柳光壽編『大日本戦史』第四巻・三教書院・一九四二年
高柳光壽『賤ヶ岳之戦』戦国戦記2・春秋社・一九五八年
高柳光壽・松平年一『戦国人名辞典』吉川弘文館・一九六二年

谷口克広『織田信長家臣人名辞典 第二版』吉川弘文館・二〇一〇年（初版は一九九五年）
所 三男『近世林業史の研究』吉川弘文館・一九八〇年
内貴健太『家康VS.秀吉 小牧・長久手の戦いの城跡を歩く』風媒社・二〇二三年
中村孝也『家康伝』講談社・一九六五年
長久手町『長久手町史』本文編・同町・二〇〇三年
中山雅麗『木曽川の渡し船』私家版・一九八九年
萩原大輔『武者の覚え 戦国越中の覇者 佐々成政』北日本新聞社・二〇一六年
同『中近世移行期 越中政治史研究』岩田書院・二〇二三年
橋詰茂編『戦国・近世初期 西と東の地域社会』岩田書院・二〇一九年
尾藤正英先生還暦記念会編『日本近世史論叢』上・吉川弘文館・一九八四年
平山 優『武田氏滅亡』角川選書・二〇一七年
同『増補改訂版 天正壬午の乱―本能寺の変と東国戦国史』戎光祥出版・二〇一五年（初版は二〇一一年①）
同『武田遺領をめぐる動乱と秀吉の野望―天正壬午の乱から小田原合戦まで』戎光祥出版・二〇一一年②
同『戦国大名と国衆』角川選書・二〇一八年
同『戦国の忍び』角川新書・二〇二〇年
藤井譲治編『織豊期主要人物居所集成』思文閣出版・二〇一一年

藤井讓治『徳川家康』人物叢書300、吉川弘文館・二〇二〇年
藤田達生編『小牧・長久手の戦いの構造 戦場論 上』岩田書院・二〇〇六年上
同『近世成立期の大規模戦争 戦場論 下』岩田書院・二〇〇六年下
藤田達生『天下統一論』塙書房・二〇二一年
同『近世武家政権成立史の研究』塙書房・二〇二三年
堀 新『天下統一から鎖国へ』日本中世の歴史7・吉川弘文館・二〇〇九年
堀新・井上泰至編『秀吉の虚像と実像』笠間書院・二〇一六年
本多隆成『定本 徳川家康』吉川弘文館・二〇一〇年
盛本昌広『本能寺の変―史実の再検証』東京堂出版、二〇一六年
横山住雄『中世美濃遠山氏とその一族』岩田選書・地域の中世20、岩田書院・二〇一七年

論文

青木忠夫「河野門徒の基礎的研究」（同著・二〇〇三年所収、初出は一九八七年）
同「聖徳寺門徒の基礎的研究」（同著・二〇〇三年所収、初出は一九九八年）
跡部 信「秀吉の人質策―家康臣従過程を再検討する―」（藤田達生編・二〇〇六年上所収）
安藤萬壽男「天正十四年以前の木曽川中流域の流路」（『愛知大学綜合郷土研究所紀要』四〇・一九九五年）
飯田汲事「天正十四年（一五八六年）の洪水による木曽川河道の変遷と天正地震の影響について」

（『愛知工業大学研究報告』B専門関係論文集第一九号・一九八四年）
飯田良一「北伊勢の国人領主―十ヶ所人数、北方一揆を中心として―」（『年報中世史研究』九号・一九八四年）
石田晴男「『紀州惣国』再論」（新行紀一編・二〇一〇年所収）
伊藤真昭「妙心寺の経済力と秀吉の戦争」（藤田達生編・二〇〇六年下所収）
岩澤愿彦「羽柴秀吉と小牧・長久手の戦い」（『愛知県史研究』四号・二〇〇〇年）
太田光俊「小牧・長久手の戦いにおける本願寺門末―北伊勢の事例から―」（藤田達生編・二〇〇六年下所収）
同　「伊勢国一志郡戸木城と周辺を巡る」（『織豊期研究』一〇号・二〇〇八年）
同　「本願寺末寺の位置―小牧・長久手の合戦期の飛騨国から」（新行紀一編・二〇一〇年所収）
小川　雄「木造具政―北畠氏の有力庶家から織田信雄の後ろ盾へ」（柴裕之・小川雄編・二〇二四年所収）
尾下成敏「清須会議後の政治過程―豊臣政権の始期をめぐって」（『愛知県史研究』一〇号、二〇〇六年①）
同　「小牧・長久手の合戦前の羽柴・織田関係―秀吉の政権構想復元のための一作業」（『織豊期研究』八号・二〇〇六年②）
小野友記子「織田信長と小牧山―城と町の空間構造と政権構想―」（仁木宏・鈴木正貴編・二〇二

一年所収）
同「戦国の城　家康が入城し改修した小牧・長久手の戦いの本陣　尾張小牧山城」（『歴史群像』一八〇号・二〇二三年）
加藤益幹「天正十年九月三日付惟住（丹羽）長秀宛柴田勝家書状について」（『愛知県史研究』一〇号、二〇〇六年）
同「織田信雄奉行人雑賀松庵について」（藤田達生編・二〇〇六年上所収）
川島佳弘「小牧・長久手の合戦と伊予の争乱」（『織豊期研究』九号・二〇〇七年）
黒川直則「聚楽第と方広寺」（『京都の歴史』4桃山の開花、学芸書林・一九六九年所収）
柴　裕之「戦国大名徳川氏の徳政令」（久保田昌希編・二〇一一年所収）
下村信博「尾張武士と伊勢―安井将監秀勝の事例を中心に―」（藤田達生編・二〇〇六年上所収）
白峰　旬「小牧・長久手の戦いに関する時系列データベース―城郭関係史料を中心として―」（藤田達生編・二〇〇六年上所収）
千田嘉博「小牧城下町の復元的考察」（『ヒストリア』一二三号・一九八九年）
髙田　徹「松ノ木城について」（『織豊期研究』四号・二〇〇二年）
同「小牧・長久手の戦いにおける城郭の攻防―尾張竹ヶ鼻城を中心に―」（藤田達生編・二〇〇六年下）
高橋　修「尾張・紀伊両徳川家における『小牧・長久手合戦』の研究と顕彰」（藤田達生編・二〇〇六年下所収）

竹田憲治「織豊政権と北伊勢の城館」（藤田達生編・二〇〇六年下所収）
立花京子「乱世から静謐へ―秀吉権力の東国政策を中心として―」（藤田達生編・二〇〇六年上所収）
谷口　央「長久手古戦場を歩く」（『織豊期研究』八号・二〇〇六年）
同「小牧・長久手の戦いからみた大規模戦争の創出」（藤田達生編・二〇〇六年上所収）
同「小牧長久手の戦い前の徳川・羽柴氏の関係」（『人文学報』歴史学編三九号・二〇一一年）
同「清須会議と天下簒奪」（堀新・井上泰至編・二〇一六年所収）
谷口眞子「小牧・長久手の戦いの記憶と検証―池田恒興を事例に―」（藤田達生編・二〇〇六年下所収）
同「長久手の戦いにみる『記憶のかたち』―戦場長久手を中心に―」（藤田達生編・二〇〇六年下所収）
津野倫明「小牧・長久手の戦いと長宗我部氏」（藤田達生編・二〇〇六年上所収）
中野和之「願証寺の系譜」（新行紀一編・二〇一〇年所収）
中野　等「羽柴・徳川『冷戦』期における西国の政治状況」（藤田達生編・二〇〇六年上所収）
萩原大輔「秀吉越中出陣の軍事経過」（同著・二〇二三年所収、初出二〇一〇年）
同「秀吉越中出陣をめぐる政治過程」（同著・二〇二三年所収、初出二〇一二年）
同「『佐々成政のさらさら越え』ルート私考」（同著・二〇二三年所収、初出二〇一三年）

同　「佐々成政の富山―浜松往復と信濃国安曇郡」（同著・二〇二三年所収、初出二〇一九年）
同　「呉羽丘陵の白鳥城秀吉本陣伝承」（同著・二〇二三年所収、初出も同年）
服部英雄「佐々成政のザラ越えと旧信濃国人・村上義長の動向―鈴木景二氏の試論によせて、および安房峠追補」（『比較社会文化』十六巻・二〇一〇年）
同　「ほらの達人秀吉・『中国大返し』考」（九州大学学術情報リポジトリ・二〇一五年）
花見朔巳「小牧・長久手の戦」（高柳光壽編・一九四二年所収）
播磨良紀「長島一向一揆と尾張」（『愛知県史研究』九号・二〇〇五年）
同　「織田信長の長島一向一揆攻めと『根切』」（新行紀一編・二〇一〇年所収）
同　「秀吉文書と戦争―小牧・長久手の戦いを中心に―」（藤田達生編・二〇〇六年上所収）
平野明夫「天正十二年の尾張・土佐交渉」（橋詰茂編・二〇一九年所収）
福島克彦「萩野直正（赤井直正）―明智光秀の前に立ちはだかった〝名高キ武士〟」（天野忠幸編・二〇二三年所収）
藤田達生「小牧・長久手の戦いと羽柴政権」（同著・二〇二一年所収、初出は二〇〇九年）
同　「柴田勝家と天正十年政変―北国における織田体制―」（同著・二〇二三年所収、初出は二〇一六年）
同　「豊臣期の織田氏―信雄像の再検討―」（同著・二〇二三年所収、初出は二〇一六年）
細川道夫「河野十八門徒について」（尾藤正英先生還暦記念会編・一九八四年所収）
水野智之「小牧・長久手の戦いと朝廷」（藤田達生編・二〇〇六年下所収）

三鬼清一郎「陣立書の成立をめぐって」（『名古屋大学文学部研究論集』一一三史学三八・一九九二年）
同「戦国・近世初期の天皇・朝廷をめぐって」（『歴史評論』四九二号・一九九一年）
同「陣立書からみた秀吉家臣団の構成」（藤田達生編・二〇〇六年上所収）
山本浩樹「小牧・長久手の戦いと在地社会の動向」（藤田達生編・二〇〇六年上所収）
同「織豊期における濃尾国境地域」（『織豊期研究』一〇号・二〇〇八年）
同「戦国時代の木曽川筋」（『木曽川学研究』八号・二〇一一年）

平山　優（ひらやま・ゆう）
1964年、東京都生まれ。立教大学大学院文学研究科博士前期課程史学専攻（日本史）修了。専攻は日本中世史。山梨県埋蔵文化財センター文化財主事、山梨県史編さん室主査、山梨大学非常勤講師、山梨県立博物館副主幹、山梨県立中央高等学校教諭などを経て、健康科学大学特任教授。大河ドラマ「真田丸」、「どうする家康」の時代考証を担当。著書に『真田信繁 幸村と呼ばれた男の真実』『武田氏滅亡』『戦国大名と国衆』『徳川家康と武田信玄』（角川選書）、『戦国の忍び』（角川新書）、『天正壬午の乱 増補改訂版』（戎光祥出版）、『新説 家康と三方原合戦 生涯唯一の大敗を読み解く』（NHK出版新書）、『徳川家康と武田勝頼』（幻冬舎新書）などがある。

本書は書き下ろしです。

小牧《こまき》・長久手合戦《ながくてかっせん》

秀吉《ひでよし》と家康《いえやす》、天下分《てんかわ》け目《め》の真相《しんそう》

平山《ひらやま》　優《ゆう》

2024年12月10日　初版発行
2025年4月5日　5版発行

◆◇◇

発行者　山下直久
発　行　株式会社KADOKAWA
〒102-8177　東京都千代田区富士見2-13-3
電話　0570-002-301（ナビダイヤル）

装 丁 者　緒方修一（ラーフイン・ワークショップ）
ロゴデザイン　good design company
オビデザイン　Zapp!　白金正之
印 刷 所　株式会社KADOKAWA
製 本 所　株式会社KADOKAWA

角川新書
　ISBN978-4-04-082494-9 C0221